797,885 Books

are available to read at

Forgotten Books

www.ForgottenBooks.com

Forgotten Books' App
Available for mobile, tablet & eReader

ISBN 978-0-259-14306-2
PIBN 10686466

This book is a reproduction of an important historical work. Forgotten Books uses state-of-the-art technology to digitally reconstruct the work, preserving the original format whilst repairing imperfections present in the aged copy. In rare cases, an imperfection in the original, such as a blemish or missing page, may be replicated in our edition. We do, however, repair the vast majority of imperfections successfully; any imperfections that remain are intentionally left to preserve the state of such historical works.

Forgotten Books is a registered trademark of FB &c Ltd.
Copyright © 2017 FB &c Ltd.
FB &c Ltd, Dalton House, 60 Windsor Avenue, London, SW19 2RR.
Company number 08720141. Registered in England and Wales.

For support please visit www.forgottenbooks.com

1 MONTH OF FREE READING

at

www.ForgottenBooks.com

By purchasing this book you are eligible for one month membership to ForgottenBooks.com, giving you unlimited access to our entire collection of over 700,000 titles via our web site and mobile apps.

To claim your free month visit:

www.forgottenbooks.com/free686466

* Offer is valid for 45 days from date of purchase. Terms and conditions apply.

English
Français
Deutsche
Italiano
Español
Português

www.forgottenbooks.com

Mythology Photography **Fiction**
Fishing Christianity **Art** Cooking
Essays Buddhism Freemasonry
Medicine **Biology** Music **Ancient Egypt** Evolution Carpentry Physics
Dance Geology **Mathematics** Fitness
Shakespeare **Folklore** Yoga Marketing
Confidence Immortality Biographies
Poetry **Psychology** Witchcraft
Electronics Chemistry History **Law**
Accounting **Philosophy** Anthropology
Alchemy Drama Quantum Mechanics
Atheism Sexual Health **Ancient History**
Entrepreneurship Languages Sport
Paleontology Needlework Islam
Metaphysics Investment Archaeology
Parenting Statistics Criminology
Motivational

Grabbe's Werke

Dritter Band

Napoleon — Barbarossa im Kyffhäuser — Kosciuszko — Hannibal — Der Cid — Die Hermannsschlacht — Fragmente: Alexander der Große — Christus

Berlin W. 35
B. Behr's Verlag
1902

Alle Rechte vorbehalten

Printed in Germany

Napoleon

oder

die hundert Tage.

Ein Drama
in fünf Aufzügen.

1831.

Erster Aufzug.

Erste Scene.

(Paris. Unter den Arcaden des Palais-royal. Vieles Volk treibt sich durcheinander, darunter Bürger, Officiere, Soldaten, Marktschreier, Savoyardenknaben und Andere. Die sprechenden Personen halten sich im Vorgrunde auf. Vitry und Chassecoeur sind zwei abgedankte Kaisergardisten.)

Vitry. Lustig, Chassecoeur, die Welt ist noch nicht untergegangen, — man hört sie noch — dort oben im zweiten Stock wird entsetzlich gelärmt.

Chassecoeur. So? — Ich hörte nichts — Warum lärmen sie?

Vitry. Der alte Kanonendonner steckt dir noch im Ohr. Hörst du denn nicht? Wie rollt das Geld, wie zanken sie sich — sie spielen.

Chassecoeur. O mein Karabiner, dürft' ich mit deiner Kolbe wieder die Kisten zerschmettern wie die Gehirne!

Vitry. Ja, ja, Vater Veilchen spielte um die Welt, und wir waren seine Croupiers.

Chassecoeur. Blut und Tod! Wären wir es noch!

Vitry. Na, still, nur still — In unsrem schönen Frankreich blühn jeden Lenz das Veilchen, der Frohsinn und die Liebe wieder neu, — Veilchenvater kommt auch zurück.

Ausrufer einer Bildergallerie. Hier, meine Herren, ist zu sehen Ludwig der Achtzehnte, König von Frankreich und von Navarra, der Ersehnte.

Ausrufer einer Menagerie (dem vorigen gegenüber:) Hier, meine Herren, sehen Sie einen der letzten des aussterbenden Geschlechtes der Dronten, wackeligen Ganges, mit einem Schnabel gleich zwei Löffeln, von Isle de France und Bourbon bei Madagaskar, lange von den Naturforschern ersehnt, ihn zu betrachten und zu zerlegen.

Ausrufer der Bildergalerie. Hier ist zu sehen der Monsieur, der Herzog von Angouleme, sein Sohn, die Herzogin, dessen Gemahlin, der Herzog von Berry und das ganze bourbonische Haus.

Ausrufer der Menagerie. Hier erblicken Sie den langen Orang-Outang, gezähmt und fromm, aber noch immer beißig, den Pavian, ähnlichen Naturells, die Meerkatze, etwas toller als die beiden andern, und so genannt, weil sie über die See zu uns gekommen, den gewöhnlichen Affen, nach Linné Simia silvanus, und das ganze Geschlecht der Affen, wie es nicht einmal in dem Pflanzengarten oder den Tuillerien leibt und lebt.

Ein Polizeibeamter. Mensch, du beleidigst den König und die Prinzen.

Ausrufer der Menagerie. Wie, mein Herr, wenn ich Affen zeige? Hier mein Privilegium.

Geschrei. Rettet! Helft dem Unglücklichen!

Chassecoeur. Was da?

Vitry. Aus dem zweiten Stock stürzt einer auf das Pflaster, und sein Gehirn beschmutzt die Kleider der Umstehenden. Wohl ein Spieler, der sein Alles verloren hat.

Chassecoeur. Oder den die Mitspieler aus dem Fenster geworfen haben, weil er betrogen oder zuviel gewonnen hat.

Vitry. Wie du rathen kannst. — Das Volk zittert und faßt ihn nicht an. Ich will ihm beispringen.

Chassecoeur. Pah, laß ihn liegen.

Vitry. Freund, hätt' er nun Frau und Kind, die ohne ihn verhungern müßten?

Chassecoeur. Mir recht lieb. Ich muß auch hungern, — ich wollte die ganze Welt hungerte mit zur Gesellschaft. — Vitry, Wir! Als wir Italien, Deutschland, Spanien, Rußland, und Gott weiß was sonst, plünderten und brandschatzten, tausend und aber tausend Damen dieser Länder caressirten oder nothzüchtigten, das Geld in Haufen auf die Straße warfen, den Kindern zum Spielwerk, weil wir jede Minute neues bekommen konnten, — hätten wir da gedacht, jetzt zusammen keine vier Sous in der Tasche zu haben, abgesetzt, der Gage beraubt zu seyn durch die schwammigen, seewässerigen, schwindsüchtelnden —

Vitry. Bonbons, oder wie es heißt. Kenne den Namen nicht genau. — Doch höre! der kleine Savoyarde.

Savoyardenknabe (mit Murmelthier und dem Dudelsack:)

La marmotte, la marmotte,
Avec si, avec là,
La marmotte ist da.
Von den Alpen —
Schläft im Winter, —
Wacht im Sommer, —
Und tanzt in Paris.
La marmotte, la marmotte,
Avec si, avec là,
La marmotte ist da.

Ausrufer bei einem Guckkasten. Meine Damen und meine Herren, hieher gefälligst. — Etwas Besseres als eine elende Marmotte, — die ganze Welt schauen Sie hier, wie sie rollt und lebt.

Savoyardenknabe. Was schimpfst du mein Thierchen? Es ist wohl ebenso gut als dein Guckkasten —

(zu seinem Murmelthiere:)

Armes Ding, siehst ordentlich betrübt aus, — der grobe Mensch hat dich beleidigt — O mein Schätzchen, freue dich, sey wieder munter — Niemand glaubt dem Schimpfen — ich gebe dir auch zwei dicke, süße Wurzeln zu Mittag. Nur wieder munter!

Ausrufer bei dem Guckkasten. Sieh da, Zuschauer! — Willkommen! — Erlaubniß, daß ich erst die Gläser abwische — So — Treten Sie vor. — Da schauen Sie die große Schlacht an der Moskwa — Hier Bonaparte —

Chassecoeur. Napoleon heißt es!

Ausrufer bei dem Guckkasten. — Bonaparte auf weißem Schimmel —

Chassecoeur. Du lügst! Der Kaiser war zu Fuß und commandirte aus der Ferne. Ich hielt keine zwölf Schritt von ihm als Ordonnanz.

Ausrufer bei dem Guckkasten. Und da, meine Herren und Damen, erblicken Sie den großen, edlen Feldmarschall Kutusow —

Chassecoeur. Die alte Schlafmütze, die den Löwen zu fangen verstand, aber nicht zu halten wußte. Hätt' er mit seinen Leuten jeden Tag nur viertausend Schritt mehr gemacht, so kam kein Franzose aus Rußland.

Ausrufer bei dem Guckkasten. Und hier schauen Sie den Uebergang über die Beresina!

Vitry. Eh, da schlug ich ja die Pontons mit auf!

Chassecoeur. Beresina! Eis und Todesschauer! — Da war ich auch — Laß doch sehen!

(Er tritt an ein Glas des Guckkastens.)

Mein Gott, wie erbärmlich! — Vitry, guck' einmal!

Vitry. Ich gucke. Dummes Zeug. Ich hatte damals nichts im Leibe und stand drei Fuß tief im

Waſſer, unter herüberfliegendem feindlichen Kanonen=
hagel. Du gabſt mir einen Schnaps —

Chaſſecoeur. Es war mein vorletzter —.

Vitry. Wie albern hier — weder Pioniere, Gar=
diſten, Linie ſind zu unterſcheiden — Und wie wenig
Leichen und Verwundete!

Chaſſecoeur (zum Ausrufer:) Mann, kannſt Du Froſt,
Hunger, Durſt und Geſchrei malen?

Ausrufer bei dem Guckkaſten. Nein, mein Herr.

Chaſſecoeur. So iſt das Malerhandwerk Lumperei.

Ausrufer bei dem Guckkaſten. Ah, und da ſehen Sie
die ſo braven, aber jetzt geſchlagenen Franzoſen über
die Bereſina flüchten.

Vitry. Mein Herr und Freund, die Schläge, die
wir damals erhielten, will ich ſämmtlich auf meinen
Rücken nehmen, ohne daß er davon blau wird.

Chaſſecoeur. Recht, Vitry! — Wir, nur achttauſend
Mann, umſtellt wie ein Wildpret mit Netzen, ſchlugen
uns durch ſechszigtauſend Schufte, und entkamen.

Vitry. Und das nannten ſie Sieg!

Chaſſecoeur. Die armen ruſſiſchen Teufel wiſſen
wohl nicht, was ein rechter Sieg iſt.

Ausrufer bei dem Guckkaſten. Und hier, meine
Damen und Herren, die große Völkerſchlacht bei Leipzig
— Schauen Sie: da die bemooſeten grauen Thürme
der alten Stadt, — da die alte Garde zu Fuß, voran
der Tambourmajor, mit dem großen Stab, wie er ihn
todverhöhnend luſtig in die Luft wirft, — hier die alte
Garde zu Pferde, im gelben Kornfelde haltend, wie
ein Pfeil, der abgeſchoſſen werden ſoll. — Dort die
braven Linientruppen ſchon im Gefechte. Hier die
preußiſchen Jäger mit den kurzen Flügelhörnern —

Vitry und Chaſſecoeur. O Preußen und Patronen!

Ausrufer bei dem Guckkaſten. Und da im Regen,
unter dem Galgen, den er verdient, der Blutſauger, der
jämmerliche corſiſche Edelmann, jetzt entflohen vor dem

gerechten Zorne seines rechtmäßigen Fürsten, Ludwig's des Achtzehnten, der meuchelmörderische Bonaparte —

Vitry. Wer sagt das?

Chassecoeur. Schurke, mehr werth war Er, als alle deine Ludwigs, — wenigstens zahlte er den vollen Sold.

Vitry. Den Kaiser laß ich nicht beschimpfen! Entzwei den Guckkasten!

Ausrufer bei dem Guckkasten. Hülfe! Hülfe! — Conspiration! — Gensd'armes! — Man spricht hier von Kaisern!

Vitry. Ja, und die Könige zittern!

Pöbel (kommt:) Kaiser, Kaiser, — ist er wieder da?

Ausrufer bei dem Guckkasten. Was weiß ich. Meinen Kasten haben sie mir in Stücken geschlagen. Er kostet funfzig Francs.

Vitry. Bitte die Angouleme, daß sie ihn dir bezahlt. — Hier ist deines Bleibens nicht mehr.

Das Volk (auf den Ausrufer losdringend:) Der Lump — Zerreißt ihn —

Ein Gensd'armes (kommt:) Guckkasten-Kerl, fort mit dir, — du veranlassest Aufruhr —

Ausrufer bei dem Guckkasten. Ich lobe den König.

Der Gensd'armes. Darum brauchst du Andre nicht zu schimpfen — Fort!

Das Volk. Herrlich! Es lebe die Gensd'armerie!

Ein alter Officier in Civiltracht. Chassecoeur.

Chassecoeur. Die Stimme kenn' ich von den Pyramiden her, als wir da unser Tricolor hoch über Cairos Minarets aufpflanzten, und der Nil zu unsern Füßen rollte. — Mein Hauptmann, seit Aegypten sah ich dich nicht.

Der alte Officier. Ich focht während der Zeit bald in St. Domingo, bald in Deutschland, dann bei Cattaro, dann in schwedisch Pommern, und zuletzt bei Riga und Montereau.

Chassecoeur. Na, ich war die Zeit über meistens in Oesterreich, Italien und Spanien, zuletzt in Rußland und Deutschland. Und bei Montereau kämpft' ich auch, vielleicht in deiner Nähe.

Der alte Officier. Chassecoeur, wir haben beide eine schlechte Carriere gemacht, — ich bin Hauptmann geblieben, du, wie's scheint, Gemeiner. Und nun sind wir überdem des Dienstes entlassen.

Chassecoeur. Wahr — du und ich könnten so gut als Marschälle figuriren, wie die verrätherischen Schurken, der Augereau und der Marmont, vielleicht Kaiser dazu seyn, wie der Napoleon.

Vitry. La la! Den einen trägt, den andern ersäuft die Woge des Geschicks. Das Herz nur frisch, es ist die Fischblase, und hebt uns, wenn wir wollen, bis wir crepiren, sey es so oder so.

(zu einer vorübergehenden Dirne:)

Einen Kuß, mein Kind!

Der alte Officier. Was verwahrst du an der Brust? Ist es etwas zu essen, Chassecoeur? Gib mir davon.

Chassecoeur. Hauptmann, ich ess' es nicht, und doch macht es mich bisweilen satt, und dich vielleicht auch.

Vitry. Nun geht es los mit seinen verwünschten Phrasen, und sie rühren mich doch.

Chassecoeur. Es ist ein Adler der Garde, von mir gerettet, als er unter tausend Leichen hinsinken wollte auf Leipzigs Elsterbrücke. Und — sonst hole mich der Satan! (wenn es einen gibt) die Sonne kommt zurück, zu der er wieder auffliegt.

Der alte Officier. Ich glaub' es auch: jetzt ist es zwar Nacht, und die Thoren wähnen, das Licht bliebe aus. Aber so wenig wie die Sonne dort oben, kann eine Größe wie die Seinige untergehen, und Er kommt wieder.

Vitry. Das wäre! Hier werf' ich meine letzten Sous in die Luft! Es lebe — Doch still —

(Er hält sich die Hand auf den Mund.)

Chassecoeur. Deine paar Sous konntest du sparen. Was hilft es uns, daß der Kaiser zurückkommt, wenn wir unterdeß verhungert sind?

Der alte Officier. Wer ist der Mann, Camerad?

Chassecoeur. Von der jungen Garde zu Fuß, drittes Regiment, zweite Compagnie, heißt Philipp Vitry, und denkt wie ich.

Der alte Officier. Er scheint sehr lustig, ungeachtet seines Elends.

Vitry. Das bin ich, mein Herr. Jetzt geht's schlecht. Aber gibt's künftig Gelegenheit, so habe ich zwei Hände zum Losschlagen, und gibt's keine, habe ich zwei Füße zum Tanzen.

    Kommt das Weh,
    Scheuch's mit Juchhe,
    Schlag' den König am Morgen todt,
    Denke des Kaisers beim Abendbrot!

Chassecoeur, laß dich umarmen!

Chassecoeur. Ach, laß die ewigen Narrentheidungen! — Der springt und lacht, und mir krümmen sich die Finger vor Wuth in die flache Hand, als wären sie zehn getretene Würmer, und mir knirschen die Zähne nach — Die Angouleme mag sich nach ihren Pfaffen umsehen, kommt sie in meinen Bereich —

Der alte Officier. Camerad, hoffe —

Chassecoeur. Würge! Alles Lumpenzeug, so weit wir uns umsehen.

Der alte Officier. Auch die sechstausend verabschiedeten Offiziere der großen Armee, die sich gleich uns unter diesem Haufen herumtreiben?

Chassecoeur. Nein. Ich sehe und schätze sie wohl. Aber daß auch sie sich so lumpen lassen müssen! — Sieh, der da ist einer — und zwar von den Ingrimmigen, nicht still und traurig wie du —

Der alte Officier. Freund, ich habe Familie —

Chassecoeur. Ja so — doch der da hat keine. — Am abgetragenen, faserigen Ueberrock, den er so zornig schüttelt, an den alten Militärcamaschen, mit denen er auftritt, als ging' es über Leichen, und dem blutdunkelnden Auge erkennt man ihn mitten in den Hefen des vornehmen und niedrigen Gesindels, eines so schlecht als das andere. Tod und Hölle, der ist von anderem Stahl als die neuen königlichen Haustruppen, vor denen jetzt Sieger von Marengo das Gewehr präsentiren müssen. Der lief nicht den Bourbons nach, als sie wegliefen — Geschmiedet ist er in den Batteriefeuern von Austerlitz oder Borodino!

Vitry. Bruder, welch ein Tag, als unsere Lanzenreiter durch die östlichen Thore von Moskau auf den Wegen nach Asien hinsprengten!

Chassecoeur. Ja, da konnte man noch denken in den Schatzgewölben und Harems von Persien, China und Ostindien zu schwelgen! Ach, es kommt Einem jetzt auf der Welt so erbärmlich vor, als wäre man schon sechsmal dagewesen und sechsmal gerädert worden.

(Die Emigranten Marquis Hauterive und Herr von Villeneuve kommen.)

Marquis von Hauterive. Nicht mehr das alte Palais-Royal, mein Theurer. Alles anders —

Vitry. Und darum auch wohl schlechter?

Marquis von Hauterive (nach einigem Bedenken mit verachtender Miene antwortend:) Ja, mein Freund, — schlechter.

(zu dem Herrn von Villeneuve, mit dem er etwas weiter zur Seite tritt:)

Was der Pöbel frech geworden ist.

Herr von Villeneuve. Er soll schon wieder werden wie sonst, bei meinem Degen.

Marquis von Hauterive. Es wird schwer halten. Denn, Herr von Villeneuve, sollte man nicht glauben, die Welt wäre seit den achtziger Jahren untergegangen? Es gibt nicht nur am Hofe bürgerliche Dames d'atour, sondern sie sollen auch wagen, sogar in Gegenwart des Königs sich auf die Tabourets zu setzen!

Herr von Villeneuve. Schändlich, entsetzlich! Bei Gott, wäre Ludwig der Achtzehnte nicht mein angeborener König, ich könnt' ihn wegen seiner schwächlichen Nachgiebigkeit auf dieses Schwert fodern. Doch die Sache wird, muß Verläumdung seyn, von Antiroyalisten ausgesponnen, um den König zu erniedrigen.

Marquis von Hauterive. Und, Herr von Villeneuve, was sagen Sie zu den neugebackenen Fürsten, Herzogen und ihren Gemahlinnen, besonders zu der Frau des Ney, sogenannten Fürstin von der Moskwa?

Herr von Villeneuve. Ich achte sie des Wortes nicht werth.

Marquis von Hauterive. Welche geschmacklose Kleidung, welches dummdreiste Benehmen, welche wüste Conversation, welche Arroganz! — Weiß denn die Person nicht, daß wir recht wohl wissen, daß sie eine Bäckerstochter ist?

Herr von Villeneuve. Mein Herr Marquis, das kommt alles davon her, daß die hochselige Maria Antoinette zu herablassend mit der Canaille umging und den König zum selben Benehmen verleitete. Nie etwas Gutes aus Oesterreich für Frankreich!

Marquis von Hauterive. Ach, die gute alte Zeit — die damaligen eleganten zierlichen Salons — Nun überschwemmt von dem gemeinen Vieh!

Herr von Villeneuve. Es muß anders, anders, und es soll anders werden, Marquis, bei meinem Wappen. Schurken haben uns alle unsere alten Rechte und Güter

geraubt, — jedes Gericht muß uns unser Eigenthum wieder zuerkennen, denn wir haben ihm nie entsagt — — Denken Sie, mein Herr, mein so hübscher Land=
sitz, la Merveille bei Tours, an dem die Loire so lieblich sich hinschlängelt, in dessen Taxusgängen wir beide so oft mit den Damen der Nachbarschaft uns im freundlichen Herbste von 1783 bis zum schwindenden Abendroth ergötzten, in dem ich schon als Kind stets die erste Blume des Frühlings für Adelaide, Vicomtesse von Clary brach, meiner todten aber nimmer vergessenen Geliebten, — gehört jetzt einem filzigen Fabrikherrn! Niedergerissen sind die hohen Hecken, Dampfmaschinen brausen in den Gewächshäusern, und Kartoffeln haben sich an die Stelle der kostbaren Tulpenzwiebeln von Harlem gedrängt!

Marquis von Hauterive. Nun, Blacas d'Aulps und die Angouleme werden uns schon helfen und —

(Hauterive und Villeneuve gehen weiter.)

Vitry (deutet ihnen nach:) Die beiden Emigranten! Welche Rockschöße, welche Backentaschen, welche alt=
fränkische Mienen und Gedanken, welche Gespenster aus der guten alten und sehr dummen Zeit!

Der alte Officier. Von der Revolution mit ihren blutigen Jahren wissen sie nichts, Philipp Vitry, — das ist vorüber, sie aber sind geblieben, wie bisweilen der Bergstrom verbraus't und das Gräslein bleibt, und vielleicht darum sich für stärker hält, als die Fluthen, welche es eben noch überschütteten und die Ufer ausein=
ander rissen. Nicht einen Strohhalm weit sind sie aus sich und ihrem stolzen Wahn herausgegangen, und Lud=
wig der Achtzehnte selbst datirt ja seine Regierung seit fünfundzwanzig Jahren —

Chassecoeur. Was zum Todtlachen ist! — Als er regiert haben will, schossen wir in Vincennes auf obrig=
keitlichen Befehl seinen Vetter und Helfershelfer, den

Enghien, todt, und ich selbst band ihm, da es Nacht war, die Laterne vor die Brust, um besser zu zielen.

Der alte Officier. O daß ich so alt geworden und nicht in einer Schlacht gefallen bin, ehe die Bourbons in Paris einzogen.

(Zu einer Stuhlvermietherin:)

Dame, darf ich mich niedersetzen? Meine Füße sind sehr müde, ich kann aber nicht für den Sitz zahlen.

Die Stuhlvermietherin. Ich seh' Ihnen an, Sie sind ein Offizier der großen Armee. Gebieten Sie über meine Stühle nach Belieben.

Zeitungsausrufer. Was Wichtiges! Wichtiges! Vom Palais Bourbon, aus der Deputirtenkammer! Hier die Journale!

Viele Stimmen. Her damit — Lies sie vor!

Eine alte Putzhändlerin. Nein, hieher Ausrufer, — hieher — Deine wichtige Nachricht gehört an diesen Tisch!

Zeitungsausrufer. An das morsche, alte Brett?

Die alte Putzhändlerin. Respect vor ihm, Mann! Der Tisch ist classisch — Auf diesem Fleck fiel zuerst das Fünkchen, welches die Welt entzündete. Hier saß ich am zwölften Juli des Jahres siebenzehnhundertneunundachtzig, Nachmittags gegen halb vier Uhr, an einem sonnigen Tage, und selbst noch jung und heiter verkaufte ich einem fröhlichen Bräutchen aus St. Marçeau einige Spitzen. Wir scherzten über den Preis und dachten an nichts als den Hochzeitstag. Da kam ein Mann mit wild fluthenden Locken, brennenden Augen, herzzerschmetternder Stimme — es war Camille Desmoulins, — die Thränen rannen ihm aus den Augen, zwei Pistolen riß er aus der Tasche und rief: Necker hat den Abschied, eine Bartholomäusnacht ist wieder da, nehmt Waffen und wählt Cocarden, daß wir einander erkennen. Und seitdem ist er, sind der gewaltige Danton, der erhabene Herault de

Séchelles, der schreckliche Robespierre unter dem Messer der Guillotine gefallen, seitdem hat der Kaiser über der Erde geleuchtet, daß man vor dem Glanze die Hand vor die Augen hielt, und ist doch dahingeschwunden wie ein Irrwisch, drei meiner Söhne sind seitdem in den Schlachten geblieben, — viel, viel Blut und unzählige Seufzer hat mir die Revolution gekostet, aber sie ist mir um so theurer geworden, und an diesem Tische lies die wichtigen Zeitungen! — Das ist ja jetzt mein letztes einziges Vergnügen!

Volk. Ja, braves Mütterchen, an deinem Tische soll er sie lesen!

Vitry. Das soll er! Der Augenblick vom 12. Juli 1789, Nachmittags halb vier Uhr, an diesem Tisch erlebt, war mehr werth als die Jahrhunderte, die ihn vielleicht verderben!

Zeitungsausrufer. Nicht nöthig, daß ich hier lese, meine Herren, — da kommt Einer, der es euch deutlich genug sagen wird.

Advocat Duchesne (stürmt durch die Menge an den Tisch der Putzhändlerin:) Hört, hört, und nehmet euch in Acht, daß ich euch nicht mit meiner Nachricht die Ohren zersprenge! Alles, alles wird bedroht, die dummsten frechsten Hände greifen dreist in die Speichen des Schicksalrades — In der Deputirtenkammer geschehen vom Ministerium Anträge gegen die Käufer der Nationalgüter —

Volk. Ha!

Chassecoeur (lacht:) Geht's denen auch nicht besser als uns? Eh!

Duchesne. Klöster sind wieder da, die Aechtung aller Heroen der Revolution ist im Werke, Leibeigenschaft wird darauf folgen —

(Marquis von Hauterive und Herr von Villeneuve sind wieder näher getreten.)

Marquis von Hauterive. Nun, mein Herr, das wäre alles noch so übel nicht.

Herr von Villeneuve. Das mein' ich wahrlich auch.

Volk. Was? „So übel nicht?" „Das mein' ich auch?" Zu Boden die altadeligen Schurken, die dummstolzen Feiglinge!

Herr von Villeneuve. D u m m, das mag seyn — s t o l z sind wir gewiß — Feiglinge aber zeugte Frankreichs Adel nimmer. — Probirt das an uns — — Zücken wir die Degen, Marquis, und lassen Sie uns untergehen wie Männer.

Marquis von Hauterive. Mit Freuden — Für Gott, für meinen König und mein Recht!

Herr von Villeneuve. Und für die Damen unserer Jugend.

Vitry. Jetzt wohl alte Schachteln!

Herr von Villeneuve. Schurke, du hast dir den Tod an den Hals gesprochen.

(Er will den Vitry durchbohren.)

Vitry. Ich glaub' es nicht — Dir aber und deinem Freunde will ich den Hals retten.

(Er entwaffnet ihn und den Marquis.)

Chassecoeur. Vitry, sey kein Narr — Laß mich den Hunden „Marquis und Herr von" im Gedränge Eins unter die Rippen geben — Niemand merkt es, und sie sollen verrecken.

Vitry. Nein, die Kerle mögen schlecht seyn, aber sie haben Courage — Die schätz' ich überall — Hoch lebe der Muth, auch bei den französischen Emigranten!

Volk. Er lebe!

Herr von Villeneuve (zum Marquis von Hauterive, indem er mit ihm entfernt wird:) Wer sollt' es glauben, Marquis, daß gemeines Volk doch noch so viel Gefühl für Muth und Ehre haben könnte?

Marquis von Hauterive. Ach, es ist mehr augenblickliche Aufwallung als echtes Gefühl.

Duchesne. All dieses Volk, bis zu dem Kanzler des Königs, zu dem invaliden Advocaten d'Ambray hinauf, kennt es uns, die Weltenstürmer? Sieht es nicht die große Nation an, als wäre sie ein albernes Kind? Nicht uns, der Gnade Englands —

Volk. Nieder die Beefsteaks!

Duchesne. — der Gnade Englands verdankt seinem Irrwahn nach König Ludwig die Krone — Frankreichs Krone! so leuchtend und so gewaltig, daß sie selbst einen Riesen, der sie trüge, und schwenkte er den Trident des Neptuns noch leichter als die großbrittannische Majestät, Aug' und Haupt verblenden und zerschmettern könnte! Und noch mehr: — wenn der König uns unsere Rechte läßt, so nennt er das nicht Gerechtigkeit, sondern er sagt: er setze seiner durch Gott und Blut angeerbten —

Chassecoeur. Schlachtenblut, nicht Weiberblut macht adlig.

Duchesne. — angeerbten Machtvollkommenheit Schranken. — Schranken! Schranken! — Wenn sie sich nur vor dem Worte hüteten: Ludwig der Sechszehnte stand vor den S ch r a n k e n, die ihm das Volk setzte und zerschmetterte daran mit allen seinen Höflingen zu blutigem Schaum! — Wie? können uns jeden Tag ein paar Ordonnanzen im Moniteur mit drei Zeilen nehmen, was wir in fünfundzwanzig Jahren errangen? Ist das Volk denn gar nichts? Ist es das Erbtheil einiger Familien?

Die alte Putzhändlerin. Ganz, ganz so, mein Sohn, wie Camille Desmoulins!

Vitry. Da kommen Gensd'armes!

Duchesne. Laß sie kommen, Freund. Ich muß es aussprechen und die Wahrheit verkünden. Selig sind die, die da blind sind, und zu sehen wähnen, aber unselig sind die Sehenden, welche bemerken, daß Blinde nichts erblicken, und dennoch handeln, als sähen sie. Der König ist gut, aber das Geschmeiß der Aasfliegen aus den Zeiten der Pompadours verdunkelt ihm das Auge. — Hinter russischen, hinter preußischen Bayonnetten wähnen sie die Nation mit Edicten niederschlagen und sich selbst erheben zu können — Aber wartet! —

Chassecoeur. Nur nicht zu lange, mein Herr.

Duchesne. Noch ist es nicht aller Tage Abend, und wär' er da, so möchte wieder gebadet in den Wogen seines heimathlichen Mittelmeeres mit neuem Glanze ein ungeheurer Meerstern aufsteigen, der die Nacht gar schnell vertriebe!

Vitry. Der Stern hat einen grünen Rock an, Obristenepauletts, weiße Weste, weiße Hosen, einen kleinen Degen und schlägt in der Bataille die Arme unter.

Chassecoeur. Wir schwingen sie desto besser für ihn!

Gensd'armes. Aufruhrschreier — Ihr werdet verhaftet.

Duchesne. Zeigt ein Gesetz, welches das erlaubt. Frei zu reden, ist nirgends verboten.

Chassecoeur. Frei essen wäre besser.

Volk. Da kommt der Herzog von Orleans!

Chassecoeur. Der ist von der bourbonischen Race noch der Erträglichste. Die krumme Nase hat er aber auch.

Viele aus dem Volk. Respect vor ihm! — Er ist der Sohn Egalités, und kämpfte für Frankreich, als sein Vater auf dem Schaffot fiel.

Herzog von Orleans. Gensd'armes, was für Leute verhaftet ihr da?

Ein Gensd'armes. Aufrührerische Redner, mein Fürst.

Herzog von Orleans. So laßt sie frei, auf der Stelle —

(Es geschieht.)

Wehe dem Lande, das sich vor Reden und Rednern zu fürchten hat.

Volk. Hoch Orleans, einst König.

Herzog von Orleans. Das Letztere nie, — doch stets euer Freund.

(Er entfernt sich.)

Viele Stimmen. Welch ein trefflicher Prinz!

Chassecoeur. Würde auch endlich weggejagt, wenn er je König werden sollte.

Volk. Ha! da kommt auch der Herzog von Berry!

Chassecoeur. Zu Fuß, von der Revue seiner Hausgarden, der altadeligen Zuckerhüte, die ihre Gewehre verstecken, wenn es regnet. O Dreikaiserschlacht bei Dresden!

Vitry. Freilich, da regnete es sehr, und wir trieben sie doch in die böhmischen Berghöhlen, wie das Vieh in den Stall.

Chassecoeur. Sieh einmal den großen weißen Federstrauß, den der Junge am Kopfe trägt! Mir thun die Augen davor weh!

Vitry. J, Freund das ist der Helmbusch Heinrich's des Vierten, seines Ahnherrn — Seine Familie hat den Strauß so oft im Maul, daß ich fürchte, er wird endlich schmutzig.

Chassecoeur. Heinrich der Vierte? Was war der? Was that er?

Vitry. Er war König von Frankreich und schlug ein paarmal einige tausend Rebellen.

Chassecoeur. Der Knirps! — Weiter nichts?

Vitry. Da frage die Gelehrten, ich weiß nicht Mehreres. — — Der Berry bemerkt dich, sieht die Schmarren in deinem Gesicht. — Er will dich anreden.

Chassecoeur. Er will durch mich einen Coup auf das Volk machen. Aber er irrt sich, der herzogliche Gelbschnabel. Ich bin nicht darnach behandelt worden, ihm entgegen zu kommen.

2*

Vitry. Und wenn er dir nun etwas verspricht?

Chassecoeur. In den Dreck damit. Sie halten es doch nur so lange, als sie müssen.

Herzog von Berry. Alter, braver Camerad —

Chassecoeur. Danke. Ich weiß nicht, daß ich je mit Eurer königlichen Hoheit zusammen gefochten.

Herzog von Berry. Woher hast du die ehrenvollen Narben?

Chassecoeur. Das können Sie an ihren Namen hören: diese heißt Quiberon, da stürzten wir die Emigranten ins Meer, — diese heißt Marengo, da packten wir Italien, — diese — ach!

Vitry (für sich:) Ach Leipzig!

Chassecoeur. Und wenn es gerade schlechtes Wetter oder schlechte Zeit ist, wie eben jetzt, so schmerzen diese Narben entsetzlich.

Einer aus dem Gefolge des Herzogs. Mensch, wer bist du, daß du so zu reden wagst?

Chassecoeur. Ach lieber, gnädiger Herr — Wer ich bin oder seyn soll, weiß ich nicht; aber wer ich w a r , das kann ich Ihnen sagen:

(sich stolz aufrichtend)

Ein kaiserlicher Gardegrenadier zu Pferde, zweite Schwadron, dem Ehrenkreuze nahe.

Herzog von Berry (zu seinem Begleiter:) Still, rege nicht alte Wunden auf.

(Zu Chassecoeur.)

Ich schaffe dir eine Versorgung im Dome der Invaliden.

Chassecoeur. Deren bedarf ich noch nicht, Ew. königliche Hoheit.

Herzog von Berry. So nimm mit meinem guten Willen vorlieb. — Es lebe der König! —

Chassecoeur. Hm! —

(Alles schweigt; der Herzog von Berry mit seinem Gefolge ab.)

Der alte Officier. Wahrlich, wenn das so schlimm mit den Bourbons steht, wie jetzt —

Vitry. So fallen sie bald um.

Der alte Officier. Ob sie gehöhnt oder gelobt werden, das Volk bekümmert sich nicht einmal um sie.

Vitry. Desto schlimmer, — es kennt sie nicht.

Chassecoeur. Dafür kennt es einen Andern desto besser. — Kommt, laßt uns sehen, wo wir etwas zu essen erringen. —

(Auf den Boden stampfend:)

Oh! verdammtes Pflaster, das so viele Buben trägt!

(Ab mit Vitry und dem alten Offizier.)

Savoyardenknabe (mit Murmelthier und Dudelsack:)

La marmotte, la marmotte,
Avec si, avec là, etc. etc.

Zweite Scene.

(Paris. Große Gallerie in den Tuillerien.)

(Gedränge von Volk, viele altadelige Herren und Damen darunter. Schweizergarden stehen auf Wache. Kammerherren und Kammerdiener eilen auf und ab.)

Madame de Serré. Gleich kommt er, kommt er aus der heiligen Messe, hier vorbei, er, das Glück Frankreichs! — Amme halte meine kleine Enkelin hoch empor, daß sie ihn ja recht sieht! Und bestecke sie mit Lilien, — hier sind noch vier!

Die Amme (hält ein Mädchen auf dem Arme:) Madame, Mademoiselle Victoire ist mit den weißen Cocarden schon über und über geschmückt, und ich kann ihr keine mehr anheften.

Madame de Serré. Thut nichts! — Hefte, hefte — Versuch's! — Das Weiße! welch eine Farbe — welche Reinheit, welche Tugend schimmert aus ihm. — Ach, es ist ja auch das bourbonische Abzeichen.

Ein alter Marquis. Madame, treten Sie vor — der König kommt mit seinem Hause.

Schweizergardist. Zurück!

Der alte Marquis. Wir sind treue Unterthanen Sr. Majestät, wünschen gern Sein Antlitz zu sehen — Laß mindestens diese Dame vor.

Schweizergardist. Zurück!

Madame de Serré. Das ist ein nordischer Bär! Er droht uns schon mit dem Bayonnet!

Der alte Marquis. Da ist die königliche Familie!

(König Ludwig mit dem Herzog, der Herzogin von Angouleme, dem Prinzen Condé und Gefolge tritt auf.)

Mehrere Stimmen. Monsieur und der Herzog von Berry fehlen!

Der alte Marquis. Wir sehen ja hier der Erlauchten genug — Es lebe der König!

Manche der Anwesenden. Es lebe der König!

Madame de Serré. Enkelin, rufe, ruf': es lebe der König!

Ein Bürger. Das „lebe der König" tönt sehr dünn!

Ein anderer Bürger. Dafür kommt es aber aus adeligen Kehlen.

Madame de Serré. Welch ein Mann! Das ist, Herr Marquis, das ist noch ein König! Ein g e b o r n e r! Diese heitere Miene, dieser Adel im Antlitz —

Der alte Marquis. Die unwillkürliche Grazie —

Madame de Serré. Selbst in dem scheinbar nachlässigen Gange —

Erster Bürger (zu dem andern:) Der dicke Herr König hinkt ja wie der Teufel —

Zweiter Bürger (zum ersten:) Das kommt vom Podagra.

Erster Bürger. Und das Podagra kommt vom Saufen, Fressen und —

Zweiter Bürger. Sieh einmal, welch ein ernsthaftes Bocksgesicht geht ihm zur linken Seite —

Erster Bürger. Still, still! Die hagere Dame auf der rechten Seite ist die Frau des Bocksgesichts, — sie selbst steht unter der Jesuitenkutte, er steht unter ihrem Pantoffel, der König steht unter ihm, und Frankreich unter allen zusammen.

Zweiter Bürger. Mönchskutte also unsere Krone, Weiberpantoffel unser Scepter, und Schwächlinge, die sich davon beherrschen lassen, unsere Tyrannen! — — — Diese Procession mit ihren Pfaffen, — und der Kaiser mitten unter dem Generalstabe zu Pferde an den Linien der Sieger dahinfliegend — Vergleiche!

Der alte Marquis (zu der Madame de Serré:) Die Herzogin von Angouleme ist wirklich noch immer sehr schön.

Madame de Serré. Wahr, Marquis! Habsburgs Adler scheint über den Lilien Bourbons zu schweben, sieht man den erhabenen Zug ihrer Nase und den blendenden Teint ihrer Wangen!

Der alte Marquis. Sehr fein ausgedrückt, Madame — Wie fröhlich der König dasteht und in seiner treuen Nation sich umschaut.

Zweiter Bürger. Nation? Höre doch, Nachbar! die paar alten, der Guillotine entlaufenen Weiber und Herren nennen sich Nation!

Madame de Serré. Wie sollte er nicht heiter seyn, Marquis? — Wir alle, alle sind ja seine Kinder.

Erster Bürger (für sich.) Ja, ihr seyd a l t e Kinder, — junge hat er nicht und kann sie auch nicht mehr machen.

Zweiter Bürger. Komm, laß uns fortgehen. Ich kann dieß nicht mehr hören und anschauen. Dieses Geschlecht ist schlimmer als schlimm, es ist e k e l h a f t!

Madame de Serré. Was seh' ich? Der König winkt mir, tritt auf mich zu!

Schweizergardist (zum Könige:) Zurück!

Der König. Ich bin der König, Freund.

Schweizergardist. Und dies ist mein Posten, auf den mich mein Offizier gestellt hat und für den ich bezahlt werde. Zurück, oder —

Der König. Schon gut, gut, braver Krieger —
(für sich:)
Was für ein treues, dummes Thier!
(laut:)
Madame de Serré, ich kenne Sie, und wünschte Sie zu grüßen — aber Sie sehen, meine Krieger sind so felsentreu, daß sie auch mich nicht zu Ihnen kommen lassen und im Stande wären, mich gegen mich selbst zu schützen.

Madame de Serré. Sire, dieses ist der größte Tag meines Lebens — Ich —

(Der König mit seiner Begleitung ab.)

Der alte Marquis. Sie fällt in Ohnmacht —

Madame de Serré. O seliger Tod! Könnt' ich jetzt sterben!

Chorus der altadligen Emigranten, Damen und Herren durcheinander. O welch ein Monarch! — Welche Worte: „ich kenne Sie, wünschte Sie zu grüßen!" „So felsentreu, mich gegen mich selbst zu schützen!" — — Man sollte sie in Erz graben, — hier ein Monument errichten! — Wie groß ist er! wie huldvoll! — O kennte ihn die Canaille! begriffe sie diesen Geist! diesen Adel! — Aber wir wollen sie zügeln, und will sie nicht begreifen, so wollen wir es sie lehren!

Ein kleiner Ofenheizer (kommt aus dem Winkel:) Ihr?

Mehrere. Wer sprach das?

Der alte Marquis. Ein kleiner Ofenheizer — da springt er mit seiner Gabel davon.

Viele Stimmen. Der elende Junge! — Doch der König „ich kenne Sie", „felsentreu" — ungeheure Worte!

Der alte Marquis. Erholen Sie sich wieder, Madame de Serré!

Madame de Serré. Mir ist's noch immer, als wär' ich im Himmel.

Der alte Marquis. Ich bitte, sehen Sie auf! Da geht der königliche Oberceremonienmeister mit dem uralten Speisenapfe der Bourbons, mit dem Nef vorbei.

Madame de Serré. Mit dem Nef! — O Gott, auch das Nef ist wieder da! Ja, Christus ist erstanden! jetzt erst glaub' ich es recht!

Chorus der altadeligen Emigranten, Damen und Herren durcheinander. Das Nef, das Nef! O Frankreich ist gerettet!

(Alle ab bis auf die Schweizergardisten.)

Ein Hauptmann der Schweizergarde (tritt vor:) Rudi, du hast den König zu barsch behandelt.

Der Schweizergardist. Dem Canton Luzern hab' ich geschworen, dir muß ich gehorchen, und so lang' du es nicht befiehlst, ist es mir Eins, ob ich für oder wider dieses schnatternde Gesindel Jemand todtschlage.

Dritte Scene.
(Königliche Zimmer in den Tuillerien.)

(König Ludwig und die Herzogin von Angouleme kommen.)

König Ludwig. Wo ist Berry?

Herzogin von Angouleme. Auf der Revue, Sire, und mein Gemahl geht ihm eben entgegen.

König Ludwig. Revue! Revue! Ich traue den Truppen nicht; sie gehorchen uns nur aus Noth, ein

Theil ist feig, ein anderer falsch. Das sag' ich dir: weit lieber würd' ich in Hartwell wieder meine Kräuter und Blumen suchen, und nach Linné ihre Ordnungen bestimmen, als auf dem Thron Frankreichs sitzen.

Herzogin von Angouleme. Sire, der Thron von Frankreich ist dein, — du erbtest ihn, und deinen spätesten Enkeln bist du schuldig, daß du ihn bewahrst. Gott führte dich auf ihn zurück, — versuche mit deinem Zagen Gott nicht.

König Ludwig. Du schmerzbeladene Tochter Frankreichs, Kind der beiden königlichen Menschenopfer —

Herzogin von Angouleme. Mein Vater! mein Vater! meine Mutter!

König Ludwig. — du lange Eingekerkerte, — wie kommt es, daß gerade du, die des Schicksals Schwere am härtesten empfand, von allen meines Stammes die Stärkste bist, bloß im Vertrauen auf Gott?

Herzogin von Angouleme. Gott? — Wo es an Menschen fehlt, da erscheint er! — Oheim, ich lernt' ihn kennen, dort in dem Tempel, Tempel, ja des Abgrundes der Revolution, doch für mich des Lichts. — Wer so wie ich, ein zartes Kind, da im Gefängnisse schmachtet, und bangen Ohrs die Häupter des Vaters und der Mutter von den Schaffotten rollen hört, — o, wen so wie mich dieses Paris umbraus't, rebellisch, jede Straße von dem Geschrei der Mörderrotten aufdonnernd, knirschend unter den Rädern der ewig auf- und abziehenden Henkerkarren, — wer selbst eine Capet, Tag und Nacht nichts als „Capet, Capet nieder!" rufen hört, — wem, wie mir, die letzten Sterne sinken, und wer dann im unermeßlichen Dunkel gar nichts mehr fühlt, als das Zittern des eignen kleinen Herzens, — dem nahe Gott, wie mir! — Er ist der letzte, einzige, aber größte Trost. Mir nahte er, und ich ward stark und ruhig.

König Ludwig. Theure Nichte, ich glaube, du sagst die Wahrheit, und Trost sinkt in meine Brust, wenn ich fern von unseren Diplomaten dich höre. Bei dem ersten Tritt, den ich auf die Küsten meines Landes jüngst wieder that, durchschauerte auch mich das unbegreifliche, aber gewaltige Walten der Vorsehung! — Komm an das Fenster: da breitet Paris sich aus! — Welche Stürme sind nicht hingebraus't durch jene Straßen? Kein Fleckchen, das nicht von dem Blute, welches darauf vergossen, Inschrift tragen könnte, von der Bluthochzeit bis zu der Guillotine. Ungeachtet all des Scherzes, all des Schimmers, die hier gaukeln, weht es mich an wie Moder, wenn ich diesen Steinhaufen sehe. — Noch keine drei Jahre und dort rückten mit Siegesklängen, mit feuerathmenden Geschützen, Pferd an Pferd gedrängt, und Bayonnet an Bayonnet, dicht wie Blätter und Aehren im Frühling, die Weltbezwinger stolzen Zuges von Spanien nach Moskau. Und mit seinem ruhmestrunkenen, nie gesättigten Auge sah Er in ihnen nur die Zeichen seiner Allmacht. Die mächtigen Parlamente Englands wurden bang und flüsterten wie Haufen furchtsamer Vögel, — wollten Frieden machen, er möge kosten, was er wolle, auch wenn sie an mir das heilige Gastrecht verletzen, mich aus ihrem Reiche weisen sollten. — Und nun! — Die Schlachtendonner sind verklungen, — Europa ist still, — wo die Adler raseten, blühen wieder friedlich die drei Lilien, und Er, der Große, ward ein armer Einsiedler von Elba, starrt vielleicht grade jetzt in das Meer, und erkennt in ihm das Element, welches er nie besiegen konnte, und das ihm, ein Spiegel, groß wie Er selbst, höhnisch sein Antlitz zurückwirft.

Herzogin von Angouleme. König, nenn' ihn gewaltig, riesenhaft, ungeheuer, — doch nimmermehr groß, den Mörder d'Enghiens, — nun und nimmer der groß welcher Treue, Recht, Ehr' und Liebe dem

Ruhm und der Macht aufopfert. Das kann auch der Dämon der Hölle. Die wahre Größe gibt Ruhm, Macht, jeden Außenschein für Ehre, Recht und inneres Glück dahin. — Er aber that das nie — O, ich kenne ihn — dieser Kaisertiger hätte sich vor seinem Feinde, den er mit den Klauen nicht erreichen konnte, zum Wurm verwandelt, sich von ihm treten lassen, wenn er nur wußte, daß er ihm alsdann giftig in die Ferse stechen konnte.

Oberceremonienmeister (tritt ein:) Ihre königlichen Hoheiten, der Herzog von Angouleme und der Herzog von Berry.

König Ludwig. Meine geliebten Neffen mögen kommen.

(Oberceremonienmeister ab.)

(Herzog von Angouleme und Herzog von Berry treten ein.)

Herzog von Berry. Sire, Sire, ich flehe, schonen Sie nicht mehr die Canaille, das Volk!

Herzog von Angouleme. Ja, Sire, es wird zu arg.

König Ludwig. Was ist geschehen?

Herzogin von Angouleme. Gemahl, es ist doch kein Blut geflossen?

Herzog von Angouleme. Nein, Gemahlin.

Herzogin von Angouleme. Also wieder Kindereien, mit denen ihr den Oheim beläftigt.

Herzog von Angouleme. Vielleicht.

Herzog von Berry. Sire, ich komme von dem Palais-royal. Dort seh' ich einen Lump, den ich an seinen Narben, oder, wie man es nennen sollte, an den Brandmaalen aus den Schlachten des corsischen Rebellen, als einen seiner Söldner erkannte. Ich trat dem Kerl höflich entgegen, redete ihn freundlich an, und wähnte ihn dadurch wieder auf den rechten Weg zu führen, um dem Volke zu zeigen, wie gütig ein

Bourbon ist. Der Schurke beantwortete meine wohl=
gemeintesten Anträge mit nichts als Grobheiten, und
als ich zuletzt rief: „es lebe der König", schwieg er,
und der Pöbel mit ihm. — Das kann kein königlicher
Prinz länger verbeißen, Sire, er müßte denn Ele=
phantenzähne haben. Ich habe es noch einmal gethan,
um Ihrem Wunsche zu folgen, — aber, Sire, ich bürge
nicht so weit für mein Temperament, daß ich versichern
könnte, es auch künftig zu thun.

Herzog von Angouleme. Und, Sire, wie mir
Bruder Berry erzählt, ist der Orleans vorher am
nämlichen Orte, wo Berry mit Soldaten gesprochen,
vorbeigekommen, und alles Volk hat ihm ein Lebehoch
zugerufen.

Herzog von Berry. Ja, und noch mehr. Sie nannten
ihn „einst König". Nun der Einst=König hüte sich vor
uns und vor Ihnen, Sire, wenn er conspiriren sollte,
und ich glaube, er thut es.

Herzogin von Angouleme. Das wäre kein Wunder,
Freund. Das Haus der Orleans wimmelte stets von
Mördern der Bourbons. Sie wollen die ersten in dem
Geschlecht seyn, wo sie nur die zweiten sind. Ver=
giftete der Regent nicht die Nachkommenschaft des
großen Ludwig? Brachte der sogenannte Egalité nicht
meinen Vater auf das Schaffot?

Herzog von Angouleme. Doch der jetzige Orleans,
Gemahlin, ist besser als seine Vorfahren.

Herzogin von Angouleme. Er ist — ein Orleans.

Herzog von Angouleme. Und das —?

Herzogin von Angouleme. Sagt alles. Jeder artet
nach dem Geschlecht, aus dem er entsprossen. Zeige
mir in Bonaparte's Blut ein Tröpfchen von dem ewigen
Adelssinn der Montmorencys! Er war stets ein ge=
meiner Corse.

König Ludwig. Ein durch Jahrhunderte geheiligter
Name ist der leuchtendste Wegweiser für den Enkel.

Aber es gibt Ausnahmen, und wahrlich! der einst so unbekannte Corse schmückte mein Land mit einem Ruhmeskranze, wie er kein anderes Reich dieser Erde ziert, und ich bin ihm dafür dankbar.

Herzogin von Angouleme. Ja, Sire, Er schmückte oder befleckte es mit einem Ruhmeskranze, wie kein anderes Land ihn besitzt. Kennst du die Blätter daran? Sie triefen blutroth wie Schlachtfelder, und werden fallen wie die gelben Herbstblätter. — O, lob' ihn wie du willst, er war kleiner als sein Glück, und darum verließ es ihn.

König Ludwig. Er lebt noch, Beste. — Wenn er es wieder ergriffe?

Herzog von Berry. So schlüg' ich ihm auf die Hand. Die Haustruppen, welche ich befehlige, sind auch tapfere Franzosen, noch dazu von echten Edelleuten commandirt, und seinen Abenteurern mehr als gewachsen.

König Ludwig. Ich habe Nachrichten. Er soll oft an Elbas nördlichem Ufer stehen und nach Frankreich schauen — Seine Blicke bedeuteten selten Heil.

Herzog von Berry. Die Blicke des armen Teufels? Des Thoren, dem sein gutes Loos den Mund so voll warf, daß er alles wieder ausspeien mußte? Dessen, der jetzt als eine lebendige Schandsäule auf seiner Insel umherwandelt? Dessen, den ich, wenn ich damals erwachsen gewesen wäre, mit zwanzigtausend Mann treuer Soldaten mitten in seiner Glorie leicht hätte nach Vincennes führen wollen?

Herzogin von Angouleme. Wo aber waren die zwanzigtausend treuen Soldaten?

Oberceremonienmeister (tritt ein:) Der Kanzler und der Minister des Hauses harren draußen.

König Ludwig. Ach, d'Ambray und Blacas. Laß sie eintreten.

(Oberceremonienmeister ab.)

(Graf Blacas d'Aulps und d'Ambray treten ein.)

Jetzt, Neffe Berry, frage diese erfahrenen Geschäfts=
männer, ob unser Reich noch das alte ist, und wir den
Corsen nicht zu fürchten brauchen?

Graf Blacas d'Aulps. Das Reich ist das alte, Sire,
und wir brauchen ihn nicht zu fürchten, so gewiß ich
hier meinen alten Degen trage.

D'Ambray. Sire, es ist so, wie mein Collega sagt.
Die Nation liebt und verehrt die königliche Familie
grenzenlos, — Jedermann sehnt sich nach der Ver=
fassung, wie sie etwa 1786 noch makellos in reiner Glorie
prangte, — keine Stunde, wo ich nicht Briefe von Prä=
fecten, Generalen, Maires erhielte, die diesen Wunsch
nicht aussprächen, — nur ein paar Schwindelköpfe,
besser für das Irren= als für das Zuchthaus, wagen
anders zu denken. Die Gensd'armerie wird auch ihnen
Vernunft beibringen.

Herzogin von Angouleme. Herr d'Ambray, wenn
Sie nicht zuerst wieder die alte Achtung für Religion,
für die angeborenen Herrscher, für die gesetzlichen Ord=
nungen herstellen, hilft Ihnen keine Gensd'armerie.

D'Ambray. Und, königliche Hoheit, wer sonst würde
alles das herstellen?

Herzogin von Angouleme. Die, welche die Herzen
beherrschen, sie auf dem Schaffot beseeligen, — die
tüchtigen Geistlichen, und vor allen die vom Neide so
oft verleumdeten Väter Jesu. — Sire, führe sie wieder
ein.

König Ludwig. Wieder! Wieder! Nichte, das Wort
ist nur zu sehr in der Mode! — Verwechsle mir auch
nicht die Diener des Herrn mit dem Herrn selbst.

Herzogin von Angouleme. König und Mensch, fühle
deine Schwäche — Wie wolltest du den Herrn kennen
lernen, ohne die auserwählten Diener, die dich zu ihm
führen?

D'Ambray. Sire, das „wieder" möchte bis jetzt eher zu wenig, als zu sehr Mode seyn — Die Revolution riß frech ein, lassen Sie uns kühn wieder aufbauen. Warum nicht auch die Collegien der Jesuiten? Sire, die werden die heiligsten und festesten Grundlagen Ihres Thrones bilden. Und dann lassen Sie uns in den Reihen unserer Braven, bis auf den gemeinsten Tambour, alle die ausmerzen, welche dem Adler des Corsen folgten, — weg mit den etwa noch existirenden Pensionen seiner Offiziere, — wenn wir die Summen auch nur an loyale Präfecten und Maires verwenden, sind sie besser benutzt als jetzt, — so lange dieses Kriegs=volk nicht darbt, so lange trotzt es.

Blacas d'Aulps. Sire, und nehmen Sie den ver=ruchten Käufern der Nationalgüter, welche Sie, den Adel, die Kirche und uns alle beraubt, — die Sie selbst in Hartwell so oft Räuber genannt haben, die Beute wieder ab, — das Gesindel verwendet sie nur, daß es Feuer unter dem Thron anlegt.

König Ludwig. Mein lieber Blacas und d'Ambray, ihr habt Recht. Doch auch das Recht will mit Klugheit ausgeübt seyn. Greifen wir die Nationalgüter voreilig an, so erregen wir einen Aufstand, den wir ein paar Jahre später vermeiden konnten. — Was meinst du, Angouleme?

Herzog von Angouleme. Sire, ich denke wie meine Gemahlin. — Ich sehe und sehe schon lange, — da auf dem Dache sitzt ein wunderschöner Tauberich — könnte man ihn fangen! —

D'Ambray. Das öffentliche Recht, Sire, will aller=dings mit Politik gehandhabt seyn. Aber das eigne bürgerliche Gesetz der Revolutionäre und Bonapar=tisten, ihr Code Napoléon, spricht gegen usurpirten Besitz.

Blacas d'Aulps. Und spricht das Gesetz nicht so, dann kehren wir es um. Für elende A s s i g n a t e n erschacherten die Plebejer unsere Ländereien!

Herzogin von Angouleme. Assignaten! Nenne sie nicht elend! Ich sah die zitternden Hände, welche sie bei Lebensstrafe für ihr Geld annehmen mußten. Die Assignaten waren mit K ö n i g s b l u t geschrieben, Blacas.

König Ludwig. Meine Herren, ich ergreife den Mittelweg. —

Blacas d'Aulps. Der Mittelweg ist oft doppeltgefährlich.

König Ludwig. Hier nicht. Es sollen vorerst nur Worte vom Thron fallen, die den Nationalgutskäufern andeuten, wie sie für billigen Ersatz ihr Besitzthum an dessen Herren zurückliefern können.

Herzogin von Angouleme. Oheim, du bist zu liberal.

D'Ambray und Blacas d'Aulps. Wir möchten dasselbe sagen.

König Ludwig. Der König selbst zu liberal?

Herzogin von Angouleme. Ja, Sire, und deßhalb, weil er sich zu stark hält, als daß er glaubte, das Ungeheuer des Liberalismus fürchten zu müssen.

Der Oberceremonienmeister (tritt ein:) Sire, der Brief einer Estaffette von Lyon.

König Ludwig. Gut — ich will ihn lesen.

(Oberceremonienmeister ab.)

König Ludwig (während er den Brief liest:) — Nachrichten von neuen Verschwörungen. Eine Gesellschaft der eisernen Nadel, die den Bonaparte wieder auf den Thron setzen will, ist entdeckt.

D'Ambray. Der Corse muß fort vom nahen Elba, auf eine abgelegene Insel, weit weg, zum Beispiel nach St. Helena oder St. Lucie.

König Ludwig. Nicht übel wäre das für uns und auch für ihn. Ich merk' es allgemach auch. — Wir wollen bei Talleyrand in Wien anfragen, ob und wie es mit der Einwilligung der fremden Monarchen möglich zu machen ist.

D'Ambray. Der Talleyrand saß auch in der Nationalversammlung!

Blacas d'Aulps. Nun, er ist doch aus einem altadeligen Geschlecht und zurückgekommen zu seiner Pflicht.

König Ludwig. Wo ist Monsieur? Ich wünsch' ihn in dieser Angelegenheit zu befragen.

Blacas d'Aulps. Se. königliche Hoheit erholen sich von den Wunden, welche Ihnen der Schmerz über die Nachricht des Todes Ihres treuen Dieners Bussy geschlagen hat, in der eben aufblühenden Natur auf einer Jagd im Forste von Fontainebleau.

König Ludwig. So will ich ihn nicht stören.

Herzogin von Angouleme. Gemahl, der König geht — Laß uns folgen.

Herzog von Angouleme. Wie du befiehlst. — Der Tauberich, der Tauberich da oben — Welch einen Kropf hat er — Und siehe die allerliebsten Täubchen, die ihn umflattern — Ich hätt' ihn längst todtgeschossen, aber ich muß ihn lebendig haben. Unser Houdet soll ihn fangen.

Herzogin von Angouleme. Hast du von den neuen Verschwörungen gehört?

Herzog von Angouleme. Das alberne Zeug. Laß uns nicht daran denken.

Herzogin von Angouleme. Ach!

(Alle entfernen sich.)

Vierte Scene.

(Nördliches Gestade von Elba, nicht weit von Porto Ferrajo.)
(Anbrechender Abend.)

(Napoleon steht am Ufer, Bertrand neben ihm, — eine Ordonnanz von der polnischen Legion hält zu Pferde in der Nähe.)

Napoleon. Bertrand, dies ist ein herrlicher Platz — Ich lieb' ihn Abends — da das Meer, der Spiegel der Sternenwelt, hinbrausend nach den Küsten von — Ach — Der Bergwerksdirector zu Porto Ferrajo ist abgesetzt. Er hat betrogen.

Bertrand. Ew. Majestät, der Manu war doch —

Napoleon. Ich hab' es gesagt, — — Pole in Gedanken? wo denkst du hin?

Der polnische Legionsreiter. Wegreiten möcht' ich über das Meer, nach Marseille, Paris, und zuletzt nach meinem Vaterlande, aber nimmer ohne dich, mein Feldherr und mein Vater.

Napoleon. Ein Schiff erscheint da — Welche Flagge führt es?

Bertrand. Man kann sie nicht erkennen. Vermuthlich ein französischer Levantefahrer, der von Marseille kommt.

Napoleon. Der Glückliche! er war an den Küsten Frankreichs. — Ob man im schönen Frankreich noch meiner gedenkt?

Bertrand. Kaiser? Du fragst? — So lange die Sonne in die Prachtfenster der Paläste und in die schmalen Glasscheiben der Hütten funkelt, wird man Deiner gedenken, oder Frankreich verdiente unterzugehen.

Napoleon. Möglich. Aber die Leute sind vergeßlich — Der Marmont, Augerau —

Bertrand. Die Verräther!

Napoleon. Ha! statt an Thaten zehrt man jetzt an Erinnerungen! Zuckte nicht einst das stolze Oesterreich wie ein Wurm in dieser Hand? Nicht Preußen? Ließ ich sie beide nicht leben und bestehen? — Wie undankbar die Welt, das elende, schlechte Scheusal! — Mein eigner Schwiegervater —

Bertrand. Verzeih' ihm, — er wurde es, weil du befahlst — Als er nicht mehr zu gehorchen brauchte, zerriß er die Bande —

Napoleon. Bande — sage, das Herz seiner Tochter.

Bertrand. Was kümmert das den Stolz und die Politik der alten Herrschergeschlechter?

Napoleon. Die Thoren! Sie sehnen sich noch einst nach dieser kleinen Hand, wenn sie längst Asche ist, denn Ich, Ich bin es, der sie gerettet hat — Ließ ich den empörten Wogen der Revolution ihren Lauf, dämmt' ich sie nicht in ihre Ufer zurück, — schwang ich nicht Schwert und Scepter, statt das Beil der Guillotine immer weiter stürzen zu lassen, — wahrhaftig, wie dort am Strande die Muscheln wären all die morschen Throne, sammt den Amphibien, die darin vegetiren, hinweggeschwemmt, und schöner als jenes Abendroth begrüßten wir vielleicht die Aurora einer jungen Zeit. — Ich hielt mich zu stark, und hoffte sie selbst schaffen zu können. — O ich muß sprechen, denn ich vermag ja jetzt nicht anders. Diese Scholle Elba kenn' ich nun auch und habe sie satt. Ein Bischen Dreck! — Wie jämmerlich ein kleiner Fürst, der nicht dreinschlagen kann —

Bertrand. Werde wieder ein großer.

Napoleon. Ist die Canaille es werth? Ist sie nicht zu klein, um Größe zu fassen? Weil sie so niedrig war, ward ich so riesenhaft.

Bertrand. Du warst mehr als die Welt.

Napoleon. Und jetzt! Bertrand, welch ein Ende hier hingeschmiedet, ein anderer Prometheus, de

Geier im Herzen. Hingeschmiedet, nicht von der Kraft und Gewalt, sondern von der Ueberzahl der Schwachen und Eleuden — Sohn, Mutter, von mir gerissen — Thäte man das einem Bauer?

Bertrand. Erderschütterer, den Bauer fürchtet man nicht.

Napoleon. Hat Rußlands Alexander so ganz vergessen, wie er auf dem Niemen sich beugte? Hat der Preußenkönig —

Bertrand. O Sire, den table nicht. Er verlor durch deine Schlachten die schönste Rose im Schnee des Nordlands. Ich habe sie erblickt, und das Auge ward mir feucht, als ich ihren Tod erfuhr.

Napoleon. Konnt' ich davor? — Weswegen blühte sie im Gleise meines Siegeswagens? Das Geschick trieb seine Räder zermalmend über noch viel härtere Herzen: Pichegru, d'Enghien, Moreau —

Bertrand. Du, selbst so Gewaltiger, glaubst ein Geschick?

Napoleon. Ja, es stand bei mir in Corsica, meiner meerumbraus'ten Wiege, und wird auch meinen Sarg umbrausen. In Moskaus Flammen, nachdem ich lange es vergessen, sah ich es mit seinen Fittichen sich wieder über mich erheben. — Nicht Völker oder Krieger haben mich bezwungen — Das Schicksal war es. — Was ist dir?

Bertrand. Mein Kaiser, vielleicht — kaum wag' ich es zu sagen —

Napoleon. Sag' es!

Bertrand. — vielleicht, mein Freund —

Napoleon. Es könnte seyn. Doch glaubst du es, so schweige davon.

Bertrand. — ich kann es nicht ertragen, Dich so zu sehen, wie jetzt, einen —

Napoleon. Nun?

Bertrand. — einen Löwen im Käfig. — Auch meine Gemahlin härmt sich ab. Ihre Schönheit, ihre Heiterkeit schwinden dahin seit Deinem Fall.

Napoleon. Ich weiß. — Wie steht's wohl in Frankreich?

Bertrand. Schlecht, Sire. Der König schwach, die Prinzen übermüthig, die Ultras siegend, Deine alten Krieger verhöhnt —

Napoleon. O mein Land, mein Land! — Man sage, was man will, ich hab' es stets geliebt! — Fühlten meine Feinde den Schmerz, der mich seinetwillen durchbrennt, — die Jämmerlinge stürben daran, wie Mücken am Lichte!

Bertrand. Es ist gestern ein Officier aus Frankreich angekommen.

Napoleon. Aus Frankreich? Er komme. — Aber bemerkte ihn keiner der fremden Späher?

Bertrand. Nein, — er schlich als italiänischer Matrose verkleidet bis zu uns.

Napoleon. Wie heißt er?

Bertrand. Graf St. P—le.

Napoleon. Von dem hört' ich früher. — Er focht brav bei Champeaubert.

Bertrand. Da ist er, Sire.

(Der Officier tritt vor.)

Napoleon. Wer sind Sie?

Der Officier. Graf St. P—le, Ew. Majestät.

Napoleon. Was wollen Sie hier?

Der Officier. Ewr. Majestät dienen.

Napoleon. Geht nicht, mein Herr. Habe schon Officiere genug. Ich kann Sie nicht besolden.

Der Officier. Sold verlang' ich nicht.

Napoleon. So? — Haben Sie Briefe?

Der Officier. Nein, Sire.

Napoleon. Adieu.

Der Officier. Sire, Briefe mitzunehmen, war gefährlich. Aber ich redete mit Fouché.

Napoleon. Fouché — Was sagte er? — Sagen Sie es mir, — gleich und heimlich.

(Der Officier spricht heimlich mit ihm.)

Es ist gut. — Wie ist's mit den Bourbons? Mir zahlen sie meine Gelder nicht. Ich könnte ihnen, als souveräner Fürst von Elba, Krieg erklären, wegen gebrochenen Vertrags.

Der Officier. Der König übersetzt den Horaz, Monsieur geht auf die Jagd, die Angouleme betet, ihr Mann hört zu, Berry liebt die Damen.

Napoleon. Das Volk?

Der Officier. Aergert sich, daß Pfaffen, Betschwestern und emigrirte Edelleute es beherrschen sollen.

Napoleon. Das unselige Bourbonische Haus! Es wird noch einst in einem adligen Nonnenkloster aussterben. — Das Heer?

Der Officier. Es schweigt.

Napoleon. Und denkt?

Der Officier. An Sie!

Napoleon. Die Bourbons haben Haustruppen, rothe Compagnien?

Der Officier. Die Haustruppen sind Greise oder Kinder. An den rothen Compagnien ist nichts Rothes als ihre Montur, — bei Marengo oder Austerlitz wurden sie wahrlich nicht roth gefärbt.

Napoleon. Die gefangenen Veteranen der großen Armee?

Der Officier. Kommen täglich aus Rußland zurück —

Napoleon. Ha, wieder da!

Der Officier. — und werden ohne Pension verabschiedet, oder mit halber Pension, die nicht bezahlt wird, entlassen —

Napoleon. Beſſer, beſſer ſtets und beſſer! Hätt' ich den treueſten meiner Freunde nach Paris geſchickt, mein Reich zu verwalten, er hätte nicht ſo gut für mein Intereſſe geſorgt, als die Bourbons! — O meine Gardegrenadiere, wandelnde Feſtungswälle mir in der offnen Schlacht, und alle, alle, die ihr Bayonnette für mich aufpflanztet, Säbel für mich ſchwanget, bald ſonn' ich mich wieder in eurem Waffenglanze, und das Gleichgewicht Europas fliegt bebend aus den Angeln!

Bertrand. Kaiſer, endlich?

Napoleon. Gleichgewicht! Als ob man Völker abwägen und zählen könnte! Die Erde iſt am glücklichſten, wenn das größte Volk das herrſchendſte iſt, ſtark genug überall ſich und ſeine Geſetze zu erhalten, und wer iſt größer als meine Franzoſen? — Congreß zu Wien! Da ſtreiten ſie ſich um den Mantel des Herrn, den ſie hier am Kreuze wähnen — mein Polen, mein Sachſen wird zertheilt, — Niemand wird von dem halben Biſſen ſatt, ja, er wird Gift im Munde — Aber der Herr erſtand! — — Europa, der kindiſch gewordene Greis bedarf der Zuchtruthe, und was meinen Sie, St. P—le, wer könnte ſie beſſer ſchwingen als Ich?

Bertrand. Der Prinz von Meſſeriano fordert Elba als ſein Eigenthum zurück.

Napoleon. Der Knabe!

Bertrand. Auch ſpricht man davon, Dich nach St. Helena zu verſetzen.

Napoleon. Wie? wenn es mir nun gefiele, den Fuß nach Frankreich zu ſetzen? Nicht zwei Tage und ich bin dort.

Der Officier. O Sire, Sire, dahin! Sie nur können es erlöſen!

Napoleon. Man denkt mit mir zu ſpaßen. Es iſt zum Todtlachen! — Meine Herren, wird nicht, ſo wie ich bei Toulon lande, der weltbekannte Klang meiner

Kriegstrompete wie ein Blitz durch alle Busen schmettern? Wird mein Adler nicht im Augenblick von Thurm zu Thurm bis St. Denis hinfliegen?

Bertrand und der Officier. O lande, lande.

Napoleon. Graf St. P—le, wer sendet Sie? Verschworene wider die Bourbons?

Der Officier. Sire, nein. Die Nation ruft Sie.

Napoleon. Das wollt' ich — Verschworene sind immer Schurken, die nur ein Werkzeug für ihre Pläne suchen, welches sie nachher gerne wegwerfen.

Der Officier. Auch Italien, aus dem ich eben komme, ist voll Unruhe. Selbst der König von Neapel bereut seinen Abfall.

Napoleon. Ich weiß — Er wird vernünftig aus Noth. Der und der Bernadotte — Bernadotte, welcher vom nahen Rußland alles, vom fernen Frankreich nichts zu fürchten hatte, der seine Schildwache, wenn er mit mir hielt, dicht unter den Fenstern des Czarenschlosses zu Petersburg aufstellen konnte, sind untreu geworden, — Murat aus Tollheit, und Bernadotte aus Eifersucht auf mich — — Die Armen! Mit mir ging die Sonne unter, die diese Planeten im Schwunge erhielt — Nicht drei Jahre und Europas Fürstenhäuser schämen sich der unadligen, bloß von meiner Größe ausgebrüteten Fliegen! — Wo ist Cambronne?

Bertrand. Hält dicht hinter uns, bei dem dich begleitenden Detachement der Uhlanen.

Napoleon. Pole, ruf den Commandeur der Garde!

Der polnische Legionsreiter. Ha! Gleich!

(Reitet fort und kommt bald darauf mit Cambronne zurück.)

Napoleon. General, sind die Magazine versorgt?

Cambronne. Sire, wie Sie geboten.

Napoleon. Theilen Sie an jeden Infanteristen und jeden Reiter Rationen auf vier Tage aus. — Sind die

Brigg und die beiden in Beschlag genommenen Kauffahrer im Stande, morgen mit den Truppen abzusegeln?

Cambronne. Ja, Sire.

Bertrand (halb für sich:) Was wird das?

Napoleon. Cambronne, morgen früh fünf Uhr lassen Sie die Reveille schlagen.

Cambronne. Welche? die alte oder die neue?

Napoleon. Die von Jena!

Cambronne. O, so stampft binnen sechs Wochen das Pferd jenes Reiters auf dem Pflaster von Paris.

Der polnische Legionsreiter. Es bäumt sich schon, General.

Napoleon. Es stampft da früher: am 20. März, dem Geburtstag meines Sohns.

Bertrand. Campbell aber mit dem englischen Geschwader?

Napoleon. Hindert uns nicht. Ich hab' ihn nach Livorno locken lassen, dort die Merkwürdigkeiten zu besehen, und heut' Abend zecht er daselbst Madera mit einigen seiner Landsleute, die nicht wissen, wie sie verleitet sind, ihn einladen zu lassen, so wenig als er weiß, warum er eigentlich eingeladen ist — O das Gepäck!

Der Officier. Also da, der ersehnte, der große Augenblick!

Alle Anwesenden. Es lebe der Kaiser!

Bertrand (zu dem Officier:) Wie viel haben wir gesprochen, Er Selbst mit, und Er hat alles gethan, ehe wir sprachen.

Der Officier. Er ist groß und gütig — ist ein Gott.

Napoleon (gegen das Meer gewendet:) Amphitrite, gewaltige, blauäugige Jungfrau, — schon lange läßt du mich umsonst um dich buhlen, — ich soll dir schmeicheln, und ich möchte doch lieber als Mann mit Waffen dich den Händen der Krämer entringen, die dich, o Göttin, mit der Elle meſſen und zur Sklavin machen wollen, — aber ich weiß, du liebſt ihn doch, den Sohn der Revolution, einſt vergaßeſt du deine Launen und trugſt ihn mit ſicheren Armen von den Pyramiden nach dem kleinen Glockenthurm von Frejus, — morgen trägſt du mich von Elba noch einmal dahin. — Amphitrite, ſchlummre ſüß.

(Alle ab.)

Zweiter Aufzug.

Erste Scene.
(Paris, im Jardin des Plantes.)

(Ein alter Gärtner und seine Nichte treten auf.)

Der alte Gärtner. Nicht so wild, Kind, nicht gesprungen, — hier ging einst Büffon sehr ruhig und ordnete sein System.

Die Nichte. Onkel, Onkel, welch ein Morgen! Wie durchschimmert ihn die Frühlingssonne! Eintrinken möcht' ich ihn!

Der alte Gärtner. Du Wilde, sieh nach den Bäumen — Haben Weide und Kastanie schon Knospen?

Die Nichte. Ja! alle, alle, und die Silberpappeln knospen dazu — O,

Ça ira, ça ira.

Der alte Gärtner. Nichte, das sag' ich dir ernstlich, thu' was du willst, aber singe mir keine politischen Lieder.

Die Nichte. Ça ira? politisch? Ich meinte, bald geht's los, und die Blumen brechen aus.

Der alte Gärtner. Wir können die Fenster von den Beeten nehmen — Ah, wie richten sich schon die Gräser auf. Hier Phalaris canariensis.

Die Nichte. Welch ein weitläufiger Name für ein so kleines, zierliches Ding. — Man möchte die Gräschen ausreißen und küssen, so allerliebst stehen sie da.

Der alte Gärtner. Die Kanone der Sternwarte donnert schon die zehnte Stunde an. Wir müssen fleißig seyn, wollen wir vor Mittag noch etwas beschicken.

Die Nichte. Etwas beschicken? — Das überlaß heute den Leuten ringsum in der staubigen Stadt — Wir wollen hier das frische Grün genießen. — — Die schöne Kokosblüthe in jenem Gewächshause nehm' ich mir zum Stickmuster.

Der alte Gärtner. Stickmuster, ja — Seit einem Jahre denkst du bei jeder Blume an Putz, Stickmuster und den unseeligen Pierre. Ich glaube, du hingest ihm den ganzen Gartenflor um den Hals, deines Onkels Herz dazu.

Die Nichte. Mein Herz gern, deines nicht, Onkel. In deiner Brust, die für meine Mutter und mich so treu sorgte, säß' es doch besser als an seinem Halse. — Aber, wahr ist wahr, und schön ist schön, und gut ist gut: wahr, schön und gut ist er.

Der alte Gärtner. Er stört mich hier, und der Oberintendant des Gartens hat es schon übel genommen, daß ich ihn einlasse. Er ist ein Bonapartist oder gar ein Revolutionär. —

Die Nichte. Wäre Pierre das (ich weiß wahrhaftig nicht, ob er es ist, denn auf sein politisches Geschwätz acht' ich so wenig wie der schlafende Müller auf das rauschende Rad), so müßten die Bonapartisten und Revolutionäre herrliche Leute seyn.

Der alte Gärtner. Kind, Kind, ehre mir die Bourbons, unsere Herren.

Die Nichte. Vor einem Jahre mußt' ich ja das erste Kapitel des kaiserlichen Katechismus auswendig lernen, und Napoleon anbeten. Weißt du, wie du mir drohtest, als ich bei dem Aufsagen stotterte?

Der alte Gärtner. Vor einem Jahre, Kind! — Jetzt schreiben wir 1815.

Die Nichte. So — 1814 und 1815, das ist der Unterschied. — Es geht wohl mit den Herrschern wie mit den Blumen — jedes Jahr neue. — Ach, sieh da meine wieder grünende Ulme.

Der alte Gärtner. Der König Ludwig der Achtzehnte gibt mir mein Brot, — und da kommt der verwünschte Pierre mit Damen —

Die Nichte. Damen? Was? Ha, der —

Der alte Gärtner. Damen der Halle.

Die Nichte. So — die machen mich nicht eifersüchtig.

(Pierre und Damen der Halle.)

Pierre. Elise, meine Elise! — Und alle Lilien ausgerottet, mein Vater!

Der alte Gärtner. Warum?

Pierre. Der König wird fortgejagt, — Napoleon kommt wieder.

Die Damen der Halle. Die Lilien weg! Die Lilien weg!

Der alte Gärtner. Stille, stille, — vor dem Garten stehen Gensd'armes, die dieses hören möchten.

Die Damen der Halle. Weg Gensd'armes und Lilien!

Der alte Gärtner. Meine Damen, verwechseln Sie nicht das Reich der Natur mit dem Reiche der Bourbons, nicht blühende Lilien mit gemalten.

Die Damen der Halle. Gut gesagt!

Der alte Gärtner. Bedenken Sie, daß dort die Büste Linné's steht. Auch Büff —

Eine Dame der Halle. Linné, was war der?

Eine andere. Ein herrlicher Mann, Madame. Erst Schusterjunge in Lyon, dann Fürst von Pommern,

Schweden und den Haidschnucken, und immer dabei ein eifriger Republikaner und Beschützer des botanischen Gartens.

Die Damen der Halle. Behalte deine Blumen, Gärtner. Hoch lebe der Fürst Linné!

(Die Damen der Halle ab.)

Der alte Gärtner. Mir wirbelt der Kopf — Linné ein Schusterjunge, dann Fürst, Republikaner, und das alles so sicher gesagt — Ich will sie eines Besseren belehren — Linné war —

Pierre. Still! — Rufe sie nicht zurück. Ich selbst mußte sie wider Willen hieher führen. Gott weiß, was ihnen einmal von Linné in den Ohren geklungen hat, und was klingt, glauben sie, und erzählen es noch schallender wieder. — — Elise, schmollst du?

Die Nichte. Revolutionsmensch —

Pierre. Das verstehst du nicht. — Geliebte —

Die Nichte. Und das „Geliebte" verstehst d u nicht. — Ha, da die weißen Kirschblüthen — sitzen sie nicht am Baume wie junge Lämmer, die am grünen Berge klettern? — Wie schön!

Pierre. In deinem Auge blitzen sie schöner. — Napoleon soll jetzt, wie man munkelt —

Die Nichte. Folge mir unter den Kirschbaum.

Zweite Scene.

(Paris. Unter den Arcaden des Palais-royal.)

(Vieles Volk, Bürger, Officiere, Soldaten u. s. w., etwa wie in der ersten Scene des ersten Aufzuges.)

Vitry. Bist satt, Chassecoeur?

Chassecoeur. Ja, von überreifen, übersüßen Kartoffeln.

Vitry. Sollen wir zur Seelenmesse, welche die Madame über den Gebeinen ihres Vaters halten läßt?

Chassecoeur. Lieber zur Hölle. — Madame ist sehr gnädig. Wenn die Gebeine, für welche sie jetzt betet, nicht eher einem Schreckensmann angehören, als dem längst in Kalk vermoderten Capet, bin ich verflucht.

Vitry. Gönn' ihr die Knochen. Fleisch ist nicht daran.

Advocat Duchesne (kommt:) Was Neues!

Vitry. Das Neue ist heutzutag was Altes.

Die alte Putzhändlerin. An meinen Tisch Herr!

Vitry. Immer die Politik am Putztische.

Duchesne. Wieder tolle Streiche! — Die Emigranten werden entschädigt.

Vitry. Wofür?

Duchesne. Dafür, daß sie zur Zeit der Noth wegliefen.

Vitry. Wovon entschädigt?

Duchesne. Von dem Gelde und Blute der Nation.

Vitry. Chassecoeur, wir wollen künftig auch weglaufen.

Chassecoeur. O!

Vitry. Alter Junge, ärgere dich nicht zu arg. Aus dem jetzigen Spaß wird einmal wieder Ernst.

Duchesne. Die Ultras machen die offenbarsten Schritte, die Constitution umzustürzen.

Vitry. Ist sie ihnen noch nicht schlecht genug?

Duchesne. Die Angouleme läßt die Jesuiten zurückrufen.

Vitry. Wir jagen sie wieder fort.

Duchesne. In Nismes ermordet man schon die Protestanten, und Niemand wehrt.

Vitry. Freund, daran zweifle ich: sie genießen des Schutzes unseres legitimen Herrschers.

Chassecoeur. Teufel, was ist denn legitim?

Vitry. Das, was alt ist.

Chassecoeur. Wie alt?

Vitry. Weiß nicht genau.

Savoyardenknabe (mit dem Murmelthier und Dudelsack:) La marmotte, la marmotte etc.

Chassecoeur. Der verdammte Junge mit seiner Bettelei. Man kann nichts vor seinem Singsang hören.

Vitry. Laß ihn. Murmelthiere sind vermuthlich legitim. Wenigstens waren sie schon unter Heinrich dem Vierten in Paris.

Louise. O mein Philipp!

Vitry. Bitte, Kind, nicht zu nahe, — mit Vorsicht.

Louise. Wie, du kennst mich nicht mehr? hast du mich nicht geliebt?

Vitry. Kenn' ich jedes Sousstück, das mir durch die Hand gegangen ist? Ebenso wenig jedes Mädchen, das ich geliebt habe.

Louise. Ach, Philipp, unter den Fahnen der großen Armee schwurst du mir Treue.

Vitry. Auf wie lange?

Louise. Auf ewig.

Vitry. Das bedeutet seit dreißig Jahren so viel als gar nichts. Fahre wohl, Geliebte.

Louise. Ha, du —

Vitry. Geschwiegen, Mademoiselle, geschwiegen, sag' ich, — hier kommen Zeitungen.

Duchesne. Was gibt es, Zeitungsverbreiter?

Zeitungsausrufer. Sie sprechen!

Duchesne. Wer?

Zeitungsausrufer. Die beiden Felsen im Meere!

Vitry. Welche Zeit! Die Steine reden!

Zeitungsausrufer. Carnot, Fouché — hier ihre Memoiren im Auszuge in den Zeitungen, — sie haben dem Könige die Wahrheit gesagt, ihm die Albernheiten der Restaurationsminister so deutlich vorgerückt, als wir sie uns hier sagen —

Vitry. Ach, das hilft nicht viel, denn gut sagen ist leichter als recht hören.

Duchesne. Her, her die Zeitungen! Ich muß sie selbst sehen!

Volk. Wir wollen sie auch sehen! Her, her damit!

Zeitungsausrufer. Da habt ihr sie!

(Er wirft die Zeitungen in die Luft.)

Duchesne (ergreift, wie viele Andere, ein Blatt und lies't:) Ha — O — Richtig — Juchhe — schändlich — Wie wahr — Ja, anders, anders muß es werden, — Blut und Tod! — Gut, gut. — Herrlich! — Auf Elba rührt sich's allmählich — Im Pflanzengarten ist auch Lärm gewesen — Gut, gut, je schlechter, so besser — Das Korn gibt erst Mehl, wenn es zermalmt ist. — Adieu, meine Herren, — ich muß zu Freunden.

(Ab.)

Vitry. Was ist dir? Was treibst du mit den Armen?

Chassecoeur. „Auf Elba rührt sich's allmählich" — Ich schwinge in Gedanken den Säbel!

Vitry. Wo ist Louise? Fort? — Nein, sieh: ein junger Engländer entführt mir ihre Reize. Wohl bekomm's, Mylord!

Dritte Scene.

(Paris. Tuillerien. Saal der Herzogin von Angouleme.)

Die Herzogin von Angouleme und ihre Dame d'Atour, die Gräfin von Choisy.)

Herzogin von Angouleme. Liebe Choisy, lies mir etwas vor. Mir schmerzt der Kopf.

Gräfin von Choisy. Gern, königliche Hoheit. — Soll ich etwas neu Erschienenes lesen?

Herzogin von Angouleme. Thu' es. Nur keine Zei=
tungen. — Was das für ein öder, trüber Nachmittag
ist, — selbst die heilige Messe erfreute mich nicht.

Gräfin von Choisy. Hier ist ein Gedicht vom Herrn
C—n, einem der neuen Poeten.

Herzogin von Angouleme. Lies den Seneca oder den
C—n. Mir ist's eins.

Gräfin von Choisy. Ich lese, Hoheit.

(Sie liest:)

„Es steht der Sultaninnen Erste
Am Fenster ihres Marmorschlosses.
O welche wohlgefügte Marmorquadern,
Wie schimmern sie selbst durch die Nacht!
O welche Rosen blühen in dem Zimmer,
O welche Ambradüfte hauchen da!
Doch was sind Marmorquadern, Rosen, Ambra,
Wenn die Gestalt der Sultanin, mit
Den prächt'gen Schultern, blendend weiß,
Als wäre frischer Schnee darauf gefallen,
Mit ihren Lippen, dunkelroth,
Als wehten Flammen dir entgegen,
Mit ihrem Liebesflüstern, wundersüß,
Als hauchte Duft aus Edens Pforten,
Darunter steht in ihrer Schöne!
Die Diener und die Dienerinnen
Erwarten knieend ihre Worte,
Der Sultan selbst vergißt das Reichsschwert,
Harrt in dem Hintergrunde liebeseufzend,
Und schwelgt in ihres Nackens Anschau'n.
Sie blickt hinaus: vor ihren Augen steigt
Das Heer der Sterne freudetrunken auf,
Der Bosphorus jauchzt auf mit seinen Wogen,
Die große Stambul ahnet ihre Nähe
Und bebt vor wonnigem Gefühle,

Die Küsten Asias und Europas schmeicheln
Zu den Sandalen ihres zarten Fußes, —
Sie blickt zurück, — sie faßt ihr Herz —

Herzogin von Angouleme. Wie sinkt die Poesie. Auch in ihr Revolution. Was für falsche Verse!

Gräfin von Choisy. Wer hat denn den Versen das Gesetz gegeben, daß sie gerade seyn müssen, wie die des Racine oder eines anderen Classikers?

Herzogin von Angouleme. Auch du eine Empörerin, Choisy? — Die Welt ist überreif. — Lies das Ende des Gedichtes.

Gräfin von Choisy. Es ist kurz.

(Sie lies't:)

„Und Sie seufzt!"

Herzogin von Angouleme. Und Sie seufzt — — Ja, das mag wahr seyn, ungeachtet des zu kurzen Verses.

Gräfin von Choisy. Jesus Maria, wenn Er gelandet wäre!

Herzogin von Angouleme. Wie kommst du auf den Gedanken?

Gräfin von Choisy. Königliche Hoheit, der Gedanke kommt über mich.

Herzogin von Angouleme. Unsere Staatsmänner werden Ihn vor der Landung zu behüten wissen. — Aber die Brust ist mir auch überschwer. — Ich gehe zu meinem Oheim.

(Beide ab.)

Vierte Scene.
(Paris. Tuillerien. Die Zimmer des Königs.)

(König Ludwig, der Herzog von Angouleme, der Herzog von Berry.)

König Ludwig. Recht abscheulich — abscheulich, da liegen die Broschüren von Carnot und Fouché. Beide vertheidigen, jeder auf seine eigenthümliche, tückische Weise, die sogenannten Rechte der Königsmörder und der Revolution, und beschimpfen meine Maaßregeln und die meiner treuen Minister.

Herzog von Angouleme. Ich mag die Papiere nicht anfassen.

Herzog von Berry. Hängt die Kerle!

Oberceremonienmeister (tritt ein:) Die Herren Blacas d'Aulps und d'Ambray.

König Ludwig. Mir willkommen.

(Oberceremonienmeister ab; Blacas d'Aulps und d'Ambray treten ein.)

D'Ambray. Sire, der gute Marquis von Braudenburg will Sachsen haben.

Blacas d'Aulps. Und Rußland greift nach Polen.

König Ludwig. Gönnet ihnen das.

Blacas d'Aulps. Mit Erlaubniß, Sire: mit Polen mag es so werden, aber Sachsen ist ein uraltes Haus. Wir hatten Dauphinen aus ihm.

D'Ambray. Und, Sire, ein Theil unseres europäischen Einflusses beruht auf der fortdauernden Zerstücktheit Deutschlands — Wir dürfen da keine Macht zu sehr anwachsen lassen. — Auch Talleyrand denkt so, und hat schon protestirt.

König Ludwig. Talleyrand? Ich gebe nach. — Er trifft stets das Rechte.

Blacas d'Aulps. Zugleich warnt er vor Elba.

Herzog von Berry. Elba, immer und ewig Elba! Laßt doch den Namen verbieten! — Was will denn Elba? — Wir besitzen Frankreich.

D'Ambray. Verzeihen Eure königliche Hoheit: Bonaparte soll mit Murat conspiriren.

Herzog von Berry. Und das?

D'Ambray. Ist lächerlich. Aber einige Vorsicht ist auch nicht ganz unnütz.

Herzog von Berry. Lieber d'Ambray, Vorsicht! — Bei zwei simpeln Glückskindern! — Murat ist ein Narr, Bonaparte nicht viel Besseres, — darum figurirten sie unter dem Pöbel einige Jahre als große Hanswürste — Gottlob, die Zeit ist vorbei.

Oberceremonienmeister (tritt auf.) Seine königliche Hoheit Monsieur.

König Ludwig. Er komme.

(Oberceremonienmeister ab. Monsieur kommt.)

Woher Bruder?

Monsieur. Von der Jagd und der Messe. Manches Wildpret hab' ich geschossen.

König Ludwig. Wenn wir es schmausen, wollen wir der trefflichen Hand denken, die es schoß.

Monsieur. Sire, ich bin müde und kann am Abendessen nicht Theil nehmen. Ich bitte, mich entfernen zu dürfen, nachdem ich Ihnen hiermit meine Aufwartung gemacht. Das Wildpret ist schon in den Küchen. — — Apropos, was fällt mir doch ein? — Ja, eben hör' ich, Bonaparte ist gelandet bei Toulon.

König Ludwig. Wie?

Monsieur. Es ist so. Der Mensch scheint durchaus sich verderben zu wollen. — Sire und Bruder, ich küsse Ihnen die Hand. — Schlafen Sie gut, meine Herren.

(Ab.)

König Ludwig. Blacas, d'Ambray? Hörten Sie?

Blacas d'Aulps. Monsieur sagt's. Es wird wahr seyn.

D'Ambray. Der Präfect Toulons muß ihn arretiren, kurz verhören, und sofort erschießen lassen.

Herzog von Berry. Wie dumm sind die Schurken! Wagt der Kronendieb an der Küste eines Volkes zu landen, welches er jahrelang tyrannisirte, — welches gegen ihn nur erbittert, gegen uns nur dankbar ist.

König Ludwig. Ich dächte doch, Berry, du zögest deine Haustruppen zusammen.

Herzog von Berry. Wie Sie befehlen, Sire. Sollte den Verwegenen aber nicht schon irgend ein Dorfmaire erwischt haben?

König Ludwig. Wohl möglich. Doch mache deine Haustruppen immerhin marschfertig.

Herzog von Angouleme. Ach, bekümmern wir uns um den Raufbold nicht.

Oberceremonienmeister (tritt ein:) Ihre Königliche Hoheit, die Herzogin von Angouleme.

König Ludwig. Mir sehr erwünscht.

(Oberceremonienmeister ab. — Die Herzogin von Angouleme tritt ein.)

Herzogin von Angouleme. Mein König, ich kann nicht eher schlafen, als bis ich Deine Hand geküßt.

König Ludwig. Mein Bruder hat heute viel Wildprett geschossen. Ich lade dich und die Prinzen zum Mahl.

Herzogin von Angouleme. Wo ist Monsieur?

König Ludwig. Wohl schon zu Bett. Er war ermüdet.

Herzogin von Angouleme. Darf ich mich mit meinem Gemahl über eine Kleinigkeit —

Herzog von Angouleme. Den Tauberich, Gemahlin, hat Houdet erwischt!

Herzogin von Angouleme. — unterhalten?

König Ludwig. Weshalb nicht? — Doch erst noch Eins: Bonaparte ist bei Toulon gelandet.

Herzogin von Angouleme. Schütze mich der Heiland! Die Ahnung der Choisy! Gelandet! — Großer Gott, wer litt das? — Und ihr steht hier ruhig, König, Angouleme, Berry, Blacas, d'Ambray? Seyd ihr Bildsäulen?

König Ludwig. Nun, nun!

Herzog von Angouleme. Gemahlin, nicht so heftig. Du bekommst wieder die Migraine.

Herzogin von Angouleme. Was, Migraine — Er! —

Herzog von Berry. Was will er denn mit seinen wenigen Leuten?

Blacas d'Aulps. Königliche Hoheit, ruhig, — lassen Sie es mit der Personage gut seyn.

D'Ambray. Ueberlassen Sie ihn den Jurys.

Herzogin von Angouleme. Ihn den Jurys? — Menschen, wißt ihr, wer seine Jurys sind? — Die Heere Europas, und kein Anderer — O Waffen, Waffen, Waffen! — Sturmglocken geläutet — Alles, alles aufgeboten, in der Kirche wie auf dem Schlachtfelde! — Gelandet — — Weh' mein Herz — — Nun macht Er seine Tigersprünge, wie einst von Aegypten nach Paris, von Eylau nach Madrid, von Madrid nach Wien, nach Moskau — O, ich fühle schon seine Krallen!

Herzog von Angouleme. Dieuer, Dieuer, sie wird ohnmächtig — cöllnisches Wasser —

Blacas d'Aulps. Es wird schon geholt.

Herzogin von Angouleme. Cöllnisches Wasser — Französisches Feuer schafft her für euch alle! — Ich bitte, bitte, schickt doch nach dem Telegraphen! — Ach, er wird schon mit Nachricht da seyn! —

Der Oberceremonienmeister (tritt ein:) Der Oberdirector des Telegraphen.

König Ludwig. Komme.

(Oberceremonienmeister ab. — Der Oberdirector des Telegraphen kommt.)

Oberdirector des Telegraphen. Sire, Bonaparte steht seit etwa anderthalb Stunden mit einigen tausend Mann vor Lyon.

Herzog von Berry. Je tiefer im Lande er ist, so eher wird er gefangen.

(Oberdirector des Telegraphen auf einen Wink des Königs ab.)

Herzogin von Angouleme. Schon vor Lyon! Seit anderthalb Stunden! — So ist er jetzt darin — vielleicht schon diesseits, uns ganz nahe! — Eure Couriere und telegraphischen Depeschen waren stets langsamer als Er!

König Ludwig. Was rathen Sie, meine Herren?

Blacas d'Aulps. Lassen Sie uns, Sire, einige hundert Verdächtige, welche ihn in Lyon und Paris unterstützen könnten, verbannen, und er erlischt von selbst, wie ein Licht ohne Brennstoff.

D'Ambray. Wahrlich, das Beste. Ich will eine Liste solcher Uebelgesinnten aufsetzen, und sie zu dem Fuße des Throns legen.

König Ludwig. Thun Sie es — ich werde sie nachsehen und beurtheilen. — Indeß jetzt den Ney gerufen, Fürsten von — Ich weiß nicht, wie der Mann sonst heißt.

(Blacas d'Aulps geht in den Vorsaal, spricht mit dem Oberceremonienmeister und kommt zurück.)

Herzogin von Angouleme. Der Ney, der Ney — Der unsere Zuflucht? — Kleiner und häßlicher ist sie nicht zu finden!

König Ludwig. Er heißt der Brave der Braven, und alle alten Krieger lieben ihn.

Herzogin von Angouleme. Er ist einer der Frechsten unter den Schlechten, und wenn die alten Krieger ihn lieben, müssen wir ihn hassen.

Oberceremonienmeister (tritt ein:) Se. Durchlaucht der Fürst von der Moskwa.

König Ludwig. Er trete ein.
(Oberceremonienmeister ab.)
Herzogin von Angouleme. O hättet ihr selbst Muth, ihr bedürftet des elsasser Sergeanten nicht. Auch nicht mit einem Blick werd' ich ihn anseh'n
(an das Fenster tretend)
lieber dort die Straßen.
Marschall Ney (tritt ein:) Sire —
König Ludwig. Mein Marschall —
Ney (für sich:) Werden sie höflich? — vermuthlich, weil sie etwas von mir wollen. Meine Gemahlin hat mir das stets prophezeit.
König Ludwig. — und mein Vetter —
Ney (für sich:) Vetter, Vetter — Hörte das meine Gemahlin, — sie jubelte!
(wieder laut, aber verlegen:)
Monarch?
Blacas d'Aulps (zu d'Ambray:) Wie wenig kennt das Vieh die Etikettensprache des Hofes.
D'Ambray. Wie konnte er in Bonaparte's Feldlagern Vernunft lernen?
König Ludwig (zu Ney:) Ja, Fürst, — jeder Marschall Frankreichs ist Vetter, und hoffentlich auch Freund des Königs.
Ney. Bis in den Tod, Sire!
Blacas d'Aulps (zu d'Ambray:) Wie groß der König ist — mit dem einzigen Worte „Vetter" hat er ihn erobert.
Herzogin von Angouleme (halb zu Blacas d'Aulps gewendet:) Und wie klein der Sergeant ist, daß ihn so ein Wort besticht! Wie schwach wir, daß wir ihn bestechen!
Blacas d'Aulps. Königliche Hoheit, Sie hörten —?
Herzogin von Angouleme. Alles, was Sie und d'Ambray flüsterten. Mein Ohr ist aus Versailles.
(Sie tritt wieder an das Fenster.)

König Ludwig. Vetter, der Bonaparte ist bei Toulon gelandet.

Ney (bestürzt:) Wie — was? — Es ist eine Erdichtung!

König Ludwig. Nichts weniger. Er ist gelandet, und Sie sollen uns von ihm befreien.

Ney. Ich —? Von ihm? — Im Namen der — im Namen Gottes denn, wenn es seyn — wenn es geht.

König Ludwig. Wie sollt' es nicht gehen, wenn der Brave der Braven, dem der Corse seine größten Siege verdankt, einmal gegen ihn ficht? Wir mindestens trauen es Ihnen zu.

Ney. Wirklich, Sire?

König Ludwig. Ich gebe Ihnen die Hand darauf.

Herzogin von Angouleme (für sich:) Pfui!

Ney. Das ist zuviel, König, — das verdien' ich nicht. — Offen gesagt (denn so großer Güte gegenüber kann ich nichts mehr verbergen): ich war nicht der beste Royalist, hatte zwar über den Kaiser mich hart zu beschweren, aber die Kaiserzeit nicht ganz vergessen — Sire, ich mach' es wieder gut — weg aus meiner Brust die letzte Erinnerung an Ihn und seine Heerzüge — himmeltief steht er unter Ihnen — — Ja, geben Sie mir Truppen, ich zieh' ihm entgegen, und bring' ihn Ihnen gefangen oder todt! — — Wie konnt' ich so verblendet seyn — — Alles, alles an diesem Hofe ist edler, anmuthsvoller, erhabener als am buntscheckigen Lager zu St. Cloud!

König Ludwig. So eilen Sie, Vetter, von Familie und Freunden Abschied zu nehmen, denn Ihre Bestallung und meine Befehle folgen Ihnen auf der Ferse.

(Ney entfernt sich.)

Herzogin von Angouleme. Da abermals ein Pröbchen von der Treue und der Kraft des neuen Adels!

Herzog von Berry. Unter dem Ney dien' ich in keinem Fall.

Herzog von Angouleme. Ich auch nicht.

König Ludwig. Ihr behaltet die Haustruppen ausschließlich.

Oberceremonienmeister (tritt ein:) Ein Courier, Majestät —

König Ludwig. Er komme.

(Oberceremonienmeister ab.)

Bald werd' ich aber für heute der Audienzen müde.

(Der Courier tritt auf.)

Woher?

Courier. Sire, von Wien.

König Ludwig. Ihre Botschaft?

Courier. Sie ist mündlich und schriftlich.

König Ludwig. Die mündliche?

Courier. Murat greift die Oesterreicher an —

Herzogin von Angouleme (wendet sich vom Fenster:) Ha, klaffen bereits seine Hunde um Ihn?

Courier. Bonaparte ist in die Acht erklärt —

König Ludwig. Recht von dem Congresse. — Talleyrand?

Courier. Ist heiter.

König Ludwig. Das ist ein gutes Zeichen. — Der Congreß selbst?

Courier. Ist bei der Nachricht von Bonaparte's Landung auseinander geflogen.

König Ludwig. Himmel, was?

Courier. Ich selbst sah die Tausende der Adjutanten und Stallbedienten reiten, als Caleschen hinter Caleschen, der Kaiser von Rußland und der König von Preußen, mit den ihrigen unter ihnen, aus dem Thor fuhren.

Herzog von Berry. Die schwachen Menschen. Fliehen vor einem Abentheurer.

Herzogin von Angouleme. Kanntest du den Abentheurer bei Austerlitz und bei Jena?

Herzog von Berry. Nein.

Herzogin von Angouleme. Da lernten ihn die beiden Herrscher kennen.

Herzog von Berry. Ihn nicht, wohl aber sein Glück.

König Ludwig (zu dem Courier:) Ihre Schriften —

(Der Courier übergiebt sie ihm:)

Sie selbst sind bis auf Weiteres entlassen.

(Courier ab.)

Talleyrand schreibt, er sey besorgter, als er in seinen Mienen merken lassen dürfe. Die Landung von Elba würde zum Weltereigniß, erdrückten wir es nicht im Keim.

Herzog von Berry. Bonaparte ist toll, Talleyrand ist toll! Das ist alles!

Herzogin von Angouleme. Talleyrand toll? Ich weiß nicht. — Doch Bonaparte, der das wirklich thut, was Talleyrand oft heucheln soll, der kein Auge aufschlägt, keinen Schritt macht, ohne berechnet zu haben, wohin er blickt, wohin er tritt? — Schlecht ist er, ja oft klein pfiffig, — aber toll? So möcht' ich hören, was klug ist.

König Ludwig. Halt' ihn nicht für zu gefährlich.

Herzogin von Angouleme. Er ist gefährlich. Frage nach bei Jacobinern und Royalisten, frage nach an den plötzlich von ihm geraubten Küsten Aegyptens oder der Nordsee, frage nach an den Mauern von Danzig oder Saragossa — Wie die stilldunkle Wetternacht ist er — Erst wenn du getroffen bist, merkst du: es hat geblitzt. — Sieh, unterm Busen bricht mir die mit Lilien geschmückte Goldspange jach auseinander — Auch das kommt unerwartet, aus Angst vor Ihm — — Ist selbst diese Kleinigkeit nicht bedeutend?

Oberceremonienmeister (tritt ein:) Sire, das Nef ist aufgesetzt.

König Ludwig. So laßt uns speisen.

(Oberceremonienmeister ab.)

Herzogin von Angouleme (für sich:) Jetzt speisen! Welch unverwüstlicher Appetit! —

(Laut:)

Majestät, darf ich Eines bitten?

König Ludwig. Fod're.

Herzogin von Angouleme. Laßt sofort meinen Gemahl nach der Gegend von Lyon eilen, Berry ihn mit einem Theil der Haustruppen begleiten. Vielleicht treibt der Anblick der königlichen Prinzen den Empörern die Schaamröthe, falls sie davon etwas haben, in das Gesicht. Ich selbst bitte um Urlaub nach meiner treuen Stadt Bordeaux. Diese Perle an der See soll er mir ohne Kampf nicht nehmen.

König Ludwig. Du verlangst viel. Doch halb und halb hab' ich Gewährung versprochen —— Wenn die Prinzen nichts erinnern?

Herzog von Angouleme. Ich bin conform mit meiner Gemahlin, Sire.

(für sich:)

Unangenehme Reise. Das Wetter wird seit Mittag auch schlecht.

Herzog von Berry. Den Spazierritt nach Lyon mach' ich zur Abwechslung mit.

König Ludwig. Aber heute laßt uns erst von dem Wildprett Monsieurs kosten.

Herzogin von Angouleme. Sire, ich komme mir selbst wie ein gehetztes Wild vor und mag dergleichen nicht essen. Verschone mich mit dem Mahl — Laß mich noch diese Nacht nach Bordeaux.

König Ludwig. Wünschest du es, so muß ich es bewilligen, so lang auch der kurze Abschied meinem Herzen schmerzen wird.

Herzogin von Angouleme. Ich küsse deine Hand, Sire —— Ach, wo sehen wir uns wieder?

König Ludwig. In Paris.

Herzogin von Angouleme. Und wie?

König Ludwig. Du bist zu furchtsam.

Herzogin von Angouleme. Furchtsam? — Sire, Waffen! Waffen! Waffen!

(Ab. Der König, der Herzog von Angouleme, und der Herzog von Berry ebenfalls.)

Blacas d'Aulps (zu d'Ambray, indem er mit ihm folgt:) Die Herzogin behandelt den Vorfall auf die überspannteste Art.

D'Ambray. Es ist eine Dame, Herr Graf — da hilft nichts — die Damen lassen sich eher alles andere ausreden, als ihre Schwächen.

(Beide auch ab.)

Fünfte Scene.

(Paris. Greveplatz, in der Gegend der Laterne.)

(Zwei Bürger kommen.)

Erster Bürger. Das ist eine Nacht!

Zweiter Bürger. Hut ins Gesicht, Mantel enger um die Schultern! — Oben regnet's, unten marschirt Ney mit Truppen aus den Thoren. Gott weiß, was das bedeutet!

Erster Bürger. Schade um den Ney. Er war ein anderer Kerl, als er noch unter Napoleon im Feuer stand, und nicht in den bourbonischen Vorhöfen kroch.

Zweiter Bürger. Still — Patrouillen —

Eine Linieninfanterie-Patrouille (kommt:) Wer da?

Erster Bürger. Bürger von Paris.

Patrouille. Begeben Sie sich nach Haus, meine Herren, — im Namen des Königs!

(Patrouille zieht vorbei.)

Erster Bürger. Freund, was ist das —? — Ha schon wieder eine Patrouille. —

Zweiter Bürger. Gensd'armes zu Pferde.

Ein Gensd'armes. Wer da? Zu Haus Leute in eure Betten, zu euren Weibern — auf der Stelle —

Erster Bürger. Herr, ihr sprecht als wären wir Sclaven.

Der Gensd'armes. In den Betten ist es wärmer und besser als hier.

Zweiter Bürger. Der Mann hat Recht und Verstand. Komm, Freund. Es wird hier draußen mehr und mehr unheimlich.

Erster Bürger. Nun, wär' auch eine Empörung im Ausbruch, — die Nationalgarde, wozu auch wir gehören —

Zweiter Bürger. — und die ihre Officiere von den Vorstädtern an der Laterne da aufknüpfen läßt, weil sie stets an ihr Vermögen denkt, der Vorstädter an sein Nichts?

Erster Bürger. Wahr, wahr! Zu Haus, zu Haus!

Der Gensd'armes. Noch immer geschwatzt? Tod und Hölle, fort!

(Patrouille und die beiden Bürger ab.)

(Fouché und Carnot begegnen sich von verschiedenen Seiten. Beide sind tief in Mäntel gehüllt.)

Fouché. Ha, du bist es! — Ich schickte zu dir — du warest nicht zu Haus. Hier dacht' ich dich zu finden.

Carnot. Als ich hörte, daß du geschickt hattest, suchte ich dich auch hier, Otranto — oder, wie ich dich lieber nenne, Fouché.

Gensd'armerie-Patrouille zu Fuß (kommt:) Wer hier?

Fouché (zu Carnot:) Die Narren will ich anführen. Ich kenne ihre Losung. Sie sollen uns für zwei Mouchards erster Sorte halten.

(Zu den Gensd'armen:)

Wo ihr Officier?

Officier. Da bin ich.

(Nachdem ihm Fouché etwas in das Ohr gesagt hat:)

Wünsch' Ihnen Glück im Geschäft, meine Herren.

(Die Patrouille zieht weiter.)

Carnot. Hm, bediene dich nicht des Betruges.

Fouché. Muß man es jetzt nicht thun, wenn man unter den Schurken das Gute durchsetzen will?

Carnot. Ha, da —

Fouché. Wie wird dir?

Carnot. Ein unwillkührlicher Schauder ist verzeihlich: bedenke, wo wir stehen, hergebannt vom dunklen Triebe.

Fouché. Die berüchtigte Laterne des Greveplatzes faßt mit ihrem Mörderarm über uns in die Nacht, und dort in der Mitte rasselte die permanente Guillotine, als auch du im Wohlfahrtsausschuß saßest.

Carnot. Da stand sie — das blutige Ungeheuer —

Fouché. Du selbst unterzeichnetest die Todesurtheile der Tausende und aber Tausende, welche unter ihr fielen, mit.

Carnot. Eben deshalb bin ich bewegter als du. — Fouché, welche Eichen verloren hier ihre Kronen! Dieser Platz ist der Opferaltar Frankreichs! — Hier sanken Danton, Herault de Sechelles, Robespierre — auch der König fiel nicht weit von hier.

Fouché. Gereut es dich?

Carnot. Nimmer! Es ging nicht anders. — Was mit den Leuten zu machen, wenn ihre Zeit vorüber war, und ihre Anhänger doch trotzen und rückwirken wollten?

Fouché. Du hast in deinem Memoire gesprochen.

Carnot. Du in dem deinigen. — Wir sind Eins, nur unser Ausdruck ist verschieden. Aber sprechen wir auch mit den Zungen aller zweiunddreißig Winde, es hilft nichts. Darum sag' an, was ist zu t h u n?

Fouché. Die Bourbons müssen fort mit ihrer alten Zeit, — sie haben bewiesen, daß sie nichts Neues lernen können, und — erschrick nicht, Republikaner — Bonaparte muß zurück.

Carnot. Bonaparte? Weißt du, was du sagst? Der vertilgte die Freiheit mehr als alle Tyrannen von Valois und Bourbon. Ja, man schelte den Wohlfahrtsausschuß und sein Blutsystem wie man wolle: seine Ideen waren größer als der Egoismus des Generals Bonaparte.

Fouché. Gewiß. Aber wir bedürfen irgend eines neuen Menschen an der Spitze, und können Napoleon nicht übergehn. Auch ist er nicht mehr der von 1811. Sein Ruhmesglanz war sein Diadem. Im Regen von Leipzig erblich es so ziemlich, und blieb nur so viel Schimmer übrig, als wir gebrauchen mögen, ohne zu fürchten, er blitze uns abermals damit zu Boden. Er werde wieder Kaiser, jedoch kräftig gebändigt mit einer Constitution.

Carnot. Die zerbricht er auf bekannte Manier, sobald er zwei Schlachten gewonnen hat.

Fouché. Zwei — oder sicherer d r e i Schlachten soll er nicht auf der Reihe gewinnen.

Carnot. Mensch — ehemaliger Polizeiminister —

Fouché. Sprich den „Polizeiminister" nicht bitter aus. Frankreich besteht ohne solchen keine vier Wochen.

Carnot. Bonaparte kann nicht zurückkommen. Ausgestoßen von aller Welt ist er auf Elba.

Fouché. W a r!

Carnot. Wie?

Fouché. Was schreiben wir heute?

Carnot. Den siebenzehnten März.

Fouché. Gut, so ist er schon in Auxerre.

Carnot. Raserei!

Fouché. Nein, — lies mein Tagebuch, hier bei dem rothen Schein der furchtbaren Laterne, — am dreizehnten reis'te er von Lyon ab.

Carnot. Unmöglich!

Fouché. Das Wort kennt Er nicht, oder will es nicht kennen, was auch etwas sagt. — — Siehst du, wie der Telegraph mit Feuerlichtern auch bei Nacht geht? Und weißt du, welche Nachricht er eben empfängt und sie nach allen Ecken an Frankreichs Präfecten und Gouverneure weiter verbreitet?

Carnot. Nein.

Fouché. Wart' einen Augenblick — Da hab' ich den Schlüssel der Chiffre, — er verbreitet: Bonaparte ist diesseits Lyon gefangen, seine Leute sind zersprengt und er ist vor die Assisen gestellt.

Carnot. Das klingt anders als deine Behauptungen.

Fouché. O du unschuldiges, kindliches Genie! — Wär' ich wie du, und kennte blos die Wissenschaft und die Tugend, nicht aber die Menschen! — — Wisse: in einer Stunde ist halb Frankreich getäuscht, — denn die Telegraphenlinie von Toulon lügt, und das äußerst grob, wie es für den Verstand von Blacas d'Aulps paßt. Wahrscheinlich hat Napoleon, um die Bourbons desto sicherer zu machen, dabei selbst die Hand im Spiel. Wie wäre er über Lyon heraus gekommen, hätt' er nicht schon eine Armee um sich, wären nicht Grenoble, nicht alle Truppen zu ihm übergegangen? Noch wenige Tage und er ist in Paris.

Carnot. So mag er regieren. Aber jeder Blutstropfen empört sich bei dem Gedanken, daß er den asiatischen Despoten erneut.

Fouché. Ich wiederhole, das soll er nicht, und wären auch wir beide nur einig. — Folge mir, — ich kenne eine Wirthschaft in St. Martin, wo wir uns unbeachteter sprechen können als auf diesem Platz oder in unsern Hotels.

Carnot. Alleswissender, was machen jetzt die Bourbons?

Fouché. Sehen nach den Telegraphen und g l a u b e n, bis sie f ü h l e n, daß sie irrten. Vielleicht ist auch zu dem Letzteren ihr Fell noch zu hart. Möglich, daß sie bald flüchten müssen, und doch wähnen, es sey etwa nichts mehr als eine Promenade. — Teufel, wer schnarcht da auf der Treppe? — Heda? Wer seyd ihr?

Chassecoeur (mit Vitry aufspringend:) Zwei Kaisergardisten, ohne Brot und Obdach!

Fouché. Ah, die thun uns nichts! — Habt ihr etwas gehört, so sagt es nicht wieder!

(Mit Carnot ab.)

Vitry. Hast du etwas gehört?

Chassecoeur. Nichts Rechtes. Ich schlief schon ganz erträglich.

Vitry. Ich auch. — Wir wollen uns wieder hinlegen.

(Sie thun es.)

Dritter Aufzug.

Erste Scene.
(Paris. Greveplatz in der Nähe der Laterne.
Es ist Nachmittag.)

(Volk, zum Theil müßig, zum Theil beschäftigt. Chassecoeur, Vitry und ein Schneidermeister im Vorgrunde.)

Vitry. Es ist nicht richtig, Chassecoeur! Nachts wecken uns verdächtige Gespräche, Ney ist fort mit den Truppen, die Angouleme soll schon auf dem Wege nach Bordeaux seyn, und dort geht ein kleiner Emigrant mit einem Reisebündel — Adieu, mein Herr.

Der Emigrant. Wir kommen wieder, Herr von Namenlos —

(Für sich:)

O Feuer, Schwerte, Schaffotte — Das ganze abtrünnige Frankreich soll brennen und bluten!

(Ab.)

Chassecoeur. Wer weiß, wohin der Emigrant betteln geht, und die Angouleme wird in ihrem Bordeaux beten wollen, daß sie ein Kind bekömmt, wie die Jungfrau Maria, ohne Hülfe ihres Mannes, weil ihr diese Hülfe doch nicht helfen kann. — Hol's der Teufel!

Schneidermeister. Meine Herren, meine Herren, die Herzoge Angouleme und Berry fahren aus der Stadt, auch die Herren Blacas d'Aulps und d'Ambray haben seit einer Viertelstunde Reisepelze an. — Es wird wieder luftig.

Chassecoeur. Convulsivischer Wurm, wer bist du?

Schneidermeister. Herr Mensch, ein pariser Kleiderfabrikant, der Sie, wenn Sie seine Ehre beleidigen, mit dieser Nadel siebenundsiebenzigmal durchbohrt, ehe Sie ihm eine einzige Wunde mit dem Degen anflicken!

Chassecoeur. Ich zittre schon.

Frau des Schneidermeisters (kommt:) Mann, lieber Mann, find' ich dich endlich, — o nach Haus! Auch unsre Straße ist voll Lärm und Bewegung! Man sagt, der Kaiser käme zurück.

Chassecoeur. Sollt' es seyn? — O!

Schneidermeister. Dummes, infames Weib, sprich leiser —

(Leise:)

Käm' er zurück, so wäre das viel für Frankreichs Ehre und für meine Wohlfahrt. — Geh, Nadeln und Zwirn angeschafft, soviel du kannst! Wir machen bald Monturen! — Ich sondire hier nur noch ein bischen die Stimmung von Paris, — es ist der beste Platz dazu. — Drum geh, ich komme gleich nach.

Frau des Schneidermeisters. Gleich? — Ist das gewiß?

Schneidermeister. Meinst du, ich würde dich und meine Würmchen in der Gefahr allein lassen?

(Frau des Schneidermeisters ab.)

Jesus! heiliger Geist! Da kommt der König! Und welchen Rock trägt er! De anno 1790 — Geschmack, Geschmack, du sinkst in das Meer! Das verschulden die Engländer!

Eine Dame der Halle (tritt auf:) Ach Gott, ich weine — wie erschütternd geht es in der Deputirtenkammer her. — Alle Deputirten wollen sich für den König opfern —

Vitry. Thun sie es auch?

Die Dame der Halle. Sie hätten es gewiß gethan, wenn er nicht zu schnell Abschied genommen hätte. Und wie sprach er! Thränen, sag' ich, Thränen im Auge! Mit einem battistenen Schnupftuch voll gestickter Lilien wischte er sie ab — ach, die Lilien werden unter solchen Tropfen nur zu herbe genäßt.

Vitry. Da hält der Königsmann mit seiner Kutsche im Gedränge.

Chassecoeur. Er wird etwas herschwatzen, was wir in dieser Entfernung gar nicht hören, und von den Nächststehenden kaum drei, ohne daß sie es begreifen.

Vitry. Desto mehr Respect haben sie davor.

Viele aus dem Volk. Still! still! — Der große Monarch!

Schneidermeister. Erhöbe sich der König nur nicht, bliebe er nur ruhig sitzen, und verdeckte seine Frackschöße, denn von allen im Universum sind sie die abscheulichsten. Weit auseinander klaffend! Ist das französisch? Es ist nicht einmal englisch — es ist barbarisch! An dem Kleide den Mann — wer sich albern kleidet, ist albern — Aus mit unserm schönen Lande! — So gewiß die Revolution nicht entstehen konnte, wenn man Reifrock, Perrücke und Puder beibehalten und sich daher wohl gehütet hätte, einander auf den Leib oder in die Haare zu kommen, so sicher kann die königliche Würde nicht bestehen, wenn der König durch seine Frackschöße eine Sache zeigt, die zwar auch groß und gewaltig, aber nichts minder als majestätisch ist.

(Man hört den König reden.)

Eine Dame der Halle. Ach — das ist zum Herzbrechen —

Volk. Lang lebe der König!

(Die Kutsche des Königs fährt weiter.)

Schneidermeister. Was sprach er?

Die Dame der Halle. O mein Herr, welche Zunge vermag es wieder zu sagen? „Die rührendsten Beweise der Liebe hätt' er von seinem Volke erhalten! wenige Verräther störten Frankreichs Glück! Er wolle sich an die Spitze der Armee stellen!" O, der wahre Sohn Heinrichs des Vierten!

Chassecoeur. Der alte podagrische Esel will an die Spitze der Armee?

Schneidermeister. Alles sehr gut, meine Dame, aber weshalb läuft er fort, wenn so rührende Beweise der Liebe und so wenig Verräther da sind? — Volk, Volk, laß dich durch Mitleid und Edelmuth nicht um deine Klugheit betrügen! Der König will nach Wien und dort auf dem Congresse Frankreichs beste Provinzen verschenken! Dafür sollen ihm die Russen helfen, alle Nicht-Emigranten zu unterdrücken! Das ist schon lange im Werk gewesen!

Volk (wüthend:) Der verfluchte bourbonische Heuchler! Ihm nach — fanget, fesselt ihn!

Schneidermeister. Recht so — und soll er verbluten, so thu' er es an unseren treuen Herzen!

(Für sich:)

Das verdirbt die Kleider und nützt meinem Geschäft.

Mehrere Stimmen. Er ist schon fort — über alle Berge.

Ein ältliches Frauenzimmer. Schimpft nach Belieben — Er war doch ein guter Mann.

Chassecoeur. Ja, er aß Rostbeef, aber keine Ofenschrauben.

Vitry. Du schilderst ihn. Was da?

Leute verschiedenen Standes (stürzen herein:) Napoleon ist gelandet —

Chassecoeur. Vitry!

Vitry. Chassecoeur! das Veilchen blüht!

Schneidermeister. Die beiden Gardisten springen auf, als ging' es zum Tanze!

Die Leute. — und bei Chalons sur Saone ist er gehängt worden!

Chassecoeur. Wer sagt das?

Die Leute. Der Moniteur und der Telegraph.

Vitry. Sey ruhig, Chassecoeur. — Wenn die beiden zusammen es sagen, ist es doppelte Lüge. Warum liefe der König sonst weg?

Anderes Volk (stürzt herein:) Der Kaiser ist in Fontainebleau!

Schneidermeister. Donner und Hagel! — Ney's Armee?

Volk. Ist zu ihm übergegangen, und hat ihm den Marschall mitgebracht!

Schneidermeister. Die armen Bourbons!

Vitry (zu Chassecoeur:) Von nun an laß das Raisonniren — nicht mehr nöthig — denk an deine Waffen.

Chassecoeur. Sie liegen geputzt und blank im Winkel.

Vitry. Die meinigen auch!

Schneidermeister (zu einem Nebenstehenden:) Paß auf, jetzt stift' ich eine Revolution.

Der Nebenstehende. Wodurch?

Schneidermeister. Narr, durch diesen Pflasterstein — — Ich blicke, blicke und blicke auf ihn hin.

Savoyardenknabe. „La marmotte" —

(Er stockt und deutet auf den Schneidermeister:)

Was hat der Mensch?

Andere Umstehende. Was sieht der?

Noch Andere. Was geschieht?

(Es drängt sich allmählich eine große Volksmasse um den Schneidermeister.)

Schneidermeister (halb laut:) Hm — Hum — Oh!

Volk. Großer Gott! Was ist?

Schneidermeister (murmelt:) Gefahr — Paris — Die Seine — Aristokraten —

Einer aus der Masse. Was sagt er?

Ein Anderer. Verstehst du nicht? Die Aristokraten wollen Paris untergraben, es mit Pulver von Vincennes in die Luft sprengen, wollen die Seine ableiten, und die Zufuhr speren!

Weiber. Wir Unglücklichen! o unsere Kinder!

Männer. Waffen! Waffen! — Die Arsenale erbrochen! — Waffen! Waffen!

Ein Bürger (kommt:) Meine Herren, es ist wahr — man will die Seine ableiten — Hier hab' ich eine Schaufel — sie lag an ihrem Ufer — Zeugniß genug!

Volk im Vordergrunde. Die Schaufel — o, die Schaufeln!

Volk im Mittelgrunde. Man minirt unter der Seine — Zehntausend Schaufeln sind entdeckt!

Volk im Hintergrunde. Auf, auf! Wir wollen uns wehren für Leben, Weib und Kind, oder was es sonst seyn mag!

Schneidermeister (für sich:) Das Letzte klingt luftig — „Was es seyn mag!" — Sie wissen nicht, was sie wollen, und werden nehmen, was sie bekommen. — Ich aber weiß mein Theil, — neue Regierung, neue Kleider!

(Halb für ch :)

Das Brot — Gott, das Brot —

Volk. Die Bäcker, die Müller erwürgt! Sie sind von den Ministern bestochen, uns aushungern zu lassen! Es findet sich kein Brot mehr in der Stadt! Brot, Brot, Brot!

Schneidermeister. Wie sie auf einmal hungrig werden! — Aber — o wer kommt da? — Weh! die Vorstadt St. Antoine! Die ganze Stadtsippschaft, mit welcher ich mich bis jetzt vergnügte, rettet weder mich noch sich gegen das Belieben dieser Bestien von Habenichts und Herren von Schlagzu! — Ach, wir lebten unter dem achtzehnten Ludwig so glücklich!

Ein Nebenstehender. Auch du?

Schneidermeister. Freilich. Wie sonst hätt' ich so kühn scherzen können?

(Er horcht auf:)

Und Himmel! schon das alte, wilde ça ira — Mir fröstelt's im Blut! Es wird weiß, wie Schnee!

Vorstädter von St. Antoine (treten auf, singend:)

> Ah! ça ira, ça ira,
> Suivant les maximes de l'Evangile,
> Ah! ça ira, ça ira, ça ira,
> Du legislateur tout s'accomplira.

Ein Bürger. Wie paßt das heute?

Schneidermeister. Ça ira, mein Herr, heißt so viel als „Kopf ab, wo es uns gefällt." Mit dem Inhalt ist es einerlei, aber die Bedeutung und Wirkung ist dieselbe. — Wir Armen!

Vitry. Ja, Chassecoeur, so etwas hast du in Rußland nicht gesehen, — das sind die echten Ohnehosen und Schonungslosen — Ihre Piken sind schlimmer als die der feigen Kosacken!

Vorstädter von St. Antoine.

> Ah! ça ira, ça ira, ça ira,
> Celui qui s'élève, on l'abaissera,
> Celui qui s'abaisse, on l'élèvera,
> Ah! ça ira, ça ira, ça ira.
> Le peuple armé toujours se gardera,
> Le clergé regrette le bien qu'il a,
> Ah! ça ira, ça ira, ça ira,
> Par justice la nation l'aura,
> Ah! ça ira, ça ira, ça ira.

Schneidermeister. Welche Orchesterbegleitung! Ein zerlumpter Bärenführer mit der Trommel und ein schmutziger Junge mit einem Triangel! Na, Opern, jetzt ist es aus mit euch!

Vorstädter von St. Antoine.
Pierrot et Margot chantent à la guinguette,
Ah! ça ira, ça ira, ça ira,
Réjouissons nous, le bon temps viendra,
Ah! ça ira, ça ira, ça ira.

Schneidermeister. Wie gern lief' ich weg — die verwünschte Neugierde! Es sieht zu curios aus — O — da ist Jouve, der Kopfabhacker von Versailles und Avignon, wieder an der Spitze, eine ellenhohe rothe Mütze auf dem Kopfe. — Seit zwanzig Jahren sah ich ihn nicht — — Und da tragen sie auf den Schultern eine Hure, in ihrer Jugend, als Gott vom Wohlfahrtsausschuß abgesetzt war, Göttin der Vernunft, und jetzt dieselbe noch einmal, aber recht gealtert.

Vorstädter von St. Antoine. Hoch die Vernunft!

Andere. Die Hölle mit ihr!

Wieder Andere. Und der Himmel breche zusammen!

Noch Andere. Der Teufel soll Gott seyn!

Alle. Das soll er, er ist ein braver Kerl!

Jouve. Das ist er, Brüder, aber eben darum der Verleumdete, der Unterdrückte —

(Zu dem Schneidermeister:)

Lumpenhund, was blinzelst du mit den Augen?

Schneidermeister. Vor Freude, mein Herr, daß in Frankreich auch der Teufel zu Recht und Ehre kommt.

Viele Vorstädter. Jouve, laß den Mann gehn — er ist so übel nicht —

Jouve. Dann ist er schlecht genug. — Wer nicht für uns ist, der ist wider uns. Dieser, merk' ich, ist ein Schuft, der seine Courage da hat, wo er nichts zu fürchten braucht, — der die Fahne auf der einen Seite weiß, auf der andern dreifarbig trägt, und sie nach dem Winde schwingt. — Seht, wie er anfängt, sich hin und her zu wenden, — er möchte jetzt gern fort, nach

Haus, sich dort mit seiner Familie hinter dem Ofen verstecken, bisweilen an die Fensterladen schleichen, durch die Ritzen gucken, und ohne Gefahr bemerken, was es auf der Straße für Unheil gibt, um gleich darauf in Sicherheit darüber zu schwatzen. — Derlei Memmen sind schändlicher als die öffentlichen Mordbrenner — — Schneiderfetzen (denn so etwas wirst du seyn), Courage, Schere, Nadeln heraus, — hier mein Schmiedehammer — Wehre dich oder crepire!

Schneidermeister. Weh mir!

Jouve. Nieder!

(Er schlägt ihn zur Erde.)

Vorstädter und anderes Volk. Ha! Blut! Blut! Blut! Schaut, schaut, schaut, da fließt, da flammt es — Gehirn, Gehirn, da spritzt es, da raucht es — Wie herrlich! Wie süß!

Jouve. Schneiderblut und Schneidergehirn — Besseres Blut thut uns noth. — Wer noch keine rothe Mütze hat, färbe sich, bis wir edleres haben, mit diesem Blute das Haar.

(Viele Vorstädter thun es.)

Vorwärts — die Tuillerien angesteckt. — Es lebe die Freiheit!

Alle Vorstädter. Sie lebe!

Ein Vorstädter. Da kommt Nationalgarde!

Jouve. Geh' du hin, und sag' ihren Anführern, sie möchten sich mit ihren Leuten auf der Stelle, und zwar mit gekrümmtem Buckel nach Hause begeben, sonst würd' ich ihnen in der Manier, wie ich sie 1789 in Versailles lernte, ihre Köpfe, falls sie etwas von Kopf haben möchten, dergestalt abhacken, daß dieselben, ehe sie den Mund zum Schrei aufsperren könnten, auf dem Boden lägen. —

(Der von Jouve Angeredete ab.)

— Wer ein guter Patriot ist, folgt mir nach! Hacket dem verrätherischen Schneider die Finger ab, und steckt sie in den Mund als Zigarren der Nation!

Viele Vorstädter. Her die Finger! — Ach, er hat nur zehn!

Jouve. Geduld, es gibt Verräther genug, um noch tausende zu erhalten. Bekommen wir den König oder den Kaiser in die Hände, sie gehören beide mit dazu.

Chassecoeur. Der Kaiser?

Vitry. Camerad, still — den Kaiser und uns hat die Revolution gemacht, diese aber machten die Revolution und den Kaiser.

Jouve. Welcher Bengel wagte mir in die Rede zu fallen und nach dem Kaiser zu fragen?

Vitry. Da haft du es, Chassecoeur.

Chassecoeur. Ein kaiserlicher Gardegrenadier zu Pferde.

Jouve. Leute, der Kerl macht sich Titel — An den Arm der Laterne mit ihm!

Vorstädter. An den Laternenarm den Verräther!

Vitry. Bitte, bitte, schont ihn, ihr Helden der Revolution —

Vorstädter. Ah —

Vitry. Schöne, allerschönste Göttin der Vernunft, leg' ein Wort für den Unvernünftigen ein — Es geziemt der Vernunft, die Tollen zu bemitleiden.

Göttin der Vernunft. Jouve, laß den Narren närrisch seyn. Er ist so geboren und in der Armee so erzogen — er kann es nicht ändern.

Jouve. Du sagst es, Göttin. — Aber du kaiserlicher Gardegrenadier zu Pferde, merke dir mit deinem schwachen Verstande die Kleinigkeit: soll dir nicht hineingeschlagen werden, so reiße gegen französische Bürger das Maul nicht zu weit auf.

Chassecoeur. Hölle —

Vitry. Sacht! — Der Kaiser ist gewiß bald da.

Advocat Duchesne (kommt:) Meine Herren —

Vitry (beiseit zu ihm:) Herr Redner, still. — Die da verstehen den Teufel von Ihrem Brei, und wen sie nicht verstehen, den bewundern sie nicht, wie unsre Bekannten im Palais-royal, sondern sie bringen ihn um.

(Gensd'armerie zu Pferde kommt.)

Ein Hauptmann der Gensd'armes. Auseinander, Pöbel!

Jouve (zu einem seiner Nebenmänner:) Schleich' dich hinter das Pferd des Gensd'armeshauptmanns, reiß' ihn rücklings herunter — ich falle ihn und seinen Gaul von vorn an.

(Jouve's Nebenmann ab.)

Was wollen Sie, mein Herr?

Hauptmann der Gensd'armes. Nur Ruhe!

Jouve. Die soll Ihnen werden, in zwei Minuten. — Leute, habt ihr recht starke Stricke? Der Kerl ist fett und schwer.

Hauptmann der Gensd'armes. Empörung! Schießt, haut ein, Gensd'armes!

Jouve. Wer ist mehr, ein Gensd'armes oder ein Franzose? Ihr hauet nicht ein, Bürger Gensd'armes, aber euern elenden Hauptmann hängen wir an jene Laterne, so gewiß als ihn mein Freund in diesem Augenblick vom Pferde reißt.

Hauptmann der Gensd'armes. Rettet mich, Cameraden!

Jouve. Findest deine Cameraden in der Hölle.

(Er schlägt das Pferd des Hauptmanns der Gensd'armes nieder.)

Vorstädter. In die Luft den Kerl! Hopfa!

Hauptmann der Gensd'armes. Schändlich — — Thut alles, nur meinem Halse nicht zu weh —

(Er hängt:)

Ach!

(Er stirbt.)

Jouve. Wo sind die anderen Gensd'armes?

Ein Vorstädter. Schnell auseinander und fortgeritten.

Jouve. Das war von ihnen weise gehandelt!

(Aufhorchend:)

Was für Trompeten?

Chassecoeur und Vitry (horchen auch auf:)

Ha!

Volk. Dort zahllose Reiterei!

Einige. Kennt ihr die klirrenden Kalpaks von Blech und Stahl? Es sind polnische Lanzenreiter.

Jouve. In Ordnung, Brüder — Man will uns im Namen des längst hingerichteten Kaisers überrumpeln! — Da Trommeln?

Ein Ankommender. Die Infanterie von Ney, an den Tschackos das Tricolor!

Jouve. Satan, von jener Seite?

Der Angekommene. Artillerie, bedeckt von den Kuirassieren Milhaud's.

Jouve. Wie konnte der kleine Corporal das alles so schnell ordnen? — Er ist doch ein tüchtigerer Kerl als Mirabeau, Robespierre oder ich — Schade, daß er tyrannisirt! — Links? und hinter uns?

Der Angekommene. Links die Garde zu Fuß mit der alten Paradenmusik, hinter uns die Garde zu Pferd, — so weit man blickt nichts als Bärenmützen!

Chassecoeur und Vitry. Unsre Cameraden! unsre Cameraden — In Reih' und Glied mit ihnen — Jetzt, Pöbel, zittre! —

(Sie eilen zu der vorbeirückenden Garde.)

Jouve. Vorstädter, Ruhe! — Wir spielen nicht mehr mit Ludwig's Gensd'armes, sondern mit Ihm. Er ist ein schlechter Kerl, aber sein Handwerk versteht er. Paris liegt in feinen Ketten, eh' es ihn nahe ahnte. —

Ein Vorstädter. Da 'ne Kröte von einer Kutsche — Dragoner um sie her — Was wollen die bei dem erbärmlichen Dinge? Ich möcht' es visitiren.

Jouve. Der Blick aus dem Kutschenschlag war vom Auge des Mannes von Austerlitz.

Mehrere Stimmen. Wieder zwei Kutschen mit kaiserlichen Wappen!

Jouve. Voll von Prinzen und Prinzessinnen des kaiserlichen Hauses. — Wo Aas, da die Raben, sonst begreif's der Henker, wo diese Personen auf einmal herkommen.

(Für sich:)

Der Imperator zurück, und in der Mode, so lang es dauert. Ich mache sie mit und trage morgen wieder einen eleganten Frack. Die Jacobinermützen überdauern am Ende doch Alles.

(Laut:)

Es beginnt zu dämmern! Hausbewohner, Lichter an die Fenster, zu Ehren des Kaisers und der Nation! — Damen von Paris, muß man euch erinnern? Das Volk erwartet schon lange von euren schönen Händen dreifarbige Kokarden!

(Die Fenster werden erhellt. — Damen eilen an dieselben und werfen die Kokarden in Menge unter das Volk.)

Volk. Heil den Damen von Paris!

Ein Krämer (tritt mit seiner Frau aus dem Gewölbe.) Liebe Frau, laß die weißen Kokarden, die sie wegwerfen, morgen mit dem Frühesten aufsuchen und sorgfältig in einen Koffer packen — Vor einem Jahre macht' ich es ebenso mit den dreifarbigen, habe drei Koffer davon voll, und paff' auf, ich setze sie jetzt reißend ab.

(Ruft:)

Hier dreifarbige Kokarden, das Stück zu einem Sou!

Jouve. Hund, du wagst die Farben der Nation zu **verkaufen?** — Du kommst meiner Laune gelegen!

(Zu seinen Leuten:)

Nehmt ihm die Cocarden!

(Wieder zu dem Krämer:)

Dir schaff' ich dafür das Tricolor umsonst: sieh, diese Faust ballt sich unter deiner Nase, und du wirst weiß, — jetzt erwürgt sie dich, und du wirst blau wie der heitere Himmel, — nunmehr zerstampf' ich deinen Kopf, und du wirst roth vor Blut.

Frau des Krämers. Gott, o Gott!

Jouve. Die Gans fällt in Ohnmacht — nothzüchtigt sie, wenn sie so viel werth ist, aber im Namen des Kaisers!

Alle. Jouve hoch und abermals hoch!

Jouve. Bärenführer, pfeif' und trommle, Triangler, klingle!

(Es geschieht.)

Nach den Tuillerien!

(Alle ab.)

Zweite Scene.

(Vor den Tuillerien. — Abenddämmerung. — Alte Gardegrenadiere zu Fuß und polnische Lanzenreiter auf Wache. Ueberall Volk.)

Alter Gardegrenadier. Was hast du?

Ein anderer alter Gardegrenadier. Betten aus dem Schloß.

Alter Gardegrenadier. Wer schlief darin?

Der Andere. Die königlichen Haustruppen.

Alter Gardegrenadier. Die haben ja einen Geschmack wie die Wickelkinder der — Ich wenigstens kannte außer Stroh und Straßenpflaster seit vierzehn Jahren kein Bett, und schlafe so besser, je härter ich liege.

Der Andere. Volk, nimm dich in Acht! Es stäuben Federn!

(Er wirft die Betten unter das Volk, und legt sich zum Schlafe auf das Pflaster, viele seiner Cameraden ebenfalls. — Das Volk streitet sich um die Betten und reißt sie bei der Gelegenheit zu Stücken.)

Jouve (kommt mit seinen Vorstädtern. Für sich:) Wie es hier stehen mag? — Ha, schlimm — Hat der Kaiser hunderttausend Mann, die so wie diese für ihn sich in den Dreck lagern, so macht ganz Europa mit allen diplomatischen Sophas nichts gegen ihn.

Ein Bürger. Auf die Seite, Platz gemacht!

Ein Vorstädter. Weshalb, Kerl?

Der Bürger. Es sprengen zwanzig, dreißig Estafetten aus dem Thor des Palastes.

Ein anderer Bürger. Und da kommen gerade wieder dreißig an — Gleich und gleich hebt sich!

Erster Bürger. Da fliegen Adjutanten heraus!

Zweiter Bürger. Und da jagen Caleschen herein!

Jouve (für sich:) Er ist da — und schon reißt er Frankreich in seinen Strudel — —Aber hier ein kaiserlicher Wagen, die Hortense darin — Die Wache liegt zum Theil schlafend auf dem Boden — Macht sie nicht die Honneurs oder kommt sie in Unordnung, so faß' ich frischen Muth, stürme noch heute Nacht die Tuillerien und pflanze auf seiner Leiche den Freiheitsbaum auf!

Schildwache (ruft:) Ins Gewehr! — Königin Horteufe!

(Die ganze Wache kommt in Bewegung, und hält gleich darauf zu Pferde und zu Fuß in Ordnung.)

Officier der Gardegrenadiere zu Fuß. Präsentirt das Gewehr! Trommel gerührt!

Officier der polnischen Lanzenreiter. Säbel heraus! Trompete geblasen!

(Trommeln und Trompeten.)

Volk. Es lebe Hortense!

Hortense (blickt aus dem Wagenfenster:) Ich danke!

Viele des Volkes. Die ist doch hübscher als die Angouleme.

Jouve (für sich:) Hier ist nichts zu machen — Die Leute sind zu einexercirt und zu begeistert — Weg meine Träume — Es lebe der Kaiser!

Volk. Hoch der Kaiser!

Officier der Gardegrenadiere zu Fuß. Gewehr ab.

(Es geschieht.)

Officier der polnischen Lanzenreiter. Säbel ein!

(Es geschieht.)

Die Officiere. Nun schlaft, bis die Schildwachen euch wecken.

Dritte Scene.

(Abend. Zimmer in den Tuillerien. Erleuchtet. Napoleon. Viele dienstthuende Officiere um ihn. Andere sitzen und schreiben.)

Napoleon. Wo Cambronne?

Officier. Sire, er visitirt die Wachen.

Napoleon. Diese Zimmer — Ich bin wieder zu Haus, und Frankreich ist mein! — Hier wandelten also vor ein paar Stunden Blacas d'Aulps und d'Ambray? Ah!

(halblaut:)
s'il est un temps pour la folie,
il en est un pour la raison.

Wem gehörten diese Bücher?

Officier. Dem König Ludwig.

Napoleon. Ich bin doch neugierig —

(Er blickt in mehrere:)

Gebete! — Mit Gebeten und Jesuiten zwingt man nicht mehr die Welt — Die Bücher beiseit, und Landcharten auf den Tisch —

(Zu einem Officier:)

Lassen Sie in die Zeitungen setzen: binnen drei Wochen würden die Kaiserin und der König von Rom hier seyn.

(Adjutant ab. Napoleon für sich:)

O mein Sohn — in den Krallen von Habsburg — Ich kann's, ich mag's nicht denken!

(Zu einem schreibenden Officier:)

Die Depeschen?

Der Officier. Sind fertig, Sire.

Napoleon. Fort mit ihnen in die Provinzen. — — Hier neue! — Welch sonderbares Ding von einem Stuhl?

Ein Officier. Des Königs Rollstuhl.

Napoleon (setzt sich hinein:) In dem sitzt es sich freilich bequem — in dem konnte man leicht vergessen, daß es in Frankreich und auf Elba ganz anders war, als in diesem Zimmer.

(Wieder aufstehend:)

Schließt den Stuhl beiseit.

Ein Kammerherr (tritt ein:) Sire, hier Depeschen — schriftliche Nachrichten von dem Telegraphen —

Napoleon. Her damit — — Die Depesche ist albern —

(Er wirft sie weg.)

— Da Aufruhr in der Vendée — General Travot kennt den District seit zwanzig Jahren. — Er soll hin mit zehntausend Mann — Schnell, schnell das expe=

dirt, ihr Schreibenden! Die Truppen nimmt er aus Nantes und Angers. — — — Hier — o, alles, alles seit dem April von 1814 in Frankreich Ruin, Festungen und bürgerliche Ordnungen — blos mit den Einkünften der Pfaffen steht's gut — wenigstens beschweren sich die Gemeinden über das Unmaß derselben.

(Zu den Schreibenden:)

Die Missionskreuze auf den Marktplätzen sollen fort, — kein Geistlicher unter Bischofsrang erhält mehr Gehalt als ein Bezirksrichter.

— Nochmals der Telegraph? — Murat marschirt. Konnt' er denn nicht warten, bis Ich gerüstet war? Die Uebereilung ist schlimm für ihn und etwas schade für mich. — Zwölf Zimmer sollen in Toulon königlich eingerichtet und ihm überlassen werden, kommt er auf der Flucht dahin. — Bildet sich der Mensch ein, er könne in Einem Feldzuge mit seinem neapolitanischen Gesindel Italien organisiren — Das ist eine Arbeit für Jahrhunderte. — Geistliche und weltliche Politik haben zu fleißig dafür gesorgt.

Kammerherr (tritt ein:) Der König flüchtet, wie man erfahren, über Lille.

Napoleon. Alle Behörden und alle Festungscommandanten sollen ihn laufen lassen, so viel er kann. Hab' ich ihn, so macht er mir Plage, hab' ich ihn nicht, so bin ich mit der Plage verschont und er thut mir keinen Schaden.

(Kammerherr ab.)

Ein Officier. Sire, das Volk ruft Ihnen immer donnernder Vivat —

Napoleon. Schon gut.

Der Officier. Und es fleht, Sire, Sich einen Augenblick am Fenster zu zeigen, um sein Sehnen nach Ihrem Antlitz zu stillen.

Napoleon. Die Canaille wird anmaßend — Die Bourbons haben, so hochadlig sie sind, die Zügel doch recht schlaff gehalten — — Nun —

(Er geht einen Augenblick an das Fenster; lautes Geschrei: „es lebe der Kaiser!" erschallt. Er tritt zurück und)

Der Kammerherr (kommt wieder:) Neue Depeschen —

Napoleon. Gut. Uebrigens verbitt' ich, mir künftig jedesmal die Couriere und Depeschen förmlich anzumelden. Wer Beruf oder Muth hat, mir etwas zu bringen, mit mir zu sprechen, komme unangemeldet. Europa blickt voll Erwartung hieher, und läßt mir keine Zeit zur Etiquette.

Kammerherr. Wie Sie befehlen, Sire.

Napoleon. Apropos — Standen Sie bei Ludwig dem Achtzehnten in Dienst?

Kammerherr. Sire, ja — einige Zeit.

Napoleon (für sich:) „Sire, ja — einige Zeit" — Ein stotternder Zweideutler.

(Laut:)

Meines Dienstes sind Sie entlassen.

(Kammerherr ab. Couriere, Ordonnanzen treten ein.)

Die Botschaften — Ah, Gilly hat den Angouleme bei Lyon gefangen —

(Zu einem Officier:)

Der Telegraph hat nach Lyon zu berichten, daß General Gilly den Herzog von Angouleme im ersten besten Seehafen denen, die ihn zu besitzen wünschen, ausliefre.

(Officier ab.)

Wieder der Telegraph — Die Angouleme ist nach tapferer Gegenwehr aus Bordeaux vertrieben. — Sie ist der einzige bourbonische Sprößling, der Hosen zu tragen verdiente. — — Was bringst du?

Eine Ordonnanz. Dieses, Sire.

Napoleon. Auch vom Telegraphen. — Pah, der Congreß in Wien ist auseinander. Daß d e r auseinander lief, wußt' ich, als ich von Elba den Fuß in das Schiff setzte. — — Und du?

Eine andere Ordonnanz. Depeschen von Montmedy.

Napoleon (während er liest:) In Preußen marschirt's — Der sonst so sparsame Staat schickt seine Soldaten sogar auf der Post an unsre Nordgrenze — Die Niederlande machen es ebenso — — Nun, kommt ihr mir zu voreilig entgegen, so rechnet's euch selbst zu, wenn ihr mich zu früh findet.

(Zu den Schreibenden:)

Ist alles fertig?

Die Schreibenden. Ja, Sire.

Napoleon. So schickt es fort.

(Mehrere ab.)

— — Du hast?

Eine Ordonnanz. Telegraphische Nachrichten von Brest und von Toulon —

Napoleon. Ha, England —

(Er liest':)

— Die englischen Flotten überall an Frankreichs Küsten mit ausgesteckter, rother, großer Kriegesflagge — Orlogs, kommt meinen Strandbatterien nicht zu nahe! — — Und ganz Frankreich ist von den Herren in St. James in den Blokadezustand erklärt? — Ei, warum verbieten sie uns nicht auch das Athmen?

Bertrand (kommt:) Sire, hier die Ausfertigungen —

Napoleon. Bist fleißig gewesen; ich glaube, du hast in drei Tagen weder unterwegs noch hier geschlafen.

Bertrand. Konnt' ich's vor Freude? — Da wollt' ich denn doch bei dem Wachen auch etwas thätig seyn.

Napoleon. Was macht deine Frau?

Bertrand. Sitzt am Stickrahmen, springt wieder auf, tanzt, küßt ihr Kind, empfängt Bekannte, glüht vor Freude und Gesundheit, und ruft einmal über das andere: es lebe Gott, es lebe der Kaiser, und jetzt mögen wir dazu leben!

Napoleon. Grüße sie von mir — Nun?

Bertrand. Sire, noch etwas —

Napoleon. Ich merke, was Schlimmes — Entdeck' es, — ich bin kein Bourbon, — wer wie sie das Schlimme nicht erblicken will, vermeidet es nicht.

Bertrand. Die Telegraphen melden von allen Seiten, daß nirgends, vom kleinsten deutschen Fürstenhofe bis nach Wien, Berlin und der Newa deine Briefe angenommen sind.

Napoleon. So will Ich Selbst sie den Herren bringen, und dreimalhunderttausend Mann dazu. — Künftig läßt du in jedem officiellen Schreiben das „Wir" und das „von Gottes Gnaden" aus. Ich bin Ich, das heißt Napoleon Bonaparte, der sich in zwei Jahren Selbst schuf, während jahrtausendlange erbrechtliche Zeugungen nicht vermochten, aus denen, die sich da scheuen, meine Briefe anzurühren, etwas Tüchtiges zu schaffen. — Jetzt durchzuckt es mich wie ein Blitz, und ich sehe klar in die tiefsten Gefilde der Zukunft; es wäre klüger von mir gewesen, hätt' ich die Oesterreicherin nicht zur Frau genommen, sondern, wie ich konnte, zur Maitresse. Sind einmal alle Vorurtheile der alten Zeit umgewälzt, so schadet es den Enkeln meines Sohnes noch in späten Jahrhunderten, daß sie von einer als kaiserliche Prinzessin geborenen Mutter entsprungen und dadurch der Anhänglichkeit an lächerliche Ahnenideen verdächtig sind!

Bertrand. Auch haben alle Mitglieder des Congresses —

Napoleon. Zaudre nicht!

Bertrand. — eine Art Acht über dich ausgesprochen.

Napoleon. Es ist spaßhaft. Geächtet? Mich? Warum?

Bertrand. Sire —

Napoleon. Ich will dir es sagen: alle die Leute mit all ihren Generalen, den alten, tollen Blücher vielleicht ausgenommen, beben nicht vor Frankreich, wie es jetzt ist, sondern vor meinem Genie. — Geächtet! Ich! Ich kann mir die schönen Phrasen denken, in welchen die Aechtung ausposaunt ist — vom „Störer des Weltfriedens, Eroberer, Tyrannen" wird's darin wimmeln. — Eh, eine treffliche Sprache im Munde der Theiler von Polen — Vermieden sie nur die politische Scheinsucht, — würden sie nur nicht zugleich kleinliche Heuchler, indem sie große Gewaltthaten begehen, — aber da wird alles mit erlogenen Beweggründen motivirt, jeder Raub mit glatten Worten ausgeputzt, und beides dient bloß die Bewältiger und Räuber verhaßter und verächtlicher und die Unterdrückten und Beraubten erbitterter zu machen! — Geächtet! — Weil ich als Kaiser, als unabhängiger Fürst von Elba, den Bourbons, die mir meine Pension nicht zahlten, Krieg gemacht? Hat Rußland je so viel Ursach zum Krieg mit den Osmanen gehabt? — O Gott sey gelobt, daß ich Waffen genug habe, um meinen Grimm nicht wie ein armer Sultan verbeißen zu müssen! — Bertrand, am dreizehnten Juni, Abends sieben Uhr, steh' ich mit meiner ganzen Armee bei Avesnes und weder sie soll wissen, wie sie dort zusammengekommen ist, noch der Feind mich eher ahnen, als bis ich mitten in seinen Cantonnirungen haue. — Nimm diese Charte, — die Marschrouten hab' ich schon darauf bezeichnet, — laß bis morgen früh an die Heertheile und Platzcommandanten die nöthigen Befehle ergangen seyn.

(Bertrand ab. Fouché und Carnot treten auf.)

Napoleon (für sich:) Die beiden zusammen? — Ich hätte jeden lieber einzeln — Doch der freie Eintritt ist einmal erlaubt.

Fouché. Sire, unsre Glückwünsche zur Wiederbesteigung Ihres Thrones.

Napoleon. Otranto, — Sie übernehmen wieder das Portefeuille des Polizeiministers.

Fouché. Sire —

Napoleon. Und Ihnen, Graf Carnot, Dank für die Vertheidigung von Antwerpen.

Carnot. Leider war sie vergeblich, — ich mußt' es auf Befehl des Königs übergeben.

Napoleon. Thut nichts. Belgien entläuft uns doch nicht. Wissen Sie, meine Herren, daß bereits ganz Europa gegen uns proclamirt und marschirt.

Fouché. Wir wissen es.

Napoleon. Was thuu wir?

Carnot. Sire, geben Sie Frankreich eine liberale Constitution, mit sichern Garantien, und die Despoten Europas erzittern, während der Bürger von Paris fröhlich sein Vaudeville singt.

Napoleon. So auch sprach neulich ein braver junger Mann, Labedoyere. „Liberalismus", „Constitution" lauten gut; aber Carnot, Sie erfuhren selbst, wie wenig die Menge davon versteht. Der gute, wohlmeinende Advocat aus Arras, Robespierre, mußte zum Schreckensmann werden, als er die Republik aufrecht erhalten wollte, und Sie selbst waren sein College. Dafür haben die Zeitungsschreiber ihn und Sie so mit Tiute übergossen, daß es lange währen wird, ehe der Strom der Geschichte beide wieder weiß wäscht. — — — Was ich für den Augenblick thuu kauu, soll indeß geschehen. — Die Zukunft schaffe weiter. Alles was in der neuen bourbonischen Charte nach Feudalismus und Pfaffenthum schmeckt, will ich durch eine Zusatzacte wegschaffen, und diese Acte auf einem Maifelde, ähnlich jenem der fränkischen Kaiser, publiciren lassen. Aber, aber, glauben Sie, meine Herren, Charten und Constitutionen sind zerreißbarer als das Papier, auf welches man sie druckt.

Fouché. Sire, eine Druckerei bedeutet jetzt mehr als eine römische Legion.

Carnot. Und bedeutete sie weniger als eine französische Compagnie — besser, das Gute wollen, als das Schlechte thun.

Napoleon. Sie, Carnot, sind mein Minister des Innern.

Carnot. Sire, Sie geben mir ein Amt, dessen Geschäfte ich nicht kenne.

Napoleon. Das Kriegsministerium wär' Ihnen lieber, aber Davoust ist der dermaligen Armee bekannter als Sie. — Er hat es. — Drum nehmen Sie den Minister des Innern an, wär's auch nur als nicht verschmähtes Zeichen meines Zutrauens, und seyen Sie ohne Sorge, ob Sie dazu passen, — Sie passen zu jedem großen Staatsdienst, denn Sie sind weise, kühn und brav. — Meine Herren, für heute gute Nacht.

Fouché (mit Carnot abgehend, flüstert diesem zu:) Die alte Manier, als wäre gar kein Elba gewesen.

Napoleon. Der listige kühne Fouché und der ehrliche Republikaner Carnot sind immer zehnmal besser als der klug feige Talleyrand, welcher mit dem Winde schifft, und nachher sagt, er hätte ihn gemacht. Weh ihm, irrt er sich einmal um die Breite eines Haares, der Seiltänzer! Weh ihm, irrt er sich jetzt an mir!

(Hortense tritt ein.)

Warum kommst du erst jetzt? Du bist seit einer Stunde hier. — Ich hörte deinen Wagen.

Hortense. So genau weiß das mein Kaiser? Ich sollte mir schmeicheln.

Napoleon. Und deine Reisekleider abgelegt — in Goldstoff — Welch ein Gürtel, — eine Sammlung von Diamanten.

Hortense. Ich schmückte mich, um dich in würdiger Tracht zu grüßen.

Napoleon. Frischer Lorbeer im Haar? — Davon muß ich bald ein paar Blätter verdienen.

Hortense. Ach, seit wir uns nicht gesehen, Kaiser, ist manches, manches Schmerzliche über deine Familie ergangen, — du sprühtest Funken, wüßtest du, wie undankbar, wie schlecht die Menschen sind! Allein das Geschick that doch den härtesten Schlag —

Napoleon. Hortense, ich bitte, laß deine Gewohnheit, mache mich nicht schwermüthig — Ich habe andere Geschäfte. —

Hortense. Einen Augenblick haft du übrig für das Angedenken an Die, die jahrelang nur an dich dachte — die bescheidene Blume, welche du der prächtigen Rose des stolzen Oesterreichs opfertest, — sank dahin.

Napoleon. Josephine! — — Hortense, du bist hart — O, ihr Tod hat mir schon genug schmerzvolle Nächte gekostet — Ja, Sie war mein guter Stern! — Mit ihr erlosch mein Glück! — — — Selige Tage, wo ich in Italiens Gefilden den Tod verachtete, und nur siegte, um ihr meine Triumphe zu melden! Das hat mich zum Helden geschaffen! — Sprach sie von mir noch in den letzten Stunden?

Hortense. Als sie nicht mehr sprechen konnte, blickte sie auf das goldne N über ihrem Betthimmel, und ließ sich die Hand auf das Herz legen.

Napoleon. Ha! — — Genug, Hortense. Es ist überhaupt alles anders geworden. Ich bin wie in einer Wüste. Berthier ist fern, Duroc, Bessieres sind

längſt gefallen, Junot hat ſich aus dem Fenſter zu Tode
geſtürzt, Louiſe und meinen Sohn hält man zurück,
und noch ſchlimmer als das alles, viele ſind weder ge-
ſtorben, noch haben ſie ſich entfernt, aber ſie wurden
Verräther. Selbſt der Ney — Er iſt der Muthigſte
meiner Marſchälle, doch an Charakter der Schwächſte.
Du hätteſt das Geſicht ſehen müſſen, mit dem er vor
mich trat, als ſeine Truppen zu mir abfielen. Er hatte
im Ernſt gegen mich kämpfen wollen, und konnte nun
nicht das Auge aufſchlagen. Als ich ihm aber entgegen
ging und that als wüßt' ich nichts, ward er wie ein ge-
retteter armer Sünder, wäre mir faſt zu Füßen ge-
fallen, und ich bin überzeugt, er ſtreitet nächſtens ver-
wegener für mich als je.

Hortenſe. Ich würd' ihn nicht wieder anſtellen.

Napoleon. Ich muß es thuu — Sein Name hat
einen guten Klang im Heere.

Hortenſe. Es gibt Einen unter deinen Miniſtern,
der treuer iſt als alle deine Marſchälle. — Er harrt im
Vorſaal, Wonne im Auge —

Napoleon. Das iſt Maret.

Hortenſe. Du erräthſt ihn.

Napoleon. Keine Kunſt, — er iſt gewandt wie ein
Aal, klammert ſich aber auch ebenſo feſt an. — Er
bekommt das Staatsſecretariat zurück.

Hortenſe. Auch deine Brüder: Lucian —

Napoleon. Der Präſident der Fünfhundert naht
ſich dem Kaiſer? O weh, ich muß ihm hülfsbedürftig,
ſeiner Großmuth würdig erſcheinen.

Hortenſe. Auch Joſeph, Jerome —

Napoleon. Die beiden unterſcheid' ich nicht. Jeder
fühlt ſich in dem Teiche wohl, in den ich ihn ſetze.

Hortenſe. Beurtheile nicht alle ſo hart. Bedenke,
was würde die Welt, wären wir alle wie du!

Napoleon. Nun, die würde nicht ſo übel.

Hortense. Ewiger Krieg und Lärm würde aus ihr —

Napoleon. Hortense —

Hortense. Verzeihe, Kaiser — — Bin ich zu frei, ist deine Güte schuld. — Aber wie viele Kuirassiere, Dragoner, Batterien, Grenadiere, Voltigeurs, ziehen wol schon auf allen Straßen? — O gesteh' es nur — Ich kenne dich — Dir donnern bereits tausend Kanonen im Haupte — — Schone, schone die Jugend Frankreichs, schone die Mütter, welche mit zerrissenen Herzen ihre Söhne in den Tod senden!

Napoleon. Die Truppen, welche jetzt marschiren, sind Veteranen aus Spanien und Rußland, haben schwerlich noch Mütter, und hätten sie dereu, welche Französin wäre so schlecht, ihren Sohn nicht gern dem Vaterlande auf dem Felde der Ehre zu opfern? Wo stirbt er besser?

Hortense. Feld der Ehre — sage oft: Feld der —

(Sie stockt.)

Napoleon. Sprich.

Hortense. — der Eitelkeit.

Napoleon. Der Albernheit beschuldigen mich die faden Zeitungsschreiber. — Hortense, deuke du besser von mir: nie kämpft' ich ohne Grund. Zog ich nach Spanien, so war es, um die Heimtücke des Cabinets von Madrid zu strafen, die letzten Bourbonen des Continents, welche mich nie aufrichtig lieben konnten, aus meinem Rücken zu entfernen, den Engländern mit einem gewaltigen Bollwerk das Mittelmeer zu schließen. Zog ich nach Rußland, so war es, endlich mit einem Schlag zu entscheiden, ob südlicher Geist oder nordische Knuten die Welt beherrschen sollten. Jetzt hätt' ich indeß gern Frieden — doch Groß und Klein ist gegen mich, und ich muß kämpfen.

Hortense. Du mußt — ja, weil du willst.

Napoleon. Ihr Weiber! Wer euch belehren will, beschwört das Feuer. — Hortense tanze, — du verstehst es meisterhaft, — aber nie wieder ein Wort über Politik.

Eine Ordonnanz (tritt ein:) Paris ist illuminirt.

Napoleon. Mir lieb, — so haben die Lichtzieher vielen Absatz.

(Zu Hortense:)

Komm mit in den Vorsaal, Maret und die Brüder zu überraschen.

(Zu den Schreibenden:)

Meine Herren, schnell!

(Mit Hortense ab.)

Vierter Aufzug.

Erste Scene.

(Paris. Das Marsfeld. Eine große, mit rothem Sammet überzogene Bühne ist im Hintergrunde errichtet. Mitten auf derselben der Thronsitz des Kaisers, — ringsum, amphitheatralisch geordnet, die Sitze der Pairs und der Deputirten. Kanonen donnern, Truppen und Nationalgarden ziehen auf. Volk überall. Jouve im blauen Frack darunter.)

Ein Junge. Eine Zigarre, mein Herr, à la reine Hortense.

Jouve. Her damit, Beugel. Was kostet der Stümmel?

Der Junge. Zwei Sous, denn heute —

Jouve. Denn heute machen wohlfeile Constitutionen schlechte Zigarren theuer. Da — drei Sous!

Der Junge. Gnädiger Herr —

Eine Dame. Wie schrecklich donnern die Kanonen — von allen Seiten, den ganzen Morgen schon.

Jouve. Es sind die bestellten Salven vom Invalidenhause, von Montmartre und Vincennes.

Die Dame. Heute ist doch ein großer Tag.

Jouve. Wenigstens knallt er sehr. — Mademoiselle, oder, wie ich glauben muß, Madame, weil Ihre Schönheit schon irgend Jemand zur Heirath bezaubert haben wird, —

Die Dame (für sich:) Wie galant der Herr ist!

Jouve. — laſſen Sie uns weiter links gehen — von hier aus erblicken wir nichts.

(Für ſich:)

Auch eine vor Eitelkeit lächelnde Beſtie, — vielleicht gut genug zur Zerſtreuung.

Die Dame. Mein Herr, wie dringen wir ſo weit durch? Es iſt überall Volk.

Jouve. Volk! Weiter nichts? Auseinander der Dreck —

(Er ruft:)

Ein Adler! ein Adler! Da fliegt er — von der Militärſchule herüber — Welches günſtige Zeichen!

Volk (durcheinander:) Ein Adler! ein Adler! Siehſt du ihn? — Nein — Da iſt er! — Das iſt ja eine Wolke — Wolke? Ein Haufen Adler, wollt ihr ſagen!

Jouve. Nun, meine Dame, laſſen Sie die Herren den Himmel betrachten, — wir kommen auf der Erde deſto weiter.

Die Dame. Sie ſind ein Genie, mein Herr, und Ihre Hände ſind ſehr kräftig.

Jouve. Es geht mir wie einigen Monarchen: zum Amuſement ſchmiede ich bisweilen.

Die Dame. Mein Wagen hält nicht weit von uns. — Fahren Sie mit mir nach Haus zum Souper?

Jouve Ohne andere Begleitung?

Die Dame. Nur Ihre Ehre ſoll mich führen.

Jouve (für ſich:) Wer weiß, wohin wir dann gerathen.

(Laut:)

Ich nehme die Einladung an, und Sie ſollen meine Ehre Ihrer Erwartung gemäß finden. — — Oh, — da ſtehen ſchon die allerliebſten Weihnachtspuppen, die Nationalgarden, — dort ſprengen Mamelucken oder gut verkleidete Franzoſen heran — da brüſtet ſich die alte, da die neue Garde zu Pferd und zu Fuß mit dem ſchnöden Trabantenſtolze —

Die Dame. Wie Sie alles scharf und richtig bezeichnen!

Jouve. Der Erzbischof von Paris mit seinen Pfaffen fängt an die Ceremonie einzuräuchern — Wenn die Religion von dem vielen Dampf, den sie machen muß, nur nicht bald selbst verdampft! —

Die Dame. Sehen, sehen Sie! Pairs, Deputirte, Senatoren, setzen sich auf ihre Plätze! — Welche prächtige Mäntel sie tragen!

Jouve. Und da steigt Bonaparte auf das Gerüst mit seinen gleichfalls aufgeputzten Ministern.

Donnerndes Geschrei der Truppen und des Volkes. Hoch lebe der Kaiser!

Die Dame. Er ist wahrlich ein großer Mann.

Jouve. Er verstand, auf unsren Nacken sich zu erheben.

Die Dame. Wie Sie sagen? — — Wie ernst-majestätisch er blickt.

Jouve. So lange er weiß, daß ihn die Menge anblickt. Zu Hause ist er nach den Umständen mürrisch, lustig, schwatzhaft, wie jeder Andere. Geht er aus, so überlegt er, wenn er im Zweifel ist, erst mit dem Comödianten Talma Mienenspiel und Faltenwurf.

(Für sich:)

'S ist ja alles Comödie. — Es wird nächstens schwer halten Theaterprinzessinnen von echten zu unterscheiden.

Die Dame. Da tritt ein Herr vor, die additionelle Zusatznote zu lesen.

Jouve. Ja, er spuckt schon aus.

Die Dame. Diese Note wird die Revolution beendigen.

Jouve. Auf das Ende, Madame, folgt stets wieder ein Anfang.

(Er horcht auf:)

Ah, er liest — Wahrhaftig, wie ich vermuthete, der alte Brei in neuen Schüsseln — „Die Pairskammer erblich" — Daß grade ein Bonaparte nicht spüren will, wie erbärmlich die aristokratische Erblichkeit ist — „Der Kaiser ernennt die Pairs" — Früher hieß es „Der König ernennt sie" — „Kein Mitglied der Repräsentantenkammer kann wegen Schulden verhaftet werden" — Da werden sich die Bankerotteurs in Masse hineinmachen — „Der Kaiser bezeichnet aus der Pairskammer die Präsidenten der Wahlcollegien auf Lebenslang" — Er wird seine Leute schon finden — „Der Gottesdienst frei" — Das Präsent kostet nichts — Ich wollte, es hieße: „unbedingt freie Presse." — Gottlob, der Herr Vorleser ist zu Ende.

Die Dame. Der Kaiser hebt die Hand in die Höhe und beschwört die Acte!

Jouve. Und die Pairs und Deputirten der Wahlcollegien äffen ihm nach.

Die Dame. Das Volk erhebt sich — Wir müssen auch schwören —

Savoyardenknabe. La marmotte, la marmotte —

Jouve. Juuge, laß das Singen, — man beschwört hier die Zusatzacte der Charte der französischen Nation.

Savoyardenknabe. Weiter nichts? Ich bin auch ein patentirter Franzose.

(Er reckt drei Finger empor.)

Jouve (für sich:) Heiligkeit des Eides! — Schaffotte und Laternen an seine Stelle! Sie wirken besser!

Das Volk. Wir beschwören die Constitution und die additionelle Charte.

Jouve. Madame, Madame, — wir schwören mit!

Die Dame. Ist's Zeit? — Was die Dienstmagd da prächtige Straußfedern trägt —

Jouve. Geschwind, geschwind, lassen Sie sich dadurch nicht aufhalten —

(Er und die Dame:)

Wir schwören mit!

(Er für sich:)

Fünfmalhunderttausend Meineidige, mich selbst mit eingeschlossen, ohne daß ein Blitz auf sie fällt, sind doch eine interessante Erscheinung! Was haben wir nicht alles beschworen und gebrochen, die erste, die zweite, die dritte Constitution, die Satzungen Napoleons, die Charte der Bourbons —

Die Dame. Der Kaiser entfernt sich. Welch herrliche Musik die Truppen haben!

Jouve. Madame, Ihren Arm?

Die Dame. Mit Vergnügen, mein Herr.

Jouve (für sich:) Die ehebrecherische Coquette! — — — Ob nicht im unerforschten Innern der Erde schwarze Höllenlegionen lauern und endlich einmal an das Licht brechen, um all den Schandflitter der Oberfläche zu vernichten? Oder ob nicht einmal Cometen mit feuerrothen, zu Berge stehenden Haaren — Doch was sollten unsre Albernheiten, was sollte ein elendes, der Verwesung entgegentaumelndes Gewimmel, wie dieser Haufen, Erdentiefen oder Sternhöhen empören?

(Laut:)

Kommen Sie, Madame.

Zweite Scene.
(Paris. Ein Zimmer in den Tuillerien.)

(Napoleon und Hortense treten ein.)

Napoleon. Nun geht's in das Feld, Hortense. — Ich und meine Armee werden unsre Schuldigkeit zu thun wissen.

Hortense. Ahnt' ich nicht, daß es so kommen würde? — Bitte, Sire, nimm dieses Etui.

Napoleon. Wahrlich, schön überzogen — Adler, Bienen, Veilchen darauf gestickt. — Und darin? Allerliebste Sachen! Ein ganzes kostbares Schreibzeug en miniature darunter!

Hortense. Länder, womit du zu spielen gewohnt bist, kann ich dir nicht geben. Nimm die Kleinigkeit, und denke dabei der großen Liebe der armen Hortense.

Napoleon. — Wann sticktest du den Ueberzug?

Hortense. Als — o — als du fern warest.

Napoleon. Auch etwas wie Thränen darauf gefallen?

Hortense. Harter, fragst du? — Es waren trübe Stunden — ja, entsetzliche!

Napoleon. Hätt' ich doch nicht gefragt — — Dein Etui vergeß' ich nicht unter den Donnern der Schlacht.

Hortense. Und, Kaiser, schone deine Gesundheit, — du thust es leider nie.

Napoleon. Was ist auch zu schonen in einem Feldzuge?

Hortense. Feldzug, Feldzug! — Ach, laß uns flüchten?

Napoleon. Wohin?

Hortense. Nach Nordamerika.

Napoleon. Gute, dahin flüchte ein Bürger, der sich einmal gegen seinen Monarchen empört hat; Napoleon aber kann nicht flüchten, kann sich nicht verstecken. Ist er nicht vernichtet, oder nicht behütet wie Feuer, so stürzt Europa zürnend oder liebend ihm nach. — Nordamerika wird übrigens binnen vierzig Jahren ein größeres Carthago, der atlantische Ocean ein größeres Mittelmeer, um welches die alte und neue Welt sich lagern — Wie lange, liebe Hortense, währt das aber? Zwei, drei ärmliche Jahrhunderte, und dann wandeln auf den Inseln und Küsten der noch grenzenloseren Südsee die Herrscher des Menschengeschlechts.

Hortense. Bei jedem Anlaß in den entferntesten politischen Ideen!

(Bertrand kommt.)

Napoleon. Alles im Marsch?

Bertrand. Ja, Sire.

Napoleon. Die Truppen sollen die Adler mit Flor umhängen, bis sie einen Sieg errungen haben. Besonders das Augenmerk auf die Artillerie und schwere Reiterei gerichtet, denn wir müssen diesesmal rascher als je niederschmettern und zuschlagen — Drouot commandirt die erstere, Milhaud die andere, zu den Cavalleristen meistentheils Elsasser oder Normannen genommen, — sie reiten am besten, aber einige Gascogner unter sie gemengt, damit sie durch die verleitet werden, auch t o l l darauf los zu reiten, — die Kuirasse sollen ein Drittel dichter als früher seyn, um recht nah dem Feind ins Auge blicken zu können, — Kriegsmanifeste nicht nöthig, weil ich Formalien nicht mehr beobachte, — für die Armee ein paar Proclamationen gegen die Preußen und Engländer, denen wir zuerst begegnen, — meine Schnauzbärte lesen sie zwar nicht, wickeln sie um die Patronen, aber mancher meint doch unbesehens, es wäre etwas darin, — von den alten dotirten, zu Herzogen und Fürsten gemachten Marschällen bloß der Ney mit mir nach Norden, — nützt' es mir nicht, daß Europa glaubt, er sey freiwillig zu mir übergegangen, auch ihn behielt' ich vielleicht nicht, — die Mehrzahl jener Herren waren tüchtigere und redlichere Corporale als Generale, — mehrere sonstige Anordnungen kennst du, und ich bitte, besorg' alles so gut wie du meine Marschordres besorgt hast, wofür ich dir auch danke.

Bertrand. Den Dank verdien' ich nicht, denn für dich zu arbeiten ist mir Ehre und Freude.

(Er entfernt sich.)

Hortense. Wenn der Manu all das behält und expedirt, was du ihm eben und jede Stunde aufträgst, so ist er ein Genie, fast größer als du selbst!

Napoleon. Käm' es auf das bloße Talent, und nicht auf die Thatkraft an, durch welche es in Bewegung gesetzt wird, so wäre Berthier statt meiner Kaiser der Franzosen.

(Er klingelt. Ein Ordonnanzofficier tritt ein:)

Sind die Mitglieder des Ministeriums versammelt?

Ordonnanzofficier. Ja, Sire.

Napoleon. So will ich noch einmal bei ihnen präsidiren, und selbst sehen, was und wie sie arbeiten.

Hortense. Und danu —

Napoleon. Mach' ich einen Staatsbesuch in der Pairs- und einen in der Deputirtenkammer.

Hortense. Zuletzt aber?

Napoleon. Nehm' ich Abschied von dir und besiege die Coalition, oder erblicke dich nie wieder.

Hortense. Trifft das Letztere ein, so sey mir die Blindheit willkommen.

(Beide ab.)

Dritte Scene.
(Paris. Platz vor dem kaiserlichen Marstall.)

(Drei kaiserliche Piqueurs treten auf.)

Erster Piqueur. Den jungen Araber vor.

Dritter Piqueur. Das arme Geschöpf!

(Geht ab.)

Erster Piqueur. Was hilft das Bedauern? Der Kaiser zieht vermuthlich ins Feld, reitet schnell, aber schlecht, und wir müssen das Thier mit uns'rem Unterrichte so lange quälen, bis wir sicher sind, daß es ihn nicht abwirft.

Dritter Piqueur (kommt mit dem Pferde zurück:) Da ist der Araber.

Erster Piqueur. Ein treffliches Gewächs! — Huffa, über den Block!

(Das Pferd setzt über einen Holzblock.)

Ha! muckt die Creatur? — Sie zuckte bei dem Uebersetzen mit dem linken Vorderbein.

(Er schlägt heftig auf das Pferd.)

Dritter Piqueur. Schone das Thier!

Erster Piqueur. Eh, junger Mensch — kennst du den Kaiser genau?

Dritter Piqueur. Nein. Ich bin ja erst seit drei Tagen in seinem Dienst.

Erster Piqueur. So wisse, er haut bisweilen mit seiner Reitpeitsche ärger auf seinen Piqueur als dieser auf sein Pferd, wenn es nicht so sicher springt als dieses da lernen soll.

Zweiter Piqueur. Es ist wahr, — ich weiß es von Eßlingen her.

Erster Piqueur. Die gelad'nen Pistolen!

(Er schießt zwei Pistolen vor den Ohren des Pferdes ab.)

Es bäumt sich — Prügelt es!

(Es geschieht.)

Die Kanonen herbei.

(Ein Commando der Artillerie fährt mit einigen Kanonen vor.)

Das Pferd mitten unter die Geschütze — Brennt ab!

(Es geschieht.)

Schlagt den Gaul — Er zittert!

Dritter Piqueur. O Gott, das unselige Pferd!

Erster Piqueur. Es muß mit dem Kaiser in die Schlacht, und da gilt keine Furcht vor Geknall. — Bayonnette her — Blinzelt ihm damit dicht vor den Augen.

(Es geschieht.)

Ah, da erschrickt es nicht mehr.

Zweiter Piqueur. Bravo, Araber!

Erster Piqueur. Pst! Laß das Schmeicheln — Es möchte sich verwöhnen — Der Kaiser schmeichelt ihm auch nicht. — Jetzt setze dich darauf und tumml' es in die Runde, bis es über und über Schweiß ist!

(Der zweite Piqueur thut es.)

So — so — — Und nun mit ihm in die Schwemme, wo das Wasser am kältesten — Auch die Sporen in seine Seiten, daß es lernt wie sein Blut fließt.

(Zweiter Piqueur mit dem Pferde ab.)

Bei Gott, des Kaisers Pferd seyn, ist ebenso schwer als sein Piqueur oder sein Minister. — Teufel, da kommt der Oberstallmeister — Gewiß wieder Befehl über Befehl, einer eiliger als der andere — Unter dem Kaiser sind die Stunden tausendmal kleiner als die Geschäfte.

Oberstallmeister (mit Gefolge zu Pferde:) Erster Piqueur, in einer Stunde mit allen Reitpferden und Feldequipagen im schnellsten Marsch nach Laon. Dort das Weitere.

Erster Piqueur. Hab' ich Zeit zum Abschied von Frau und Kind?

Oberstallmeister. Nein.

Erster Piqueur. Auch gut. So spar' ich meine paar Thränen für schicklichere Gelegenheit — — Aber das ist verflucht, Herr Oberstallmeister: mein bester

College ritt eben mit dem besten Gaul in die Schwemme, und kehrt kaum in einer Stunde — — Doch wartet — ich hol' ihn ein, oder —

(Zum dritten Piqueur:)

Den Soliman aus dem Stall, — ist er auch der eigensinnigste, steifste aller Gäule, so ist er doch zugleich der tollste und schnellste, beinah wie —

(Dritter Piqueur führt das Pferd Soliman vor.)

Erster Piqueur (sich auf den Soliman setzend:) Herr Oberstallmeister, der Kaiser liefert binnen vierzehn Tagen eine große Bataille, oder ich kenne seine Marstallsgebote sehr schlecht.

(Er braus't mit dem Pferde davon.)

Vierte Scene.

(Nachmittag. Preußisches Feldlager bei Ligny. Viele Feuer. Soldaten aller Waffengattungen um und zwischen demselben. Einige rauchen, andere kochen, andere striegeln ihre Pferde 2c. Marketender und Marketenderinnen an vielen Orten. An einem Feuer im Vordergrunde sitzen auf Holzblöcken ein ostpreußischer Feldwebel und ein berliner Freiwilliger. Ein schlesischer Infanterist steht bei ihnen. Ueber den Flammen hängt ein Kessel.)

Der Berliner. Schlesier, da hast du zwei Münzgroschen. Hole mich von jene Marketenderin einen blauen Zwirn, und vor dir einen halben.

(Der Schlesier geht:)

Herr Feldwebel —

Feldwebel. Was ist?

Berliner. Ihre Pfeife ist leer — Darf ein berliner Bürgersohn Sie etwas Taback anbieten?

Feldwebel. Habe noch selbst Taback. Danke.

(Der Schlesier kommt zurück.)

Berliner (trinkt:) Das wärmt! — — Herr Feldwebel, wir bekommen schlechtes Wetter — Der Himmel ist gräulich grau.

Feldwebel. Das ist er.

Berliner. Wie lange liegen wir wohl noch hier?

Feldwebel. Bis wir aufstehn.

Berliner (für sich:) Der Kerl ist, wie ein berühmter Autor sagt, göttlich grob. Statt mir mit ihm zu ennuyiren, will ich lesen und mir bilden.

(Er zieht ein Buch aus der Tasche. Dann laut:)

Schlesier, wenn Huhn und Kriecfente gar gekocht sind, verkündest du es mich.

Feldwebel. Woher habt ihr das Geflügel?

Berliner. Requirirt, requirirt — Herr Feldwebel, Sie essen mit.

Feldwebel. Gern.

Berliner. Herr Feldwebel, was halten Sie von diese Campagne?

Feldwebel. Wir müssen tüchtig auf die Franzosen losschlagen.

Berliner. Versteht sich, so weh es mich thun wird. — Wann sind wir wohl in Paris?

Feldwebel. Sobald wir einrücken.

Berliner. Waren Sie schon einmal da?

Feldwebel. Ja, 1814.

Berliner. Ist es so schön wie unsre große Hauptstadt?

Feldwebel. So ziemlich.

Schlesier. Huhn und Ente sind gar.

Berliner. Herr Feldwebel, so wollen wir die verfluchten Luder mit einander theilen. — Da, Sie die Ente, ich das Huhn — Kamm, Schnabel und Füße sind dein Theil, Schlesier.

Feldwebel. Behandle den Burschen nicht wie einen Hund.

Berliner. Es ist man ein Wasserpole, ohne Bildung, aus die Gegend von Ratibor. Der Kamm schmeckt ihm wie Syrup.

Feldwebel. Camerad Schlesier, hier hast du von meiner Ente das halbe Bruststück.

Berliner. Herr Feldwebel, kennen Sie die Gebrüder Schlegel?

Feldwebel. Nein.

Berliner. Die kennen Ihnen auch nicht, aber kennten sie Ihnen, so würden sie sagen, Sie wären äußerst sentimental.

Feldwebel. Alle Donner, ein ostpreußischer und im Regiment geborener und aufgewachsener vierzigjähriger Feldwebel sentimental?

Berliner. Ja, ja, Ihr Herz ist weicher als Sie ahnen. Es geht Sie, wie Alexander dem Großen, als er seinen Freund zu geschwind todtgeschlagen hatte.

Feldwebel. Warum nicht gar wie Napoleon, als er aus Rußland flüchtete?

Berliner. Napoleon? — O, der ist auch noch lange kein Iffland! —— Kannten Sie Iffland?

Feldwebel. War er nicht Comödiant?

Berliner. Comödiant! Sey Gott mich gnädig! — Ein Schauspieler, ein darstellender Künstler, ein Mime war er wie keiner unter die Sonne. Lesen, studiren Sie die Journale —— ach, Sie hätten die großartige Charakteristik sehen sollen, mit welcher er wundersam eindrang in den Geist der Rolle — Na, Lemm, Beschort sind auch sehr schätzbare Talente, aber — Wer kommt da zu Pferde?

Feldwebel. Aufgestanden! Der Feldmarschall und General Gneisenau!

Berliner. Der Feldmarschall ist doch ein großer Kopf!

Feldwebel. Woran merkst du das?

Berliner. Das sieht man ja, so wie er die Mütze abnimmt.

(Blücher und Gneisenau sind bis in den Vorgrund gesprengt. Adjutanten hinter ihnen.)

Blücher. Camerad, was für ein Buch das?

Berliner. Isabella von Mirando, oder die Kuirassierbeute —

Blücher. Wirf's in das Feuer. — Feldwebel, Sie kenn' ich.

Feldwebel. An der Katzbach präsentirt' ich Ewr. Durchlaucht zwei von mir gefangene Franzosen.

Blücher. Wahr. Und Sie haben kein eisernes Kreuz? — Hier das meinige. Heften Sie es sogleich an die Brust, und wenn die Kugeln pfeifen, denken Sie bei ihm: es ist doch alles Kreuz, Jammer und Elend, aber das beste Kreuz ist doch immer das des Königs — — Wisset Leute, Bonaparte soll in der Nähe seyn, angekommen wie ein Dieb in der Nacht. Ist es so, so haben wir morgen früh Bataille, und wenn das Heer will, morgen Abend Sieg.

Gneisenau. Der Posten von St. Amand muß verstärkt werden.

Blücher. Nicht vielmehr der von Sombref? Er liegt dem Feinde näher.

Gneisenau. Der französische Kaiser —

Blücher. Nenne den Schurken nicht Kaiser, der meiner Königin das Herz brach.

Gneisenau. Napoleon wird uns gern von den Engländern trennen, auf die Seite werfen wollen, und, du kennst ihn, da wird er, ohne sich umzusehen, die Stellung zuerst angreifen, die uns zunächst mit ihnen verbindet, und diese ist: St. Amand.

Blücher. Du hast Recht, Freund. — St. Amand mit fünf Infanterie- und drei Dragoner-Regimentern verstärkt.

(Mehrere Adjutanten ab.)

Couriere zu Wellington — Gruß ihm, und die Bitte, er möge vorrücken — Andere zu Bülow: der breche sofort mit seinem Corps auf und sey morgen mit Tagesanbruch hier.

Gneisenau. Jetzt erfahren wir ein Mehreres. — Da schickt Ziethen drei Husaren von der Vorhut.

(Drei ziethen'sche Husaren jagen heran.)

Blücher. Es könnten verkleidete französische Spione seyn. Dem Bonaparte ist keine List fremd. — Die Parole?

Ein ziethen'scher Husar. Zorndorf!

Blücher. Richtig. — Was gibt es?

Der ziethen'sche Husar. Französische Truppen zu Fuß und zu Pferde, wie Sand am Meer, in Charleroi, Chatelet, Marchienne, Avesnes. Ihre Voltigeurs drängen sich schon an uns und schießen aus Strauch und Busch.

Gneisenau. Haben die Feinde viele Kanonen?

Der ziethen'sche Husar. Unabsehbare Züge.

Blücher. Sogenannte Kaisergardisten unter ihnen?

Der ziethen'sche Husar. Regiment an Regiment.

Blücher. So ist Er mit seiner ganzen Armee da, und hat uns überrascht. Doch, es soll ihm wenig helfen, denn er macht uns nicht bestürzt. — Zurück zu Ziethen — er ziehe sich fechtend bis Sombref.

(Die drei ziethen'schen Husaren wieder ab.)

Gneisenau. Allarm, Feldherr?

Blücher. Versteht sich, auf der Stelle! Ueberall Rappel! Der Generalmarsch durch's Lager — Neue Patronen ausgetheilt, die Güte der alten untersucht!

(Viele Adjutanten ab.)

Und wir beiden, Freund Gneisenau, einen Ritt nach Charleroi hin — Es sieht sich nicht besser als mit eignen Augen.

(Mit Gneisenau ab. Gleich darauf Rappel und Generalmarsch im ganzen preußischen Bivouac. Alle zerstreut gewesenen Soldaten eilen zu ihren Compagnien und Schwadronen, rasch sich waffnend und ordnend.)

Feldwebel. Adieu, Berliner und Schlesier — Gott mit euch in der Schlacht!

(Ab.)

Berliner. Herr Schlesier, holen Sie für uns beide noch einen großen Kümmel.

(Schlesier geht.)

Metu Jesus, welch ungeheurer Unterschied, wenn man erwartet, ob es losgeht, oder wenn es losgeht. Vorher besah ich die Gefahr halb mit Lust, fast wie einen schön gemalten Bären, — jetzt wird der Bär lebendig, und mich bebt der Hemdschlapp. O hätte meine Mutter mir bei sich behalten, mir nie geboren, ich brauchte doch nicht zu sterben, — oder wär' ich doch kein Freiwilliger geworden — Ach, der mußt' ich werden, sonst hätten sie mir unfreiwillig dazu gemacht!

(Schlesier kommt mit dem Schnaps zurück.)

Berliner. Zittern Sie nicht vor die Bataille?
Schlesier. Nein.
Berliner. Gnädiger Himmel, wie kommt denn das?
Schlesier. Es hilft ja zu nichts, — ich muß doch mit vorrücken.
Berliner (für sich:) Das gesteh' ich, der weiß sich in die Umstände zu finden. Diesem könnte die Polizei Rock und Camisol wegnehmen und er wäre grenzenlos zufrieden!

(Laut:)

Wissen Sie auch, warum wir kämpfen?

Schlesier. Das hört man auf allen Wegen — Für König, Freiheit, Vaterland —

Berliner. Was halten Sie von die Freiheit?

Schlesier. Man sagt, sie wäre was Gutes.

Berliner (für sich:) — — Wie ich ahnte, — pure Dummheit — wasserpolackisches Vieh! — Der hat gut sprechen, hat gut crepiren! Ob der dahin sinkt oder nicht, — es ist man ein Ochs weniger oder mehr, — aber ein Kopf wie der meinige — Jammerschade wär' es! —

(Laut:)

Da, trinken Sie das Glas aus.

Schlesier (leert das Glas Dann:) Leben Sie wohl, — ich muß zu meinem Regiment.

(Ab.)

Berliner. Was? Auch du, Brutus, dem ich so viele halbe Schnäpfe gegeben? — Gott, o Gott, nun bin ich so ganz allein mit meiner Angst!

Ein zweiter berliner Freiwilliger (kommt:) Schul-, Kriegs-Camerad, was hier gezaudert? Mit mir zu unsrer Compagnie. Man erschießt dich, bist du nicht sogleich da.

Erster Berliner. Herr Regierungsrath —

Der andere Berliner. Zum Geier den Regierungsrath! Wer denkt an Rang und Titel, wenn der Corse mit seinen Horden hereinbricht, um Preußens und Deutschlands Ehre zu zertreten? — Ich bin Freiwilliger und Gemeiner wie du.

Erster Berliner. Das ist richtig mit Preußens Ehre, denn die Franzosen haben in Berlin erschrecklich geschändet — Unsre Magd Lotte weiß auch davon zu sagen — — Aber vor dem Erschießen, wenn ich zu spät komme, ist mich nun gar nicht bange, — zwischen dem und mir steht noch ein deutsches Standrecht, und das schont das Pulver.

Der andere Berliner. Horch, der Zapfenstreich unsres Regiments!

Erster Berliner. Sehr mißtönig! sehr schlechte Noten!

Der andere Berliner. Fort mit mir!

Erster Berliner. Ich wollte, Sie würden verwundet — Wie schnell trüg' ich Ihnen aus die Schlacht!

(Der andere Berliner reißt ihn mit sich fort. Blücher und Gneisenau kommen zurück.)

Blücher. Teufel, man muß sich in Acht nehmen — die französischen Tirailleure sind ja schon überall wie das Unkraut — Da tanzmeistert wieder ein Haufen aus der Holzung! — — Heda, von jenem brandenburgischen Husarenregiment zwei Schwadronen hieher!

(Die zwei Schwadronen sprengen auf seinen Wink heran.)

Husaren, in die Trompete gestoßen, und heraus die Preußenschwerter!

(Es geschieht.)

Ha, wie das blitzt — Es thut Einem wohl wie ein warmer Sonnenstrahl am kalten Wintertag. — Seht ihr jene vorausgelaufenen Franzosenhunde? Wetterleuchtet unter ihnen mit euren Säbeln und jagt sie zurück wie der Habicht die jungen Hühner.

Die Husaren. Wir jagen sie!

(Sie sprengen fort.)

Blücher. Hast du geseh'n, Gneisenau, wie der welsche Grünrock seine Raubrotten herausgeputzt hat? Selbst als er nach Rußland zog, prunkten seine Reitergarden nicht mit so prachtvollen, hohen, rothen Federn!

Gneisenau. Auch die paar Kuirassiere, die ich erblickte, waren wie mit Erz übergossen.

Blücher. Hatten aber auch dabei wieder die schöngeputztesten Lappen Bärenfelles vorn am Helm —

Gneisenau. Ohne Flitter geht's bei den Franzosen nicht ab.

Blücher. Ein Narr verarg' es ihnen, daß sie bei Tüchtigem und Großem auch den Glanz lieben, wenn ihnen der Schimmer nur nicht meistens die Hauptsache würde. — Und ihre Reiter verdienen die herrliche Montur wahrhaftig nicht, — ein gutes Pferd schämt sich einen von ihnen zu tragen, — sie reiten wie die Judenjungen, nicht bügel-, nicht sattelfest.

Gneisenau. Aber so wilder und verwegener.

Blücher. Ei was, die Verwegenheit einer schlechten Reiterei ist einer guten gegenüber nichts als blindes Feuer. Fast all' unsre Landwehruhlanen sind eben vom Pfluge genommene Bauern, aber keiner darunter, der nicht die Zügel besser hält als siebentausend Franzosen, und könnt' ich heute Nacht die Herren mit einem Cavallerie-Ueberfall regaliren, wie einst bei Hainau und Laon, so wollt' ich dir beweisen —

Gneisenau. Eine Ueberrumpelung ist unmöglich — die feindlichen Vorposten sind zu zahlreich.

Blücher. Leider, — sorge du für die unsrigen. — Ich sehe mich derweilen im Heere um und finde hoffentlich überall den alten Kriegsmuth.

(Er und Gneisenau auf entgegengesetzten Seiten ab.)

Fünfte Scene.

(Andere Gegend des preußischen Feldlagers. Abenddämmerung. Ein Bataillon freiwilliger Jäger in Reih' und Glied.)

Der Major. Es fehlt Niemand — — Büchsen ab — Aus dem Glied getreten und an den Wachtfeuern ausgeruht, bis das Flügelhorn ruft.

Erster Jäger. Herr Major, setzen Sie sich in den Kreis, der sich um dieses Wachtfeuer lagert. Er enthält Ihre besten Bekannten.

Major. Gern, Brüder, deren Major zu seyn, mir die höchste Ehre ist. — Wann auch wohl säh' man sich so gern bei dem Schein der geselligen Flamme noch einmal gegenseitig in das befreundete, lebensfrische Antlitz als am Vorabend der Schlacht?

(Major und sechs Jäger setzen sich um das Feuer.)

Vierter Jäger. Freunde, denken wir unserer Lieben — Wie mancher zärtliche, besorgte Blick von Müttern, Schwestern, Bräuten richtet sich hierher!

Major. Mit ihnen das Auge des Königs.

Dritter Jäger. So umwölke der Himmel seine Sterne noch dichter als er schon thut, — uns leuchten bessere Sonnen als er besitzt.

Erster Jäger. Große Augenblicke erwecken große Erinnerungen: es war doch eine wundervolle, Alles entflammende Zeit, als wir im Februar 1813 den Aufruf des Königes vernahmen und sofort Breslaus Straßen zu eng wurden für unsere bis zum Tode für das Vaterland begeisterten Schaaren, — als wir dann in den furchtbaren Schlachten von Lützen und Bautzen zurückgedrängt, aber nicht besiegt, sondern immer kühner, immer stolzer wurden, als selbst Rußlands Kaiser mit seinen Veteranen von Eylau und Borodino, denen wir die Ehre des Vorkampfes nicht gönnten, uns als staunende Zuschauer ihr bewunderndes Hurrah zurufen mußten — Welchen Klang hatten da alle großen Worte!

Zweiter Jäger. Ja, das ganze Heer war wie electrisch, — Berliner und Schlesier, Pommer und Märker, alle Eine freudige, aber übergewaltige Gluth, sowie es hieß „auf den Feind!" — Jetzt ist's ziemlich anders: die Feigheit unserer Diplomaten ließ auf Wiens Congresse sich die Früchte unserer Tapferkeit rauben. Hielt man den Congreß im Feldlager der siegenden Nationen, so möchte für die Souverainität Kniphausens und für Aufbewahrung manches anderen Drecks nicht so außerordentlich besser gesorgt seyn, als für das Interesse Europas, und insbesondere Preußens. Wir Preußen opferten das Meiste, den größern Lohn erhielten die Anderen.

Major. Was bedeutet der Quadratmeilengewinn gegen die Sternenkrone, die das dreimal erneuerte, aber dreimal wieder mit ihr geschmückte Preußenheer der beiden vergangenen Jahre umflicht? Die Lappen von Ländereien, welche Oesterreich, Rußland, England und Holland sich anflickten, fallen einstens doch ab, aber wahrlich die blutrothen Arcture der Schlachten, in denen wir vor allen die Kette des Weltherrschers zerreißen halfen, funkeln noch nach Jahrhunderten vom Himmel, und zeigen, wenn Preußen längst untergegangen, den spätesten Geschlechtern die Stellen, wo es prangte.

Sechster Jäger. Das, Herr Major, hilft alles nichts gegen den Spruch „besser ist besser", und besser war es, wenn Preußen, wenn Deutschland sich mehr consolidirten.

Fünfter Jäger. Alter Bruder Studio, ich sag's auch: Ruhm ist gut, ein fideler Bursch ist auch gut, aber ein rundes Stück Land hält den Ruhm, ein rundes Stück Geld den Burschen am besten zusammen.

Zweiter Jäger. Denken Sie an sich selbst, Herr Major — Goldnere Träume als die jetzigen umglänzten uns, als wir mit hochschlagender, in der Hitze der Schlacht entblößter Brust, durch die Gärten von Leipzig dem Feinde in die Flanken drängten — Preußens Hoheit, der Kaiserthron Deutschlands, dem sie als schützender Cherub zur Seite stand, warfen ihre Strahlen mitten durch den Qualm der Geschütze. Der Rhein war wieder frei und deutsch, wie er geboren, in der Mosel und der Maas spiegelten sich nur deutsche Gauen, — das schöne Elsaß, das freundliche Lothringen, das herrliche Burgund mit seinen sonne- und weinglühenden Gebirgen, — wie grüßten wir sie schon als zurückgewonnene Glieder deutscher Genossenschaft! — Und dermalen?

Major. Unser König ist nicht schuld, ward nicht alles, wie wir wollten. Er wollte wie wir.

Fünfter Jäger. Er hätte seinen Willen nur durchsetzen und den Augenblick ergreifen sollen, — nichts in der Welt konnte ihn damals hindern, und hätt' er auch die vom sonst so bedenklichen Oesterreich so leichtsinnig aufgegebene römisch-deutsche Krone als ein herrenlos gewordenes Gut in Besitz genommen und sich auf das Haupt gedrückt.

Dritter Jäger. Er konnt' es wagen, — wir wären gern für ihn gefallen, und Hunderttausende mit uns.

Major. Wer fiele nicht gern für einen Herrscher, so ritterlich, gerecht und edel als Er?

Sechster Jäger. Ja, Napoleon ist auch groß, ist riesengroß, — aber er ist es nur für sich, und ist darum der Feind des übrigen Menschengeschlechtes, — unser König ist es für Alle.

Major. Marketenderin!

(Marketenderin kommt.)

Führst du einige Flaschen erträglichen Weines? — Guten hast du nicht, und kannst ihn auch im Felde nicht haben.

Marketenderin. Herr Major, ich hole Ihnen doch vier bis fünf sehr gute Flaschen.

(Sie geht.)

Major. Kinder, noch einmal wechselseitig die Hand — Männerfreundschaft in der Lust wie in dem Kampf — Es gibt nichts Höheres. — Da — da — Ihr haltet Thränen zurück — Laßt sie rinnen — sie fließen edeln Abschiedsgefühlen, — wer sich deren schämt, wer die nicht besitzt, hat sie aus der Brust verbannt, weil er sich davor fürchtet.

Zweiter Jäger. So kalt der Regen zu tröpfeln beginnt, so rauh der Wind weht, so nahe der corsische Löwe liegt, und vermuthlich schon auf den Hinterfüßen steht, und die Vordertatzen nach uns ausreckt, — wahrhaftig, mir ist's hier wohler um das Herz, als wenn ich in der gut geheizten Stube am Theetisch sitze, daselbst Geschwätz vernehme, was die Secunde darauf vergessen ist, oder gar selbstgefällige belletristische Vorlesungen anhöre, bei denen ich mein Aufgähnen in Bewunderungsausrufungen verstecken muß.

Fünfter Jäger. Ueberleb' ich diesen Feldzug, so wird mir das Andenken an euch manche flaue Theevisite, in der ich sonst nichts gefühlt hätte, sehr heiß machen.

Major. Was bloß Theevisiten! Nicht nur bei ihnen, — auch in Sturm und Noth, unter Kanonenkugeln und unter Friedenssonnen, vor dem Trauungsaltar und vor dem Grabeshügel, brenne in unseren Brüsten im ersten Glanze stets der Name eines Jeden von uns — Seht, die Marketenderin hat den Wein gebracht, und er ist unendlich trefflicher als ich vermuthete — das Weib ist eine brave Seele, sie kennt unsere Art, und hat für einen Augenblick, wie den gegenwärtigen, trefflichen Hochheimer aus dem Mutterfäßchen aufgespart. — Angestoßen!

Zweiter Jäger. Zuerst denn:

„die Todten sollen leben,"

und über alle hinaus die auf den Schlachtfeldern von 1813 und 1814 hingesunkenen vaterländischen Helden!

Major. „Die Todten sollen leben", und mit ihnen der, welcher es schrieb: der erhabene, wetterleuchtende Schiller!

Alle. Schiller hoch!

Fünfter Jäger. Schiller's Jünger nicht vergessen, der grade durch seinen Tod bewies, daß er ihm nicht nachklimperte, sondern nachfühlte.

Major. Theodor Körner, hoch trotz seiner ofenhockerischen Recensenten!

Erster Jäger. Wie wär' es, wir fängen seine wilde Jagd?

Major. Ein herrlicher Einfall — Die Hornmusik des Bataillons begleite uns!

(Die Hornisten des Bataillons treten herbei.)

Angefangen!

Major und Jäger (singen, unter Begleitung der Hörner:)

„Was glänzt dort vom Walde im Sonnenschein?
  Hör's näher und näher erbrausen.
Es zieht sich herunter in düsteren Reih'n,
Und gellende Hörner schallen darein,
  Und erfüllen die Seele mit Grausen.
Und wenn ihr die schwarzen Gesellen fragt,
Das ist Lützows wilde, verwegene Jagd."

Vierter Jäger. Wer ließe sich nicht gern von Kartätschen zerschmettern bei diesem Liede und seiner Musik?

Major und Jäger.

„Was zieht dort rasch durch den finstern Wald,
  Und streift von Bergen zu Bergen?
Es legt sich in nächtlichen Hinterhalt,
Das Hurrah jauchzt, und die Büchse knallt,
  Es fallen die fränkischen Schergen.
Und wenn ihr die schwarzen Jäger fragt,
Das ist Lützows wilde, verwegene Jagd.

Wo die Reben dort glühen, dort braust der Rhein,
  Der Wüthrich geborgen sich meinte,
Da naht es schnell mit Gewitterschein,
Und wirft sich mit rüst'gen Armen hinein,
  Und springt ans Ufer der Feinde.
Und wenn ihr die schwarzen Schwimmer fragt,
Das ist Lützows wilde, verwegene Jagd.

Was braust dort im Thale die laute Schlacht,
  Was schlagen die Schwerter zusammen?
Wildherzige Reiter schlagen die Schlacht,
Und der Funke der Freiheit ist glühend erwacht,
  Und lodert in blutigen Flammen.
Und wenn ihr die schwarzen Reiter fragt,
Das ist Lützows wilde, verwegene Jagd."

Blücher (kommt zu Fuß, von einigen Adjutanten begleitet:) Recht, Kinder, — ihr haltet mit eurem Singen und Musiciren das Lager wacher als ich mit zwanzig Tags= und Nachtsbefehlen.

Der Major und die Jäger (springen auf:) Der Feldmarschall hoch, und noch einmal und tausendmal hoch!

(Tusch der Hörner.)

Blücher. Danke, danke, — ich bitte, hört nur wieder auf, — still die Hörner, — es ist genug.

Der Major. Ich muß gestehen, Feldherr, wir haben eben bei unseren Toasten an alle Welt gedacht, und Sie, das uns Nächste, Liebste vergessen.

Blücher. Major, das nehm' ich nicht übel. Man sucht zuerst das, was man nicht bei der Hand hat. — Burschen, bleibt morgen so lustig wie heute.

(Ein preußischer Unterofficier und mehrere Gemeine treten auf mit dem General Grafen Bourmont und einem Adjutanten desselben.)

Der Unterofficier. Herr Feldmarschall —

Blücher. Was bringst du?

Unterofficier. Zwei Franzosen.

Blücher. Weiter nichts?

(Er blickt seitwärts über die Achseln nach Bourmont und dessen Adjutanten. Dann zu den Jägern:)

Man wird finster, wird man in eurer heitern Ge= sellschaft durch solchen Anblick gestört.

(Zu Bourmont:)

Wer sind Sie und Ihr Nebenmann?

Bourmont. Er ist mein Adjutant, und ich, Herr Feldmarschall, erscheine hier freiwillig, und bin Graf Bourmont, General im sogenannten kaiserlichen Heere —

Blücher. Demnach nunmehr ein Ueberläufer aus demselbigen Heere?

Bourmont. Ich werde Ihnen alle Operationspläne Bonapartes entdecken.

Blücher. Französische Entdeckungen mag ich nicht, — überdem sehen Sie gerade nicht darnach aus, als hätt' er Ihnen viel von seinen Operationen zum Besten gegeben.

Bourmont. Solchen Empfang hätten treue Diener König Ludwig's des Achtzehnten, für den auch Sie kämpfen, für den auch wir mit Ihnen und Ihren Truppen streiten wollen, nicht erwartet.

Blücher. Kennen Sie Deutschland?

Bourmont. Ich habe Achtung für die lobenswürdige, loyale Nation, welche es bewohnt.

Blücher. So wissen Sie denn, Herr Graf, wenn wir kämpfen, so kämpfen wir just für dieses Land mit der von Ihnen geachteten, lobenswürdigen, loyalen Nation, — unser Blut opfern wir, daß nicht abermals ein Tyrann, wie Bonaparte es ist, von seinen Bivouacs aus uns und die Welt wie Negersclaven commandirt, — aber Gott soll uns behüten, daß wir für Ihren Sire Louis dix huit, den ich, als er emigrirt war, in Hamm sammt seinen Maitressen, recht gut kennen und schätzen lernte, nur an ein Degengehenk faßten, — unsrethalb mag er auf Frankreichs Thron oder auf seinem Nacht=stuhl sitzen, Kirschen oder Rostbeef essen, — abscheu=lich, wenn das Blut, welches wir verlieren, blos für Herrn Ludwig den Achtzehnten hingeströmt seyn sollte.

Bourmont. Ich ersuche, mich sofort in das englische Lager bringen zu lassen, Herr Blücher.

Blücher. Ich heiße Blücher, Fürst von Wahlstadt, bin königlich=preußischer Feldmarschall, duze mich gern mit jedem braven deutschen Füselier, aber mit Ihnen und Ihres Gleichen nicht, — verlange daher von Ihnen die geziemende Titulatur oder es —

Bourmont. Eure Durchlaucht, es war verzeihliche Unvorsicht, wenn ich —

Blücher. Schon gut. Machen Sie Ihre Unvorsicht durch einen Schwanz von Entschuldigungen nur nicht länger.

(Zu dem Unterofficier und dessen Soldaten:)

Schafft den Herrn mit seinem Begleiter zu den Eng=läudern, und meldet dem Wellington dabei, es wäre mir eins, ob er sie zu König Ludwig schickte oder sie festhielte, — aber weder er noch ich dürften Ueber=läufern trauen.

Bourmont. Ha!

Blücher. Pah!
(Zu den Jägern:)
Kinder, fingt wieder darauf los!
(Bourmont und sein Adjutant werden fortgeführt, — Blücher mit seiner Begleitung ab.)

Dritter Jäger. Wetter, der Feldmarschall ist ein Mann von Schrot und Korn. Wie schrumpften die beiden Franzosen zusammen, als er mit dem Fürsten Wahlstadt herausrückte.

Sechster Jäger. Ja, und er ist darum so tüchtig, weil seine Nase im Feuer der Schlacht nicht weiß wird, — weil er immer grade aus sieht, wo andere links und rechts die Augen verdrehen, — weil er dem Napoleon ohne Furcht auf den Leib geht, und dabei denkt: „hab' ich dich, pack' ich dich", — weil er die Franzosen so offenbar haßt, als er die Deutschen liebt, — und kurz und wahr: Blücher ist ein rascher Mann, der mehr als ein Anderer 1813 und 1814 dem Corsen das Genick brach, weil er so ehrlich und kühn in die Welt sah, wie der Corse verschmitzt und verwegen.

Sechste Scene.

(Vor Ligny. Das französische Heer. Kanonen werden aufgefahren, die Kaisergarden stehen in Schlachtordnung, die Infanterie- und Cavallerieregimenter der Linie marschiren an beiden Seiten auf. Napoleon liegt, bis an die Brust lose von einem grünen Mantel überdeckt, schlummernd auf der Lafette einer Kanone. Eine Menge Adjutanten und Ordonnanzen zu Pferde und zu Fuß, vom General bis zum Gemeinen, Chassecoeur und Vitry darunter, in seiner Nähe. Desgleichen viele Piqueurs mit gesattelten Handpferden. Bertrand und Cambronne stehen, ersterer rechts, der zweite links an seiner Seite, — der Obrist und Adjutant Labedoyere nicht weit von ihnen.)

Vitry. Chassecoeur, nun hast du, was du wolltest — Da schläft er, und die Gewitter der Schlacht umziehen uns, als wären es seine Träume. — Wie kann er schlafen? — Vor uns Preußen, vom Himmel Regen, um uns schlachtdurstende, aufmarschirende Franzosen.

Chassecoeur. Der Kaiser kann, was er will. So sah' ich ihn schon oft.

Vitry. Lies, bis der Lärm losgeht, die Proclamation.

Chassecoeur. Was steht darin?

(Die Proclamation flüchtig überblickend:)

Die „Preußen" — Ja, die Hunde haff' ich. — Und „die Alliirten haben zwölf Millionen Polen, eine Million Sachsen, sechs Millionen Belgier an sich gerissen" — Meinetwegen noch neunundneunzig Millionen von all dem Volke dazu, aber nur kein Haar des Kaisers!

Vitry (übergibt die Proclamation einem Sergeanten der in der Nähe haltenden Garde zu Fuß:) Da — die heutige Proclamation.

Sergeant. Proclamation? — Um die Patrone damit und sie den Preußen in den Leib gejagt. — Die Canaillen rücken doch schon von jenen Höhen heran.

Ein Capitän der Voltigeurs (kommt:) Den Kaiser geweckt — Die Schlacht beginnt.

Cambronne. Mein Herr, was schreien Sie dicht vor dem Ohr des Kaisers? Mit Ruhe und Anstand gesprochen!

Der Capitän. Die Preußen fahren dort Batterien auf.

Cambronne. Lassen Sie von den Preußen die ganze Hölle auffahren — Der Kaiser schlummert.

Bertrand. Und die Rast ist ihm zu gönnen.

Der Capitän. Aber, meine Herren, die Armee geräth in Gefahr —

Bertrand. Sie irren, Freund. Wäre das, so hätt' er diese Stunde nicht zum Schlafen gewählt.

(Der Capitän der Voltigeurs zieht sich zurück. — Mehrere andere Officiere sind im Gespräch mit einander.)

Erster Officier. Die Preußen schieben uns Batterien unter die Nase — fast riech' ich die Lunten.

Zweiter Officier. Man sieht ihren Achtzehnpfündern bereits tief in die dunkeln, hohlen Augen.

Erster Officier. Die Augen werden bald hell seyn und unsere Reihen licht machen.

Dritter Officier. In der That, ich wollte der Kaiser wachte auf oder würde geweckt, ehe die feindlichen Batterien sich festwurzeln. — Aber man darf ja kaum vom Erwecken was sagen, denn der Cambronne und Bertrand stehen neben seiner Lagerstätte wie die zurückdrohenden Cherubim an der Pforte des Paradieses.

Ein in der Ferne in die Schlachtlinie rückendes Regiment (singt:)

Allons enfants de la patrie,
Le jour de gloire est arrivé.
Contre nous de la tyrannie
L'étendard sanglant est levé —

Cambronne. Ein Adjutant an jenes Regiment — Der Kaiser liebt die Marseillaise nicht — Man soll mit ihr aufhören.

Labedoyere. Herr General, die Marseillaise ist ein liberales Lied, passend für den Zeitgeist — Das Volk siegte mit ihm bei Valmy und Jemappes.

Cambronne. Herr Obrist — „Liberal?" — „Zeitgeist" — Die elende Kanonade von „Valmy" und das jämmerliche Tirailleurgefecht von „Jemappes?" — Wissen Sie, wo wir stehen? Unter den Waffen der großen Armee. Da gibt es keinen andern Liberalismus als Ihm zu gehorchen, keinen andern Geist, als den Seinigen, keine andern Gefechte als die à la Cairo, Austerlitz, Jena und der Moskwa.

Labedoyere. Weh, ich habe mich geirrt, — ich dachte endlich die freisinnige Zeit, von den Umständen selbst bedungen, leuchten zu sehen, und es blinken schon wieder nichts als Bayonnette, Säbel, Kuirasse und Kanonen.

Cambronne. Sehen Sie, Herr Obrist, ein wenig an den Schwadronen und Bataillonen dieser Schnauz= bärte hinunter, und zeigen Sie mir unter ihnen Einen, dem der Kaiser nicht lieber ist, als alle die zeitgeistigen Phrasen.

Bertrand. Mein junger und tapferer Labedoyere, — verzagen Sie nicht ganz, halten Sie Sich an den Kaiser — Er kann die Welt eher umgestalten als die Welt ihn, und ich versichere, er hat in seiner großen Brust auch einen Platz für Ihren Liberalismus, und schützt und fördert ihn da, wo er des Schutzes und der Förderung werth ist.

Cambronne. Der Kaiser erwacht!

Ein Officier. Nun bin ich neugierig, was er zu den preußischen Batterien sagt, deren Auffahren er ver= schlief.

Napoleon (steht auf, — der Mantel, welcher ihn bedeckte, fällt zur Seite:) Alles, wie ich befohlen?

Bertrand. Jedes Regiment an seinem Posten.

Napoleon. Was ist das dort?

Bertrand. Sire, preußische Batterien.

Napoleon. Albernes Zeug, — die sollen die feind= liche Armee maskiren, und sind zu weit vorgerückt. Sie haben nicht Zeit zum Schuß, fällt man ihnen in die Flanke. Das fünfundfünfzigste Regiment am rechten Flügel thue das, im Geschwindschritt, — zwei Kuiras= sierschwadronen begleiten es.

Vitry. Chassecoeur, er ist wach!

Chassecoeur. Man merkt es: das Regiment und die Kuirassiere marschiren, die Batterien jagen zurück, und da — sehen wir die ganze preußische Armee.

Vitry. Was wohl die Officiere, welche hier eben schwatzten, davon halten?

Napoleon. Generalcommandant der Artillerie —

Drouot (tritt vor:) Sire —?

Napoleon. Die preußischen Colonnen entwickeln sich — Ligny ist die Mitte und der Schlüssel ihrer Schlachtordnung — merken Sie sich das — — Und nun lassen Sie uns anfangen.

Drouot. Sie befehlen —

(Zu der Artillerie:)

Abgeprotzt!

(Es geschieht.)

Jener Zwölfpfündner den Signalschuß!

(Der Zwölfpfündner wird abgefeuert. Sofort donnern auch alle französischen Batterien, Heergeschrei, Trommeln, Trompeten, Janitscharenmusik dazwischen. Infanterie und Cavallerie rückt vor, nur die Garde bleibt stehen. Die Preußen bewegen sich gleichermaßen unter gewaltigem Artillerie- und Kleingewehrfeuer den Franzosen entgegen.)

Napoleon. Ha! meine Schlachtendonner wieder — — In mir wird's still — — —

(Er schlägt die Arme übereinander.)

Cambronne. Wer sollte sich nicht freuen, der ihn jetzt sieht? — Welche Ruhe, welche stillglänzende Blicke!

Bertrand. Ja, nun ist's mit ihm als stiegen heitere Sommerhimmel in seiner Brust auf, und erfüllten sie mit Wonne und Klarheit. Still und lächelnd wie jetzt, sah ich ihn in jeder Schlacht, selbst bei Leipzig.

Napoleon (für sich:) Josephine — Hortense — Das Etui — — Und mein Sohn!

Adjutanten (sprengen heran:) Rechts, bei Sombref, drängen uns die Preußen zurück.

Napoleon. Die zurückgedrängten Truppen sollen sich an den rechten Flügel der Garde schließen.

(Kanonenkugeln schlagen in die Erde.)

Vitry (ergreift einige und wirft sie fort:) Canaillen, ihr könntet ricochettiren!

Napoleon. Wie heißt du?
Vitry. Philipp Vitry.
Napoleon. Du bist Hauptmann.
Chassecoeur. Gift und Tod, was hat der Kerl für Glück.
Vitry. Sire, trauen Sie mir Ehre zu?
Napoleon. Hätt' ich dich sonst zum Hauptmann gemacht?
Vitry. So versichr' ich auf meine Ehre, hier dieser Chassecoeur verdient eher Hauptmann zu seyn als ich. Er dient schon seit Quiberon und rettete bei Leipzig einen Adler — Bitte, Sire, lassen Sie mich Gemeiner bleiben, und ernennen Sie ihn statt meiner zum Hauptmann.
Napoleon. Ihr seyd beide Hauptleute.
Chassecoeur. Mein Kaiser, wobei?
Napoleon. In meiner Suite.
Ein Flügeladjutant (sprengt heran:) Graf Vandamme muß das eben von ihm genommene St. Amand wieder räumen. Die Preußen sind zahllos und wüthig wie die Teufel.
Napoleon. Ob die Preußen St. Amand oder Otaheiti haben, ist in diesem Augenblick gleichgültig. — Aber melden Sie Vandamme: es wäre mir lieb, wenn er durch wiederholte hartnäckige Angriffe den Feind glauben machte, ich hielte etwas auf die Stellung. Blücher's Generalstab wär' im Stande, die Position bei Ligny wegen St. Amands noch mehr zu schwächen, als er schon gethan hat.

(Der Flügeladjutant ab.)

Ordonnanzen zu Gerard: daß er bei Ligny allmählig auch die Truppen der schweren Waffengattungen in das Gefecht führt.

(Mehrere Ordonnanzen ab.)

Ein Fußgardist (wird von einer Kugel getroffen:) Jesus Maria!

Nebenstehende Cameraden. Karl wird fromm!

Wieder ein Gardist (dem eine Kanonenkugel den Leib aufreißt:) Es lebe der Kaiser!

Garde und Heer. Er lebe!

Napoleon. Diese Kugeln kommen von Sombref. Vier Reservebatterien vor, unsre von dorther weichenden Truppen besser zu bedecken.

Ein Adjutant (hervorsprengend:) Der Fürst von der Moskwa bittet um Hülfe. Die englische Armee enfilirt mit ihm bei Quatrebras eine Schlacht.

Napoleon. Der Fürst von der Moskwa ist ein — Sie, mein Herr, melden ihm: ich wüßte, Wellington tanze noch in Brüssel, und er, der Marschall Ney, hätt' es nur mit dem englischen Vortrab zu thun. Nicht erschrecken soll er sich von ihm lassen, — kühn zurückwerfen, oder doch aufhalten, bis ich hier gesiegt habe, soll er ihn. Dann läuft er von selbst.

(Der Adjutant ab.)

Daß doch die meisten Menschen Aug' und gesunde Vernunft verlieren, sobald sie das Glück haben, mit zwanzig- oder dreißigtausend Mann selbstständig auf dem Schlachtfelde zu stehen.

(Zu mehreren Adjutanten:)

Schnell zu General Erlon. Er trenne und bedrohe mit seinem Corps zwischen Quatrebras und St. Amand die Engländer und die Preußen, — er schont aber seine Truppen, oder Bülow möchte bei St. Amand ankommen; wäre das, so stürzt er ihm entgegen.

(Adjutanten ab. Zwei andere sprengen noch hintereinander heran.)

Erster Adjutant. General Gerard nimmt Ligny mit dem Bayonet —

Zweiter Adjutant. Die Preußen treiben ihn Schritt vor Schritt wieder hinaus —

Napoleon. Drei Voltigeurregimenter sollen sich debandiren, und dort die Preußen überall, von jedem Vorsprung, jedem Fenster her, beängstigen helfen.

(Adjutanten ab.)

Ein Adjutant (jagt herbei:) Zwischen St. Amand und Ligny wird es schwarz wie die Nacht von sich anhäufender feindlichen Cavallerie.

Napoleon. Die reitende Artillerie mit Kartätschen wider sie vor.

(Reitende Artillerie jagt vor und schießt, kommt aber gleich darauf in Eile und Unordnung zurück.)

Was? Der wilde Blücher bricht doch los? — Milhaud's Kuirassiermassen auf ihn ein.

(Milhaud's Kuirassiere stürmen los.)

Ein Officier. Ah, wie leuchtet und klirrt auf einmal die Luft von gezückten Schwertern.

Ein anderer Officier. Und horch, jetzt treffen sie Blücher's Horden — Wie ingrimmig und gräßlich wiehern die gegeneinander kämpfenden Pferde!

Napoleon. Bertrand, was sagst du zu der Schlacht?

Bertrand. Die Preußen fechten besser wie bei Jena.

Napoleon. Geschlagen werden sie doch, nur ein paar Stunden später.

(Adjutanten kommen.)

Erster Adjutant. Milhaud's Kuirassiere treiben die feindliche Reiterei zurück. —

Zweiter Adjutant (später:) Blücher erholt sich und Milhaud weicht —

Napoleon. Pajol's Reiter dem Milhaud verhängten Zügels zu Hülfe.

(Adjutanten ab.)

9*

Ha, da Einer von Gerard mit siegtrunkenem Antlitz — Wie bei Ligny?

Der heransprengende Adjutant. Die westliche Seite ist unter unsren Kolben, und ganz Europa entreißt sie uns nicht wieder!

Napoleon. Ein Pferd!

(Es wird ihm ein Pferd gebracht, und er setzt sich auf.)

Vitry. Chassecoeur, nun muß die Garde daran, — der Feind ist mürbe.

Chassecoeur. Mürb' oder hart, die Garde macht ihn zu Brei.

Napoleon. Lieber Drouot, ein Kreuzfeuer des schwersten Geschützes auf Lignys Ostseite.

Drouot. Wehe dem Mutterkinde, das noch darin ist! — Schwere Artillerie marsch!

(Mit der schweren Artillerie ab.)

Napoleon. Cambronne, alle Garden zum Sturm auf Ligny!

Cambronne. Alte und junge Garden, zu Pferd und zu Fuß: den Kaiser salutirt!

Die Officiere der Garde (den Befehl Cambronne's weiter rufend:) Den Kaiser salutirt!

Die Garde (salutirend:) Der Kaiser hoch!

Cambronne. Und nun Bayonnette gefällt, Säbel geschwungen, — unser der letzte Trümmer von Ligny, oder der Tod!

(Ab mit der Garde.)

Napoleon. Estafetten nach Paris: ich hätte gesiegt, — während Blücher mir mit seiner Reiterei meinen linken Flügel habe zerbrechen wollen, hätt' ich sein Centrum durchbrochen, und so weiter, wie jedes Auge es hier sieht. Zugleich der Municipalität durch den Moniteur angedeutet, sie möchte mit Abnahme der Vormundschaftsrechnungen nicht so nachlässig seyn, wie im vorigen Jahr, oder mein Zorn träfe sie ärger als die Preußen.

(Adjutanten und Ordonnanzen ab. Sombref, Ligny, St. Amand lodern vor der französischen Schlachtlinie in lichten Flammen, — hinter ihr Quatrebras, Pierrepont, Frasnes, Geminoncourt und andere Ortschaften ebenso.)

Napoleon (sieht sich nach den Feuersbrünsten um:) Ist's nun meine Schuld, daß ich mit einem unermeßlichen, weit und weiter sich ausdehnenden Flammendiadem, wie dieses, meine Stirn schmücken muß? Oder ist es das trübselige Fünkchen, die elende Aechtungsacte von Wien, welche diesen Weltbrand veranlaßt?

Adjutanten (heransprengend:) Sire, Drouot's Batterien haben auch die Ostseite von Ligny zu Staub gemacht — sie schweigen, weil die Garden schon über die Trümmer vorrücken, — nur einzelne preußische Jäger stecken noch hier und da hinter Hecken und Gräben.

Napoleon. Ligny ganz mein! — Das Thor Europas ist erbrochen und ich stürme hindurch bis —

Bertrand (für sich:) Da spiegeln die goldglänzenden Kuppeln von Moskau sich schon wieder in seinem Auge.

Napoleon. Den schwarzen Krepp von den Legionsadlern, daß sie die wieder aufsteigende Sonne des Sieges sehen!

(Zu Adjutanten und Ordonnanzen:)

Grouchy verfolgt mit seinem Corps die Preußen, — unter ihm noch Vandamme und Pajol mit ihren Heertheilen, — er kann nicht rasch und kühn genug seyn, darf sich durch keine Demonstration, keine Position aufhalten lassen.

(Viele Adjutanten und Ordonnanzen ab.)

Wir, Bertrand, besehen einige Augenblicke das Schlachtfeld, und dann mit der großen Armee links, um mit Ney den Vortrab der Engländer auf ihre Hauptmacht zu werfen, diese zu vertilgen, und übermorgen in Brüssel zu schlafen.

(Napoleon, Bertrand und die kaiserliche Suite ab.)

Fünfter Aufzug.

Erste Scene.

(Abend. Ein Hotel in Brüssel. Viele große Säle, prächtig erleuchtet. Herzog von Wellington mit Gefolge, Damen und Officiere höchsten Ranges darunter, tritt ein. Der Herzog von Braunschweig kommt etwas später, den sogenannten "schwarzen Becker", seinen Kammerdiener, zur Seite. Er setzt sich in eine Nische des vordersten Saales. Der schwarze Becker bleibt neben ihm stehen.)

Herzog von Braunschweig. Becker, hast du alle meine Papiere in Ordnung?

Schwarzer Becker. Ja, Eure Durchlaucht.

Herzog von Braunschweig. Du bist ein braver Kerl, sorgst wol zuerst für dich, dann aber zunächst für mich. — Mehr kann man von einem Menschenkinde nicht verlangen —

Schwarzer Becker. Herr Herzog —

Herzog von Braunschweig. Laß das gut seyn — So braun dein Gesicht, und so schwarz dein Haar ist — du bist mir lieber als viele der Herren, welche mich in Braunschweig bei meiner Rückkehr mit ihren nichtssagenden Fratzen und wohlfrisirten Perücken devotest empfingen, und dennoch mit Hannover, Preußen und mit den Städen unter einer Decke spielen möchten. Schwarzer Becker, vernichte jedes Papier, von dem es dir nicht gut scheint, daß es an das Licht komme — die alten Correspondenzen mit Oesterreich, mit England, mit den ehemals westphälischen Officieren, mit einigen meiner Unterthanen, und Gott weiß, mit wem sonst noch — fort damit! 'S ist alles Lumpenzeug.

Schwarzer Becker. Sie befehlen Durchlaucht.

Herzog von Braunschweig. Becker, ich falle bald — mir sagt's die Ahnung so deutlich, daß ich nicht zweifeln mag. Es thut mir leid um meinen unmündigen ältesten Jungen. Sie werden ihn vielleicht so bevormundschaften und ihre Wolfsköpfe in solche Schaaffelle zu kleiden wissen, daß, wenn er in die welfischen Brausejahre kommt und mündig wird, und danu den ganzen Spuk der ausheimischen, einländischen und persönlichen Interessen erblickt, er glaubt noch toller werden zu dürfen, als die, welche — — Wenn ich nicht mehr bin, Becker, so laß dich nicht im Braunschweigischen nieder, — gib danu das wild bewegte Leben auf, heirathe irgend wo anderwärts eine tüchtige Person, und denke bisweilen an mich, wenn du recht glücklich bist.

Schwarzer Becker. Herzog —

Herzog von Braunschweig. Laß das Weinen. Nichts verlachenswerther. — Ich sage dir, in diesen Tagen fall' ich —

Schwarzer Becker. Durchlaucht, gewiß Phantasien —

Herzog von Braunschweig. Mag seyn; aber immer noch besser als Wellington's Tanzlust — Er meint, er hätt' es mit einem Jourdan zu thun — Bonaparte wird ihm den Unterschied zeigen.

Schwarzer Becker. Bonaparte ist noch in Paris.

Herzog von Braunschweig. Leicht möglich, und ebenso leicht nicht. Er ist in der Regel da, wo man ihn nicht vermuthet.

Schwarzer Becker. Durchlaucht, zerstreuen Sie sich — Hören Sie die Musik! Da das: God save the King!

Herzog von Braunschweig. So lang' es dauert. — Sind die Braunschweiger bereit?

Schwarzer Becker. Immer unter Waffen.

Herzog von Braunschweig. Gut.

Schwarzer Becker. Durchlaucht, welch ein Schimmer von Uniformen — Da selbst der ehrliche Britte Picton in größtem Staat — Und gar der Herzog von Wellington, der Prinz von Oranien —

Herzog von Braunschweig. Der Herr Herzog halten immer den Mund auf, und hören doch oft recht schwer. — Nehmen die englischen Krebse sich nicht besser in Acht, so müssen sie bald nach gewohnter Manier zurück in die See, wie bei Corunna und Vlissingen.

Schwarzer Becker. Da naht eine Damendeputation — Sie hat uns an den Todtenköpfen der Tschackos erkannt, und will Ew. Durchlaucht mit Lorbeeren bekränzen.

Herzog von Braunschweig. Gehe zu den Damen, mache deine höflichsten Verbeugungen, und sag' ihnen: ich dankte für die Ehre.

Schwarzer Becker. Wie Ew. Durchlaucht gebieten.

(Er richtet den Befehl des Herzogs mit größter Höflichkeit aus, die Damen ziehen sich zurück, und er geht wieder zum Herzog.)

Herzog von Braunschweig. Schaffe mir einen Whisky.

(Der schwarze Becker geht und bringt den Whisky.)

Ein englischer Artillerieobrist (eine junge Dame hereinführend:) Adeline — Was ich so lange in Londons ersten Cirkeln gesucht, — hier, auf dem Feldzug, find' ich es auf einmal in Dir — entzückenden Schönheitsglanz und unversiegbare Liebe.

Adeline. Wer weiß wie viele herrlichere Blumen du vorbeigingst, ohne sie zu sehen, und wie zufällig dein Blick grade auf mich fiel.

Artillerieobrist. Nein, nein, — kein Zufall — Mein guter Genius selbst führte mich in deine bräutlichen Arme.

Adeline. Siehe dort die Fürstin Ligne, die Herzogin von Chimay, die Gräfinnen von Barlaymont, und so manche Andere — Welche Gestalten! Welche Grazien! Welch überreicher Schmuck strahlt von ihrem Haar und Gewand, und wie armselig ist er gegen sie selbst! — Edward, es ist unmöglich, daß du mich liebst, wenn du solche Göttinnen siehst.

Artillerieobrist. Deine Bescheidenheit ist göttlicher als all jener Prunk. — Oft schrien die ehernen Stimmen der Geschütze um mich, flogen Pulverwagen, Reiter und Pferde, Ingenieure und Bombenkessel in meiner Nähe auf, — an keine Dame Europas hätt' ich gedacht in dem Getümmel, — aber an dein Auge gewiß, ja an die Spitze deines kleinen Fingers.

Adeline. Edward, nimm den Abschied — mache den Feldzug nicht mit.

Artillerieobrist. Es kommt zu keinem Feldzug, Geliebte. — Der Corse scheint keine Armee zusammenbringen zu können — Wir marschiren wohl ohne Aufenthalt nach Paris —

Adeline. Ach, wären wir auf deiner Stammburg in den grünenden Auen von Sheffield!

Artillerieobrist. Der Prinz von Oranien faßt die Hand der Fürstin Ligne, Wellington die der Herzogin von Chimay — Alles arrangirt sich — Der Ball beginnt — Horch! die Musik brauft los, ein Aetna feuersprühender Töne — Treten wir in die Reihen.

Adeline. Musik! Musik! — Was rufen all die Töne? — mir nichts als deinen Namen!

(Der Artillerieobrist tritt mit Adeline in die Tanzreihen.)

Herzog von Braunschweig. Noch einen Whisky, Becker.

(Der schwarze Becker holt den Whisky.)

Schwarzer Becker. Da beginnen sie eine Gallopade.

Herzog von Braunschweig. Wer weiß, ob nicht schon die Kuirassiere des Milhaud hieher gallopiren.

Herzog von Wellington. Lauter die Musik! — Herzogin, Sie glühen — Der Tanz greift Sie an.

Herzogin von Chimay. In den Armen des Siegers von Salamanca nimmer.

(Dumpfe, aber sehr entfernte Töne.)

Herzog von Braunschweig (springt auf:) Becker, was ist das?

Schwarzer Becker (aus einem Fenster sehend:) Ein Gewitter zieht auf.

(Wieder entfernte, immer lautere Töne.)

Herzog von Braunschweig. Gewitter? Gewitter? — Ob aber am Himmel oder auf der Erde? — Melde Wellington, ich glaubte K a n o n e n s ch ü f f e zu hören.

Schwarzer Becker (geht zu dem Herzog von Wellington:) Der Herzog von Braunschweig vernimmt Kanonenschüsse —

Herzog von Wellington. Ei, woher denn? — Hält er etwa diese Pauken oder die Donner des Unwetters dafür? — Vorwärts der Tanz! — Napoleon ist noch in Paris, oder daraus wieder nach Süden vertrieben. — Seine paar Bataillone bei Charleroi haben keine Kanonen, und unsere überstarken Avantgarden sind Blücher bei Ligny und meine Truppentheile bei Quatrebras — Vorwärts der Tanz!

Schwarzer Becker (zu dem Herzog von Braunschweig zurückkehrend:) Wellington hält die Töne nicht für Kanonenschüsse.

(Lautere und stets lautere Klänge.)

Herzog von Braunschweig. So kenn' ich sie besser als der Herr von Ciudad Rodrigo — Es sind die Klänge, unter denen mein Vater fiel! Ein schlechter

Sohn, der sie hört und nicht von Rache entflammt ihnen entgegen stürzt — Folge mir!

(Mit dem Schwarzen Becker ab. Gleich darauf die Allarmmusik der Braunschweiger.)

Herzogin von Chimay. Hören Sie —?

Herzog von Wellington. Ruhig, Beste, so schön Ihnen auch die Unruhe steht. — Der Braunschweig hat seine kriegerische Laune, läßt Allarm schlagen, und übt seine Truppen in der Wachtsamkeit.

(Immer nähere Kanonenschüsse.)

Adeline. Wehe, was donnert da? — Das sind doch nicht — Da schreckt auch der Herzog auf!

Artillerieobrist. Adeline, — vor deinem forschenden Blick kann ich nicht lügen — Du hörst — o Gott — feindliche Kanonen!

Adeline. Jesus Christus! — Wie hast du dich geirrt — Napoleon marschirt doch heran!

Artillerieobrist. Wer könnte in ihm sich nicht irren? Er ist wie ein neuer, plötzlich aufgetauchter, unerforschter Erdtheil —

Adeline. Oh, wer stürzt da herein? — Das sind nicht Menschen — Das sind Teufel.

(Adjutanten Blücher's stürzen in die Scene.)

Artillerieobrist. So nenne sie nicht — preußische Cameraden sind's, noch schwarz vom Pulverdampfe der Bataille.

Einer der preußischen Adjutanten. Wo der Herzog Wellington?

Ein englischer Officier. Dort steht er.

Preußischer Adjutant. Durchlaucht —

Herzog von Wellington. Sie kommen?

Preußischer Adjutant. Aus der Schlacht.

Herzogin von Chimay. Also dennoch —?

Herzog von Wellington. Ruhig, ruhig, Herzogin!

Herzogin von Chimay. Unmöglich, Herzog — Selbst Ihr Befehl bezwingt meinen Schrecken nicht — Wie stäubt der Ball auseinander —

(Volk auf der Straße:) Der Feind! der Feind! er kommt! er kommt!

Herzogin von Chimay. Gott! ganz Brüssel in Bewegung!

Volk. Der Feind! der Feind! Brüssel brennt schon! Feuer! Feuer! Feuer!

Herzog von Wellington. Madame, trauen Sie diesem tollen Straßengeschrei nicht — Aber fahren Sie zu Haus, — eine zahlreiche Sauvegarde begleitet Sie.

(Herzogin von Chimay ab.)

Preußischer Adjutant. Herzog, Napoleon erschien mit seiner Armee urplötzlich vor Ligny, Ney vor Quatrebras —

Herzog von Wellington. Feldmarschall Blücher und mein Vortrab?

Preußischer Adjutant. Sind beide geschlagen, und ziehen sich hieher zurück.

Herzog von Wellington. Was meint der Feldmarschall?

Preußischer Adjutant. Er hofft, Ihr Heer vor Brüssel schlagfertig aufgestellt zu finden, sonst schlägt er die zweite Schlacht auch ohne es.

Herzog von Wellington. Bülow's Corps?

Preußischer Adjutant. Hat an der Schlacht nicht Theil genommen, und stößt bald zu uns.

Herzog von Wellington. Und Blücher kommt wenn ich Stand halte?

Preußischer Adjutant. Er sagte es.

Herzog von Wellington. So glaub' ich es. — Sagen Sie ihm, Sie hätten mich leider in erbärmlichen Tanzschuhen getroffen, die ich leichtsinnig genug angezogen, — aber ich wollte selbst dieser Schuhe nicht werth seyn, träf' er mein Heer nicht in Schlachtordnung vor dem Walde von Soignies.

(Die preußischen Adjutanten ab.)

Allarm! Allarm! Alle Truppen vorgeschoben nach Waterloo!

Artillerieobrist. Geliebte —

Adeline. Bleibe!

Artillerieobrist. Darf ich? — Schon rasseln meine Batterien über das Pflaster!

Adeline. Oh, diese Räder — Sie gehen durch mein Herz!

Artillerieobrist. Adeline, auch durch das meinige — Doch ich muß, ich muß — Wehe mir, die Rosenhimmel der Liebe auf deinen Wangen erbleichen — Welch ein schmerzliches Bild nehm' ich mit in den Kampf — Lebe wohl! Vielleicht seh'n wir uns wieder! — Diener, meine Braut zu ihrer Mutter geführt!

(Ab, — Adeline, in Ohnmacht, wird fortgeführt. — Draußen marschirt Cavallerie, Artillerie, Infanterie, unter letzterer

Die hochländischen Regimenter (singend unter Begleitung der Sackpfeife:)

Clan Douglas, Clan Douglas,
Die Mutter, sie weint —
  Was „weint"!
Dort trotzet der Feind!

Clan Douglas, Clan Douglas,
Fluß Avon blinkt schön —
  Was „schön"!
Die Sachsen dran steh'n!

Clan Douglas, Clan Douglas,
Wie stürzt er Berg ab —
  Was „ab"!
Wir kühn in das Grab!

Clan Douglas, Clan Douglas,
Was jammert die Braut —
Was „Braut"!
Der Feind ist schon laut!

Clan Douglas, Clan Douglas,
Wie steil unser Stieg —
Was „Stieg"!
Zu Rach und Sieg,
Clan Douglas, Clan Douglas,
Clan Douglas!

Herzog von Wellington. Wetter, die Bergschotten sind eine brave, treue Nation, — Lieder auf die sächsischen Eroberer de anno 500 nach Christi Geburt begeistern sie noch heute gegen die Franzosen. — — Meine Herren vom Generalstabe: Bonaparte hat uns getäuscht und überrascht, aber das alles läßt sich gut machen durch Festigkeit. Wir waren eben im Tanz begriffen, und sehr heiter, — sehen wir in der Schlacht auch so, und die Franzosen sollen bestürzt aussehen, wenn sie ihre Erbfeinde nicht im Tanz, sondern gewaffnet und ruhig sich gegenüber erblicken. Vertheilen Sie sich in den Cantonnements, sorgen Sie, daß jeder Befehlshaber seine Schuldigkeit thut. Ja keine Unordnung unter den Truppen, — die strengste Disciplin geübt, — aber den Leuten Lebensmittel gegeben, soviel aufzutreiben. Adieu!

(Ab, — Die Officiere gleichfalls.)

Erster Aufwärter. Abgeräumt — Das Volk ist fort.
Zweiter Aufwärter. Alle Reste in die Tasche — Da Kuchen über Kuchen —
Erster Aufwärter. Halbvolle Weinflaschen stehen dabei. Nehmt und trinkt sie aus mit den Hausmamsellen.

(Für sich:)

Ah, da find' ich eine Brillantnadel —

Zweiter Aufwärter. Himmel, wie das marschirt und trottirt!

Erster Aufwärter. Ich hoffe, die Franzosen gewinnen doch. Ich sage lieber „Monsieur" als „Myn Her" oder „Ihro Hochedelmögenden." — — Daß die Küchenmädchen die Teller besser putzen, keinen gelben Rand darum lassen, sonst soll die Canaillen — — Hurtig, mit mir hinunter — Eine Menge Officiere sprengt vor die Hausthür und fodert noch einen Schluck, die Courage zu begießen.

(Die Aufwärter ab.)

Zweite Scene.

(Heerstraße in der Gegend von Wavre. Die preußische Armee auf dem Rückzug. Blücher, eine lange irdene Pfeife rauchend, und Gneisenau neben ihm, im Hintergrunde zu Pferde auf einem Hügel. Linie und Landwehr, hin und wieder in Schwadrone oder Compagnien geordnet, meistens aber aufgelös't, reiten und marschiren durch einander. Artilleriezüge und Fuhrwerke jeder Art darunter. Auf den Kanonen und Wagen liegen und sitzen Verwundete und Gesunde. Jeden Augenblick stürzen Marode. Aus der Ferne ununterbrochener Kanonendonner. Alles eilt vorwärts. Es regnet.)

Der Trainknecht einer Kanone (zu seinen Pferden:) Hot — ha! — Fritz, hot — links liegt ein Verwundeter — Hans, ha — — rechts ein freiwilliger Jäger mit einem Hemde, so fein, daß Einem das Herz weh thut, darüber zu fahren.

Der berliner Freiwillige. Dieses ist schrecklich erhaben — Ob mein Wasserpolacke todt ist?

Der ostpreußische Feldwebel. He, Berliner — wie geht's?

Berliner. Sieh, der Herr Feldwebel — leben Sie noch? — Es schmerzt mir vor Freude.

Feldwebel. Auch immer frische Courage?

Berliner. Courage? Weiter nichts? An die hab' ich mir bald gewöhnt. Es sind mich gestern tausend Kugeln um den Kopf geflogen, und keine traf mir. Geht das so fort, so bin ich bald gar nicht mehr vor mich bange.

Feldwebel. Das ist mir lieb — Adieu —

Berliner. Herr Feldwebel —

Feldwebel. Nun?

Berliner. Sie steht die große Nase, die Sie haben, sehr gut — Wahrhaftig, ich möcht' Ihnen damit auf dem Brandenburger Thore sehen, neben die Siegsgöttin, die jetzt wieder oben steht — Aber, Herr Feldwebel, ich muß Sie doch an etwas erinnern — Die deutsche Sprache, wie ich sie bei Herrn Professor Heinsius gelernt, verstehn Sie nicht im Mindesten. Es heißt nicht wie Sie sagen: „es ist mir lieb", sondern: „es ist mich lieb."

Feldwebel. Weshalb?

Berliner. Deshalb, Herr Feldwebel — — — Nämlich: sagen Sie nicht: „mich wurde die Kuh gestohlen?" — He?

Feldwebel. Ich sage so ohngefähr.

Berliner. Also? Verstehn Sie? — „Mich wurde die Kuh gestohlen" und „mich ist es lieb" — Das ist tout égal.

Feldwebel. Möglich —

(Geht weiter.)

Berliner. Daß diese arme Würmer aus der Provinz durchaus nicht das Deutsche richtig sprechen lernen, oft gar zweifeln, daß in diese Hinsicht nichts über die Residenzer geht!

(Feindliche Granaten und Haubitzen fallen, einige dicht neben dem Berliner. Er springt zurück.)

Daß dir der Donner! — Ganz gesund ist's hier nicht! — — Was hilft's aber! Ich bin im Tumult, und kann nicht hinaus — Und am Ende sind die Franzosen hinter die Königsmauer schlimmer, als die hinter uns — Ephrim! Ephrim! Was läufst du?

Ephraim. Ferdinand, fu meine Cumpanie —

Berliner. Die ist weit voraus.

Ephraim. Weit voraus? — O wär' ich danu doch so eher bei sie!

Berliner. Ephrim! Hast einen Schuh im Dreck stecken lassen.

Ephraim. Laß ihn stecken, obgleich er kostet audert= halb Thaler — Ach, halte mir nicht auf, laß mir vor= wärts, mein Jugendfreund!

Berliner. Wir gehen ja vorwärts! — Wie kommt es, Ephrim, daß du deinen Namen wieder kennst? Vor zwei Jahre in Berlin sahst du dir bei dem „Ephrim" nicht um, — „Ibrahim, Ibrahim" hieß es bei alle deine Bekannte, Mutter, Schwester und Bruder.

Ephraim. Steckte der liebe Gott hier, er würde viel fragen, wie er hieße, sondern er nähme die Flügel des Sturmwindes und flöge vor die Geschosse davon wie ein Lämmergeier.

Berliner. Spielt der kleine Moses auch noch immer „auf die Fleit"? Und hören eure „Leit" noch immer „ju" mit offnem Maul und harten Ohren?

Ephraim. Wie kann ich hier wissen, was meiner Schwester Kind thut in die Hauptstadt?

(Kartätschenschüsse schmettern in das flüchtige Heer.)

Au wai, was ist alles Gold gegen einen Kartätschen= schuß?

Berliner. Ephrim, lauf doch nicht so — — Bist hungrig, Ephrim?

Ephraim. Ich bin es, ich bin es!

Berliner. Ephrim, als wir noch auf die Schule gingen, betrogst du mir im Spiel um fünf Münzgroschen — Als ich sie nicht bezahlen wollte, sagtest du es meinem Vater, und ich bekam Prügel ärger als ein junger Gott.

Ephraim. Das ist nicht wahr, ist nicht wahr — irrst dir — eure Magd, eure Magd, die Lotte, hat es gesagt an deinen Vater — Sie hatte belauscht unser Spiel — Nie gestand ich, daß ich deinem Vater gesagt hätte von die Sache.

Berliner. Daß du dieses nicht gestanden hast, Ephrim, glaub' ich dich aufs Wort — Willst essen, Ephrim?

Ephraim. Ja, ja, ja —

Berliner. So siehe zu, wie du etwas bekommst, denn dieses Stück Rindfleisch —

Ephraim. Ist gut, ist gut — Her damit!

Berliner. Ich will es lieber selbst essen, denn es ist nicht kauscher, Ephrim — es könnte dir um Vater Abraham's alten Schooß bringen, und den gönn' ich dich allzusehr —

Ephraim. Schweinehund, ich bin wohl ein Jude —

Berliner. Nicht ganz, nicht ganz — Dein blondes Haar verräth einen Christen, der zwischen deinem Vater und deiner Mutter — na, Ephrim, du kennst ja die musicalischen Intermezzos aus die Visiten bei Mauschels kleinen Concerten —

Ephraim. Du Hund, wenn ich auch bin ein Jude, bin ich doch ein Bürger und ein berliner Freiwilliger wie du — da!

(Er gibt dem Berliner eine gewaltige Ohrfeige. Der Berliner will sie ihm gerade wiedergeben, als eine Kanonenkugel dem Ephraim den Kopf abreißt.)

10*

Berliner (stürzt zur Seite:) Ah, wie furchtbar rächt mir das Geschick!

(Sich wieder aufrichtend:)

Ephrim, warst doch ein guter Kerl — Bist ja todt! — (Die verfolgenden Franzosen beschießen die preußische Armee heftiger, und die Flüchtigen suchen sich rascher vorwärts zu drängen. Blücher und Gneisenau sprengen vor.)

Gneisenau. Halt!

(Viele Soldaten eilen ohngeachtet dieses Commandos weiter.)

Steht, sag' ich, steht — Wer den Fuß rührt, eine Waffe wegwirft, wird auf der Stelle erschossen!

(Die Armee steht.)

Blücher. Kerle, seyd ihr furchtsamer als mein Gaul? Er bäumt sich vor Lust, da er Kanonen hört, und ihr lauft krummen Buckels davon?

(Französische Kugeln fallen dichter und dichter.)

Gneisenau. Feldherr, das Gehölz da — es nistet sich feindliche Artillerie hinein —

Blücher. So soll die unsrige sich nach ihr umgucken — Sie hat ohnehin mit ihren zerbrochenen Rädern Zeit genug.

Berliner. Der Blücher ist göttlich!

Blücher. Nuu, Kanoniere, losgebrennt! — — Ich will mittlerweile sehen, ob ich dem Volk im Holze nicht einen Haufen Jäger unserer Arrieregarde in den Rücken werfe. — Du, Berliner —

Berliner. Wie, Herr Feldmarschall, Sie kennen mir?

Blücher. Ich sah dich vorgestern im Bivouac — Halt' einige Augenblicke meine Pfeife in Brand.

Berliner. Nur einige Augenblicke? Viele Jahrtausende, wenn Sie befehlen.

Blücher. Gneisenau, ich bin gleich zurück.

(Jagt fort.)

Gneisenau. Meine Herren Officiere — Eifriger, eifriger! — Schneller, besser die Truppen geordnet — Unsre Leute sind tüchtig, stets so brav als ihre Anführer. Vernichtete dieser Rückzug irgend eine Compagnie, die Schande fiele lediglich auf ihren Hauptmann.

Blücher (wieder heransprengend:) Höre zu, Gneisenau — Die Jäger machen sich schon mit „Piff" und „Paff" in das Gebüsch —

Gneisenau. Die Kanoniere hier waren auch nicht faul —

Blücher. Wahrhaftig nicht, sie haben den „Qui-vive's" so geantwortet, daß dieselben umkehren und die Schnauze halten, — unser Rückzug bleibt eine Stunde lang ungestört. — Meine Pfeife!

Berliner. Hier, Herr Feldmarschall! — — Und darf ich bitten?

Blücher. Ja.

Berliner. Lassen Sie mir zu die freiwilligen Jäger, die da dicht mit dem Feinde scharmuziren. Seit die Zeit, daß ich aus Ihre Pfeife rauchte, ist's mich, als hätt' ich mir an einem Vulkan vollgesogen, wie ein unmündiges Kind, und ich crepire vor Schlachtwuth, — denn außerdem, daß mir dieses Rauchen begeistert hat, ist's zweitens klarer als ein reines Bierglas bei Wisotzky, daß mir hier die Franzosen unvermutheter und eher treffen, als wenn ich die Hallunken in das Gesicht sehe, ihre mörderische Bewegung observire, mir hinter einen Baum stelle, und, selbst ziemlich gesichert, sie zuerst todt zu schießen versuche.

Blücher. Du bist ein klug-braver Kerl. Mache dich sogleich zu den freiwilligen Jägern.

Berliner. Dann, Herr Feldmarschall, brechen Sie ein Endchen von Ihre Pfeife, und verehren Sie es mich!

Blücher. Wozu?

Berliner. Zum Andenken, und dann auch, um mir bei die Jäger, da ich eine andere Uniform trage als sie, damit zu legitimiren.

Blücher. Da haft du es, toller Patron.

Berliner. Sehr gut gesagt, sehr schön, wenn ich auch am Inhalt des Ausdruckes zu zweifeln wage — Herr Feldmarschall, Sie sollen von mir sehr viel hören, oder schlimmstens doch gar nichts.

(Ab.)

Gneisenau. Feldmarschall, rechts Musik — jetzt der alte Dessauer — da „Uso voran" — und nun wieder ein neuer Walzer!

Blücher. Gott sey gelobt, also endlich Bülow mit den Pommern! Reit' ihm entgegen, und lies ihm wegen seines ordnungswidrigen Ausbleibens die Leviten.

Gneisenau. Was helfen die bei ihm? — Er wiegt sich in den Steigbügeln, sieht sich in der Gegend um, und läßt die Vorwürfe zum einen Ohr herein, zum andren hinaus.

Blücher. Freilich, so thut er — Aber, bei Gott, der leichte Sinn, welcher bei jedem Subalternen der Todesstrafe werth wäre, ist nicht strafbar bei dem Helden von Dennewitz. Vielleicht rettete er jüngst mit ihm Deutschland. Als wir 1813 noch immer zweifelten, den Corsen, sobald er uns persönlich gegenüberstand, anzugreifen, rief er nichts als: „Hole der Kuckuck das Zaudern! drauf los! den Versuch gewagt! ihr sollt sehen, er ist einer Mutter Sohn wie wir!"

(Gneisenau reitet zu Bülow, welcher, zu Pferde, mit seinem Armeecorps unter Feldmusik in größter Ordnung in die preußischen Linien rückt.)

Bülow. Guten Tag, lieber Gneisenau.

Gneisenau. Bülow, des guten Tages bedürfen wir.

Bülow. Ihr seyd abscheulich mitgenommen. — Was macht Blücher?

Gneisenau. Dort hält er, gesund und frisch.

Bülow. Das freut mich. Er ist ein Degen, den weder Alter, Blut, noch Wetter blind oder rostig machen. — — Sapperment, wie ist eure Artillerie, Infanterie, Cavallerie in Wirrwarr! 'Ne wahre Höllen=wirthschaft! — Und was von dort? Flintenschüsse? So nah' habt ihr den Feind auf den Hacken?

Gneisenau. Tirailleurgefechte —

Bülow. Meine Pommern machen bald aus den Ge=fechten wieder eine Schlacht. — Sieh' einmal die Teufelskerle an: beschmutzt bis über das Ohr, aber Ge=sichter frisch und kernig, wie eben ausgeschältes Obst, und auf den Beinen munter, als ging' es auf der Jacobsleiter zum Himmel — Ein Gichtbrüchiger wird bei dem Anblick gesund. — Will die alte Garde des Imperators Pommern fressen, bekommt sie harte Nüsse zu knacken.

Gneisenau. Du hast gut reden — Unsere Corps sind seit zwei Tagen im Feuer — Deines sah noch keine französische Lunte.

Bülow. Im Feuer, Feuer — Feuer hätt' euch bei diesem Unwetter erwärmen und erfreuen sollen. — Meine Leute prügeln sich noch, wer von ihnen zuerst Napoleons Mörser erstürmt, sie zu Kochkesseln zu ge=brauchen.

Gneisenau. Wir wollen das abwarten. — Der Feld=marschall hat aber, wie ich dir im Ernst sage, im Sinn, dich vor eine Militärcommission zu stellen. Du mußtest gestern, der Ordre gemäß, bei Ligny seyn, und k o n n = t e s t da seyn, wenn auch später als dir befohlen. Die Schlacht hätte eine andere Wendung bekommen.

Bülow. Wahrhaftig, eine schöne andere Wendung! Abends, als ihr schon geschlagen war't, und uns in der ersten Fluchtwuth angesteckt und mitgerissen hättet, wären wir eingetroffen, vom übermäßigen Marsch marode, und leeren Magens dazu. — Eh, ich hab' erst Mann und Pferd sich sättigen, alles Tritt vor Tritt marschiren lassen, und da ist nun mein Corps, tüchtiger als je. — Der Feldmarschall achtet die Vernunft mehr als seine Ordres, und somit bin ich entschuldigt.

Gneisenau. Bilde den Vortrab des Heeres — Ziethen stößt mit der Masse der Reiterei gleich zu dir. Der Marsch geht über Wavre nach dem Waldhöhen von Soignies.

Bülow. Gut, mein Freund.

(Gneisenau ab.)

Tambours, den Armeemarsch! — So! — — Und nun einen Kirchmeßwalzer, Hautboisten! — — Brave pommersche Jungen, ist's nicht als wären wir auf einer Bauerhochzeit bei Pasewalk? Gibt's etwas lustigeres als einen Feldzug?

(Er und die Pommern ziehen weiter.)

Gneisenau (wieder neben Blücher:) Feldmarschall, der Bülow spricht und denkt über sein spätes Eintreffen so wie ich vermuthete —

Blücher. Aber sein Corps?

Gneisenau. Ist in einem herrlichen Zustande.

Blücher. Das ist die Hauptsache, und ich nehm' ihm sein gestriges Ausbleiben nicht übel.

(Zu dem Heere:)

Cameraden, gestern sind wir mordmäßig geschlagen — Tröstet euch, und schlaget die Franzosen morgen mordmäßiger wieder. — Die Engländer warten auf uns vor dem Walde von Soignies. Kommen wir bei ihnen nicht zeitig an, so sind sie verloren, kommen wir zeitig, so helfen wir ihnen mitgewinnen. — Also, dreist in diesen Dreck getreten, wir treten so früher auf die gebohnten Dielen des Louvre — — — Hölle, was für

Physiognomien sitzen ganz behaglich in ihren großen Halstüchern auf jenen Feldwagen?

Gneisenau. Feldchirurgen.

Blücher. Herunter mit den Balbiergesellen, in den Kugelregen mit dem Volk, daß es dort die Verwundeten verbindet, und hier ihnen Platz macht — — Ein paar gute Schuster mit tüchtigen Gesellen wären dem Heere nöthiger als dieses ganze in Eil' aufgeraffte Feldscheerergesindel.

Ein heransprengender Adjutant. Die Franzosen drängen sich näher und näher in uns'ren Rücken —

Blücher. Nur nicht all zu bestürzt, — sie können uns ja desto eher in — — Melden Sie so etwas der Arrieregarde. Der Sieg liegt vor uns — dorthin!

(Alle rücken weiter.)

Dritte Scene.

(Hohlweg vor dem Walde von Soignies. Mitten durch ihn die Straße nach Brüssel. Gebüsche auf beiden Seiten. Diese, sowie die Ufer des Hohlwegs sind von Detachements englischer Linientruppen, englischer Jäger und hannoverischer Scharfschützen besetzt. Hinter der Schlucht auf den Höhen von Mont Saint Jean steht das Gros des wellington'schen Heeres, — rechts von ihr das Vorwerk Houguemont, — in einiger Entfernung vor ihr das Gehöft la Haye Sainte, etwas weiter hin das Haus la Belle Alliance, und noch entfernter die Meierei Caillou, — links die Dörfer Planchenoit, Papellotte, Frichemont ꝛc)

Ein englischer Jäger. Wie heißt diese Gegend?

Ein Sergeant der englischen Jäger. Weiß nicht, James, — wir taufen sie bald mit Schlachtenblut.

James. Ja, Sergeant. Schlacht gibt's. Die Vorposten sind darnach gestellt.

Sergeant. Gott verdamme, jedesmal wenn man mit den Franzosen zu thun hat, regnet's wie aus zerschlagenen Fässern. War's nicht auch in Spanien immer so?

James. 'S ist ja Suppenschlucker-Volk.

Sergeant. Siehe, wie da Einige von ihnen über den Dreck hüpfen, jämmerlich leicht wie die Kibitze über den Sand.

James. Warte, jenen naseweisen Leichtfuß will ich mit einem schönen Stückchen Blei schwer machen.

Sergeant. Prosit die Mahlzeit, James, — er riecht Lunte und versteckt sich hinter einer Erdhöhe.

Der am Hohlweg commandirende englische General (sprengt vor:) Was ist das da linker Hand? Nebel, Dampf oder Feind? — Der verhenkerte Gußregen wäscht mir vor Aug' und Fernrohr alle Gegenstände durcheinander.

James. Herr General, 's ist der gewöhnliche große Leichenqualm, der drei Tage lang vor der Schlacht auf den Feldern umherzieht.

Sergeant. James, sey kein Narr — Es ist Nebel, General, aber sehr entfernt.

General. Hum — Der Nebel hält mir zu lange auf einem Fleck.

Ein Hauptmann der hannoverischen Scharfschützen. Mein General —

General. Nun?

Der Hauptmann. Ich habe unter meiner Compagnie einen sechzehnjährigen Burschen von den Harzjägern — Er sieht und schießt unglaublich weit —

General. Rufen Sie ihn.

Der Hauptmann. Fritz! Fritz!

(Fritz kommt.)

Was dort links für Nebel?

Fritz. Nebel? Nebel? — Herr Hauptmann, ich sehe keinen.

(Er wischt sich die Augen.)

Sergeant. James, der ist scharfsichtig!

James. Wie eine Nachteule.

Der Hauptmann. Was siehst du denn eigentlich?

Fritz. Das ist ja ganz deutlich. — Dort hält, tief in graue Mäntel gehüllt, ein Regiment französischer Dragoner, und guckt mit lauernden Katzenaugen hieher.

General. Dacht' ich's doch!

Sergeant. Wenn der Junge nicht lügt, so ist —

James. Er ist —

General. Das feindliche Gesindel will sich an uns nisten, um uns recht sicher, zur ungelegensten Zeit, mit den Krallen zu fassen.

Fritz. Soll ich ihm zeigen, daß wir es sehen? Schieß' ich einen heraus?

Sergeant. Der Bengel ist toll. Auf diese Entfernung treffen —

James. Wie gesagt, der Junge ist ein Kobold aus Norddeutschland, und ein christlicher northumberländischer Jäger hütet sich ihn anzublicken.

General. Schieß, Junge.

Fritz. Wie gern!

(Er zielt kurze Zeit und schießt.)

Hahaha! Da liegt des Königs Wildpret, sagt mein Vater, und erquickt treuer Unterthanen Beutel und Magen, wenn wir am Blocksberge einen Sechzehnender wilddieben.

General. Wer fiel?

Fritz. Der Obrist, und die Uebrigen galloppiren davon, wie eine Rudel Hirschkühe, wenn der Bock aus ihrer Mitte geschossen wird.

General. Gott verdamme, der vermeinte Nebel zerstiebt auch im Hui.

Ein alter hannoverischer Scharfschütz (tritt vor:) Verfluchter Dachshund, infamer Köter, was belügst du mich, deinen Vater? Das Hirn schlag' ich dir ein!

(Zum General:)

Gnädiger Herr, wenn ich je mein Gewehr auf ein königliches Wild abgedrückt habe, will ich nie den Hahn auf eins gespannt —— Ach, kurz und gut, der Bengel lügt!

Der Schützenhauptmann. Alter Borstenkopf, „wer sich entschuldigt, eh' man klagt" —

General. Beruhige dich, — triff du die Franzosen so brav wie dein Junge, und ihr seyd dem Könige die liebsten Schützen in Schlacht und Wald.

Fritz. Huffa, hinter uns vom Berge kommt wieder eine Menge Leute — Schieß' ich darein?

General. Bist du toll, Junge? — Das sind Linien=bataillone von Mont Saint Jean, uns zur Hülfe geschickt.

Fritz. O dürft' ich nur immer schießen. — Der Pulvergeruch ist mir nun einmal in der Nase.

General. Was sauf't?

Sergeant. Eine bonapartische Paßkugel — Da schlägt sie in den Baum.

General. Fritz, nun schieß, schieß in die Franzosen, so lang' Athem und Pulver nicht ausgehn —

(Laut:)

Alles an die Ufer des Hohlwegs — Büchsen und Flinten frisch geladen, — den Flinten die Bayonnette aufgeschraubt! — Donner, da drängen sie sich schon herein — Feuer!

Ein französischer Hauptmann (an der Spitze der sich in den Hohlweg stürzenden Colonne:) Laßt sie schießen, Cameraden! Hört ihr die Paßkugeln über uns, und seht ihr, wie sie dem Feinde Pferd und Mann hinschmettern? Sie kommen aus französischen Geschützen und sind die gewaltigen, helfenden Begleiter, aus der Ferne uns nachgesandt von dem Kaiser!

Ein anderer französischer Hauptmann. Schurke der, welcher einen Schuß thut, bevor wir diesen Chausseerand erklettert haben.

Ein englischer Liniensoldat. Wächst das Volk aus dem Boden wie die Ameisen? —

(Einen der am Chausseerande emporgeklerterten Franzosen mit dem Bayonnet durchbohrend und wegschleudernd:)

Zurück, du Hungerleider!

Ein französischer Soldat (vor Wuth schäumend, schwingt sich auf die Höhe des Chausseerandes und wirft den Engländer auf die Bayonnette der ihm nachdringenden Franzosen:) Und an den Spieß, du Sattfresser! — — Mir nach — mir nach —

Französische Adjutanten (sprengen heran:) Im Namen des Kaisers: zurück! Er sieht eine Ueberzahl englischer Linie und Artillerie sich gegen euch vom Berge stürzen — Zurück auf einige Augenblicke —

Die Franzosen. Beefsteaks, wir kommen wieder!
(Sie ziehen sich unter stark erwiederten Gewehrsalven zurück.)

Ein englischer Obrist (zu seinem Adjutanten:) Was für Flammen glänzen rechts hoch aus diesem Rauch?

Der Adjutant. Der Lage nach das brennende Houguemont.

Der Obrist. Auch das schon? — Die Schlacht wird allgemein.

Adjutant. Sie ist es. Schauen Sie, la Haye Sainte lodert auch schon. — Ha, was da?

Obrist. Das ohrzerschneidende Geschrei unserer Verwundeten — — Himmel, warum steht das rechte Altengland da oben noch stets ruhig unter den Waffen?

Adjutant. Der Herzog pflegt, wie er es nennt, seinen Augenblick zu erwarten.

Obrist. Bonaparte ist erfinderischer und kühner: er schafft sich nöthigenfalls den Augenblick. — Ah, wieder Kugeln über Kugeln hieher! Der Feind vergißt uns nicht.

Adjutant. Herr Obrist, jetzt aber geht Altengland auf Mont Saint Jean auch los — Da — alle Batterien — Hören Sie!

Obrist. Es ist als rasselten alle Heerschaaren der Hölle in eisernen Harnischen über unsere Häupter — Ha, und jetzt wettert ihnen die Artillerie der Franzosen entgegen — Ohne feige zu seyn, bückt man sich unwillkührlich. — — Wahrlich, ich habe noch keine Schlacht gekannt — Vittoria, wo man sich besinnen und athmen konnte, war Kinderspiel — — Hier jedoch: meilenweit die Luft nichts als zermalmender Donnerschlag und erstickender Rauch, — darin Blitze der Kanonen, flammende Dörfer, wie Irrlichter, immer verschwunden, immer wieder da — der Boden bebend unter den Sturmschritten der Heere, wie ein blutiges, ein zertretenes Herz — Geschrei laut ausgestoßen, kaum vernommen — Adjutant, das Alles, weil dort bei Caillou der kleine Mann steht? — Keine Antwort? — Gott, er ist gefallen! — Und dort naht wieder der feindliche Vortrab — Mir lieb — So fluth' ich mit unter die tobenden Wasser, denn einsam ruhig kann ich in diesem sturmempörten Ocean mich doch nicht halten.

Fritz. Vater, hier geht es ja gar nicht so her wie auf dem Exercierplatz.

Der alte hannoversche Scharfschütz. Dummer Junge, auf dem Exercierplatz schießt man blind, aber hier hat alles geladen.

Vierte Scene.

(Die Höhen von Mont Saint Jean. Auf ihnen Wellingtons Heer. Im Vor- und Mittelgrunde die Infanterie in Quarrées, — zwischen diesen die Artillerie, ununterbrochen feuernd, — im Hintergrunde, welcher von dem Walde von Soignies umgrenzt wird, die Reiterei und die Reserven. Französische Kanonenkugeln schmettern überall in die Heerhaufen.)

(Wellington mit seinem Generalstabe, neben ihm General Lord Somerset.)

Lord Somerset. Ich beschwöre dich, Herzog, laß uns nicht weiter hier müssig stehen, und die braven Leute, ohne daß sie einen Finger an den Hahn der Flinte legen dürfen, hinschmettern von den Geschützen des Corsen.

Herzog von Wellington. Unsere Kanoniere sind nicht müssig.

Lord Somerset. Aber alle andern Truppen sind's, — laß sie endlich die Bayonnette fällen, die Säbel ziehen, und den gallischen Hähnen entgegenstürmen.

Herzog von Wellington. Unmöglich — Europas, ja des Erdkreises Schicksal schwebt in dieser Stunde auf dem Spiel — wir dürfen nicht eher wagen, bis wir des Erfolges gewiß sind, und ich fürchte, wenn Blücher nicht bald kommt, haben wir mit Jhm bei Caillou schon sehr viel gewagt.

Lord Somerset. O träf' ihn doch eine, eine von den hunderttausend Kugeln, die dahinfliegen — — Herzog, sollen denn diese Höhen die riesenhafte Schlachtbank werden, auf welcher Altengland sich opfert für die undankbare Welt?

Herzog von Wellington. Wenn es zum Aeußersten kommt — ja.

Lord Somerset. O schau' dort — wieder eine ganze Reihe der braven Bergschotten hinsinkend wie Aehren vor der Sichel — — Und hier — das erste Glied des

Leibregiments ebenso — Das zweite marschirt lächelnd ein, Milch und Blut auf den Wangen, die frischeste Jugend, die jemals im heiteren England schimmerte — ha, und da winseln sie auch schon im Staube — — Mutterherzen, Mutterherzen, wie wird's euch zerreißen, — mein Herz ist schon zu Trümmer!

Herzog von Wellington. Und zertrümmert das Gehirn dazu — wir müssen ausharren bis die Hülfe naht.

Adjutanten (heransprengend:) Die Franzosen nehmen Belle Alliance und drängen auf der Chaussée hieher vor.

Herzog von Wellington. Kartätschen über die Chaussée!

(Englisches Kartätschenfeuer, — auf einmal ein französischer Kanonendonner, der allen frühern Schlachtlärm, so arg er gewesen ist, übertönt. Die Engländer stürzen dichter als zuvor.)

Lord Somerset. Teufel — meine Locken — reißt mich nicht mit — Sechs-, Zwölf-, Vierundzwanzig-Pfündner fliegen darüber hin. — — Wie? wird das Höllengetöse, welches uns eben erschütterte, noch ärger?

Herzog von Wellington. Es wird's. — Auch ich finde Ihn und seine Mittel und die Art, wie er sie gebraucht, gewaltiger als ich gedacht. Ich meinte einen etwas besseren General als Massena oder Soult, die wahrlich auch tüchtige Feldherrn sind, in Ihm zu treffen — — Aber da ist gar keine Aehnlichkeit, — wo die aufhören, fängt Er erst an — Doch darum nur so mehr Ruhe und Ausdauer — das Ungeheure überstürzt am leichtesten — Er läßt uns hier nur die Wahl zwischen Sieg und Tod, — eben darum erringen wir vielleicht den ersteren.

Versprengte englische Dragoner (denen während des folgenden Gesprächs, bis Milhaud erscheint, — in stets dichtern Haufen andere folgen:) Hinter unsere Batterien! hinter unsere Batterien!

Herzog von Wellington. Flüchtlinge, schämt euch, — haltet — Was gibt's?

Die Dragoner. Bonaparte's Kuirassiere in unserem Rücken — Nichts hält ihnen Stand!

Herzog von Wellington. Hm, — da schweigen auch seine Kanonen, weil sie sonst in seine eigne jetzt herankommende Cavallerie schießen würden, — recht klar — — erst wollt' er unsre Reihen mit Kugeln lüften, dann mit den Haudegen der Kuirassiere vertilgen — So leicht geht es nicht, mein Herr!

— Die Lücken der Quarrées gefüllt — in die Quarrées Batterien — Die Reserven näher gerückt — Die vorderste Reihe des Fußvolks auf die Kniee — die zweite schießt — Bayonnette vorgestreckt — die Reiterei fürerst beiseit!

Lord Somerset. Laß mich an die Spitze meiner Gardecavallerie!

Herzog von Wellington. Nein, dazu ist's noch nicht Zeit, und die Kuirassiere Milhaud's, ungeschwächt, wie sie noch sind, hieltest du doch nicht auf.

Lord Somerset. Wie? Mit Pferden und Reitern wie die meinigen —

Herzog von Wellington. Folge mir in jenes Quarrée —

(Mit ihm zu dem Quarrée gehend:)

Ja, ihr seid brav — Aber Milhaud's Kuirassiere, so schlecht die Menge der französischen Cavallerie seyn mag, sind die Elite der ältesten, fast unter jedem Himmelsstrich, gegen jede Nation geprüften Schlachtenreiter —

(Sich einen Augenblick umwendend:)

Da kommen sie — Betrachte sie — Sind ihre Gesichter nicht gelb und hart wie der Messing ihrer Helme und Sturmketten? Sehen sie nicht aus als hätten sie unter Spaniens Sonne oder Rußlands Schneegestöber sich Tag für Tag mit Blut abgewaschen?

Milhaud (zu seinen Kuirassierdivisionen:) Cameraden, eingehauen! — Ha, welche Wollust, diesen Narren, die Ihn nicht einmal kennen wollen, dicht vor ihrer Fronte in die Zähne zu rufen: hoch lebe der Kaiser!

Die Kuirassiere. Hoch lebe der Kaiser!

Milhaud. Und hoch unsre Schwerter, um so tiefer auf die Lumpen niederzuflammen!

(Die Kuirassiere versuchen einzuhauen, Gewehrsalven empfangen sie. Manche stürzen, aber an den Panzern der Meisten rollen die Flintenkugeln ab.)

Was? Hat uns der Kaiser nicht feste Westen gegeben? — — Und Schade, oder wir finden Schlüssel, die Thore dieser Vierecke zu sprengen!

(Mit der linken Hand ein Pistol hervorreißend und es auf einen englischen in Reih' und Glied stehenden Hauptmann anschlagend:)

Hauptmann da — wahre deine Epaulette, daß sie nicht schmutzig wird —

(Er schießt ihn zu Boden, und sprengt über den Leichnam in das Quarrée:)

Hohussa!

Einer der Kuirassiere (mit den Uebrigen nachsprengend:) Fahne her!

Englischer Fahnenträger. Eher mein Leben!

Kuirassier. So nimm den Tod!

(Haut ihn nieder und nimmt die Fahne. — Die Artillerie des Quarrées schießt mit Kartätschen.)

Milhaud. Diese Kanonen übergeritten!

(Er stürmt mit den Kuirassieren auf sie ein. Die Kanoniere brennen noch einmal die Geschütze ab und flüchten.)

Ha, unser die Kanonen! — Vernagelt sie!

Mehrere Kuirassiere (springen von den Pferden:) Das verstehen wir! Der Teufel selbst soll sie nicht weiter gebrauchen können!

Milhaud. Vorwärts, vorwärts in und über die andern Quarrées! Das feindliche Heer aufgerollt vom Aufgang bis zum Niedergang! Der Gott der Siege umathmet unsre Helme!

Herzog von Wellington. Lord Somerset, jetzt an die Spitze der Gardecavallerie, und warte meines Wortes.

Lord Somerset. Endlich — Gott sey gelobt!

Ein englischer Officier. Da haut der Milhaud das vierte Quarrée zusammen!

Herzog von Wellington. Diesesmal scheitert er hier an dem fünften! — Sechzig Reservekanonen herein!

Milhaud. Vier Quarrées zu Stücken — In das fünfte!

Herzog von Wellington. Herr General, es öffnet sich von selbst —

(Das Quarrée öffnet sich und sechzig schwere Geschütze desselben geben Feuer.)

Milhaud. Heiliger Name Gottes — — Vorwärts in diese Höllenküche, und werden wir auch selbst darin gebraten — — Camerad, wo dein rechter Fuß?

Ein Kuirassier. Mein Fuß? — Sacrament, da fliegt er hin, der Deserteur!

Milhaud. Halte dich am Sattelknopf, wirst du ohnmächtig — — Nur drauf und dran! — — Nein, es geht nicht — Wir behalten sonst kein ganzes Pferd zum Zurückkommen! — Adieu, meine Herren — wir sprechen uns heute noch einmal, gleich nach dem zweiten Kugelsegen des Kaisers.

(Mit den Kuirassieren ab.)

Herzog von Wellington. Jetzt, Somerset, gib ihnen das Geleit!

Lord Somerset. Den Schurken nach, Caballerie König Georgs des Dritten!

(Ab mit der englischen Gardecavallerie.)

Herzog von Wellington. Zwei Adjutanten nach dem linken Flügel — Corke und Clinton sollen Hougue= mont wieder zu nehmen versuchen — Der Feind wird vielleicht durch die Diversion verwirrt.

(Zwei Adjutanten eilen fort, — Lord Somerset kommt mit der Gardecavallerie zurück.)

Herzog von Wellington. Schon zurück?

Lord Somerset. Wir haben sie bis unter die Bayo= nette ihrer Infanterie getrieben — Mancher Kuiraß von Nancy liegt im Koth. — — General Picton ist eben gefallen.

Herzog von Wellington. Auch der? — So sehr er mein Freund war, ich kann ihn jetzt nicht betrauern — Es ist keine Zeit dazu, und der Tod würgt heute so all= gemein, daß er etwas ganz Gewöhnliches scheint.

(Der französische Kanonendonner hebt wieder so furchtbar an, wie kurz vor der Ankunft der Milhaud'schen Kuirassiere.)

Ha, von Caillou her zum zweiten Angriff geschossen und gebrüllt! — Seyd gefaßt! Milhaud sprengt bald neugestärkt hieher!

Ein Officier des Generalstabes. Noch ein paar solcher Angriffe, und unsere Armee ist nicht mehr. Wäre kein Rückzug möglich durch den Wald von Soignies?

Herzog von Wellington. Mein Herr, ein Rückzug ist doppelt unmöglich. Erstlich erlaubt ihn unsere Ehre nicht, und dann ist die Heerstraße durch den Wald so voll von flüchtigem Gesindel und Fuhrwerk, daß nicht eine Compagnie, geschweige siebenzigtausend Mann darauf zehn Schritt in Ordnung machen können. — O wäre der alte Blücher erst da! — — Was ist die Glocke, Somerset?

Lord Somerset. Die Glocke von Waterloo schlug eben halb vier.

Herzog von Wellington. Dorfthürmchen von Waterloo, du schlugst den Beginn der schwersten, unvergeßlichsten halben Stunde meines Lebens! — Um vier Uhr wollte Blücher im Forst von Frichemont seyn. — — Himmel, wenn er nun nicht — Ordonnanzen nach dem Forst, ob sie nicht endlich eine preußische Landwehrkappe erblicken!

Lord Somerset. Der zweite feindliche Reiterschwall naht!

Herzog von Wellington. Altengland treibe ihn zurück wie den ersten. — Ich setze mich auf diesen Feldstuhl und weiche nicht davon, bis wir gesiegt haben oder eine Kugel mich davonwirft.

Fünfte Scene.

(Kleine Anhöhe von Caillou. Napoleon hält auf ihr zu Pferde. Bertrand, Cambronne und seine Suite um ihn. Die Garden hinter ihm. Neben ihm der Pächter Lacoste. Milhaud und seine Kuirassiere kommen eben von ihrem zweiten abgeschlagenen Angriff zurück.)

Napoleon. General, wie ist's da oben?

Milhaud. Sire, die Engländer wehren sich matter als bei unserer ersten Attaque.

Napoleon. Bereiten Sie sich zu der dritten — Alle irgend überflüssigen Regimentsgeschütze dort zu Drouot — Die Zeit drängt, und was ihr an Länge fehlt, müssen wir durch Schnelle und Stärke ersetzen.

(Adjutanten ab, — die französische Kanonade wird immer gewaltiger.)

Pächter Lacoste. Jesus Maria!

Napoleon (blickt ihn finster an:) Was gibt's?

Pächter Lacoste. Sire, Verzeihung — ich fürchte mich — mir ist das nicht gewohnt!

Napoleon. Wann kamen die Engländer hier an?

Pächter Lacoste. Gestern, Sire — Morgens neun oder zehn Uhr.

Napoleon. Waren sie marode?

Pächter Lacoste. Die, welche auf meinem Pachthof sich einquartirten, waren es, und wie es mir schien, auch alle übrigen, — aber es währte nicht lange, so restaurirten sich sich bei zahllosen Marketenderfeuern.

Napoleon. Das Haus Belle Alliance vor uns — — Hat es Gehöfte und Hecken um sich?

Pächter Lacoste. Nein, es liegt offen an der Chaussée.

Napoleon. — Ist Milhaud bereit?

Cambronne. Ja, Sire.

Napoleon. Kellermann stößt mit seinen Reitern zu ihm, und er versucht, während Drouot's Batterien so lange einhalten, den dritten Angriff.

(Adjutanten ab.)

Pächter Lacoste. Weh, meine Frau und meine Kinder!

Cambronne. Bauer, halte das Maul.

Pächter Lacoste. Hier fallen engländische Kugeln!

Cambronne. Laß dich das nicht kümmern. Verlierst du dein bischen Leben, was verlierst du Großes?

Napoleon. Wellington's Heer wehrt sich mit den Krämpfen der Verzweiflung. Sechs reitende Batterien dem Milhaud nachgesandt. Man soll auf Mont Saint Jean Posto fassen, es koste was es will. Ney ebenfalls dahin über la Haye Sainte, und mache seine Ueberweisheit bei Quatrebras gut durch strenge Befolgung meines Befehls. Kann er Haye Sainte nicht nehmen, so läßt er es sammt dessen feindlicher Besatzung am Wege liegen. — In einer halben Stunde muß Mont

Saint Jean mein seyn, oder ich erneue die Tage von
Lodi und stelle mich selbst an die Spitze der Colonnen!

(Viele Adjutanten ab.)

Auf unserm rechten Flügel ist's zu still — Dahin
zum Graf Erlon — ihm gesagt: auf dem Berge jen=
seits Papelotte, in den Vierecken des linken englischen
Flügels, wachse ein Marschallsstab von Frankreich.

(Adjutanten ab, — andere kommen.)

Ein Adjutant. Der Fürst von der Moskwa ist über
la Haye Sainte hinaus, — da aber wehren sich die Eng=
länder hinter Verhacken wie Rasende, und das Blut
fließt in Strömen.

Napoleon. Und wogt es wie Meeresfluth, wenn
wir nur siegen! Der Sieg soll des Blutes werth seyn.
Der Stern des illegitimen, geächteten Napoleon von
1815 soll den Völkern freundlicher leuchten, als der
Comet des Erderoberes von 1811.

(Viele Verwundete, auf Ambulancen, werden vorbeigefahren.)

Ihr Armen wißt auch nicht, weshalb ihr seufzet und
stöhnt. — Nach vierzig Jahren commentirten es euch
Gassenlieder!

Adjutanten (heransprengend:) Die letzten englischen Re=
serven rücken in das Feuer —

Napoleon. Milhaud, Drouot und Ney sollen desto
heftiger sie angreifen.

Was da links? In der Gegend von Houguemont?

Bertrand. Kanonendonner naht von dort — Prinz
Jerome wird bedrängt.

Napoleon. Was bedrängt! — Der Feind ist dort
schwach, und neckt ihn eben darum mit Manoeuvres!
— Zwei Schwadronen Gardelanciers mir nach!

(Er galoppirt in Begleitung zweier Schwadronen Gardelanciers
nach Houguemont, — der Kanonendonner, welcher von dort sich
näherte, verliert sich bald darauf in der Ferne.)

Ein Officier der Gardegrenadiere zu Pferde. Der Milhaud macht heute beneidenswerthe Chocs — wir bekommen zu thun, müssen wir mit seinen Kürassieren wetteifern.

Ein anderer Officier der Gardegrenadiere zu Pferde. Er ist im spanischen Kriege nicht umsonst braun geworden.

Der erste Officier. Er erinnert an Murat.

Der andere Officier. So ziemlich — aber mehr an seinen Muth als an seine Gewandtheit. Eine brillante Attaque, wie die des Murat bei Wagram, erleben wir wohl nicht wieder.

Der erste Officier. Murat that auch besser, ließ er, statt um Neapels Lumpenthron sich zu raufen, seinen Federbusch hier wehen!

Der andere Officier. Kronen müssen einen eignen verlockenden Glanz haben, sonst begreif' ich nie, wie ein Franzose nicht lieber Gemeiner im ersten besten Linienregiment seines Vaterlandes seyn will, als König von Neapel, oder Kaiser von Rußland.

(Napoleon und Gefolge kommen zurück.)

Bertrand. Sire, es ist doch wahr: vorgestern ist der Herzog von Braunschweig gefallen — Gefangene Officiere seines Corps versicherten es mir eben in Houguemont.

Napoleon. Ein Husarengeneral weniger. — — Lacoste, der Geschützdonner rechts? Von Wavre?

Pächter Lacoste. Sire, ja.

Napoleon. Grouchy treibt also die Preußen in die Dyle.

Bertrand. Die Kanonade ist lebhaft, Sire — die Preußen leisten starken Widerstand.

Napoleon. Schwerlich, oder Grouchy wär' ein äußerst erbärmlicher Verfolger gewesen, — sie waren zu sehr geschlagen, — selbst Bülow's Corps muß von der

flüchtigen Maſſe mit in den allgemeinen Strudel ge=
riſſen ſeyn. — Graf Lobau ſchiebe jedoch zur Vorſicht
ſeine Teten bis in das Gehölz zwiſchen hier und Wavre.

(Großes Krachen von Mont Saint Jean her, — ungeheure
Flammenmaſſen fliegen dort in die Luft.)

Cambronne. Brav, Drouot, das war ein Meiſter=
ſchuß — zwanzig engliſche Pulverwagen gingen gewiß
darauf!

Napoleon. Bertrand — Cambronne —

Cambronne. Sire iſt es Zeit?

Napoleon. Ja.

Cambronne und Bertrand. Garden, ſturmfertig!

Napoleon. Es geht grade aus, über la Haye Sainte,
wo Milhaud und Ney ſich an euch ſchließen. — Was
pfeift da?

Lacoſte. Wehe, Meuchelmörder in unſren Reihen —
ganz nahe Büchſenkugeln!

Ein Officier der Suite. Sire — Flügelhörner —
Preußiſche Jäger keine zweihundert Schritt von uns.

Napoleon. Einige Dragoner hin, die an der Dyle
verſprengten jungen Tollköpfe zu ergreifen.

Ein Adjutant (heranſprengend:) Von Graf Lobau: das
ganze Gehölz von Frichemont iſt voll von Preußen.

Zweiter Adjutant (ſpäter:) Vom Lobau: ſchon leichtes
preußiſches Geſchütz im Walde von Frichemont. —
Der General eilt ihrem Angriff entgegen zu kommen.

Dritter Adjutant. Vom Graf Erlon: am linken
Flügel der Engländer, auf der Höhe des Waldes von
Frichemont erſcheinen Blücher und Bülow mit zahlloſen
Heerhaufen, und Raketen über Raketen verkünden Wel=
lingtou ihre Ankunft.

Napoleon. Blücher? Bülow? — Ihre Corps müſſen
Trümmer ſeyn.

Adjutant. Sire, nein. Zug auf Zug, endlos, rücken
ſie aus dem Walde — immer breiter wird ihre Fronte

—— ein Geschützfeuer entwickeln sie auf den Anhöhen über dem anderen — ein durch die Wolken brechender Strahl der Abendsonne zeigte sie der halben Armee in voller Kampfordnung.

Napoleon (für sich:) Der Strahl war nicht von der Sonne von Austerlitz.

Bertrand. Brechen Himmel und Erde ein? — Der Kaiser zuckte mit der Lippe! — — Sire, Sire, die Schlacht geht doch nicht verloren?

Napoleon. Grouchy hat viel daran verdorben —

(Für sich:)

Daß das Schicksal des großen Frankreichs von der Dummheit, Nachlässigkeit oder Schlechtigkeit eines einzigen Elenden abhängen kann! —

Ein heransprengender Adjutant. Graf Lobau bittet Verstärkung — Ziethen kommt ihm und der Armee in den Rücken.

Napoleon. Mouton soll sich in Planchenoit so verzweifelt wehren, wie einstens auf der Insel, von welcher er den Namen Lobau trägt.

Andere Adjutanten. Von Erlon: Bülow hat Papelotte erstürmt.

Napoleon. Meine schlechtesten Truppen gewesen, die Papelotte so schnell sich nehmen ließen. — Erlon läßt nur seine Arrieregarde den Preußen gegenüber, und marschirt links ab zu Ney.

(Adjutanten ab.)

Andere Adjutanten. Vom Marschall Ney und General Milhaud: die ganze englische Linie setzt sich gegen uns in Bewegung.

Napoleon. Zurück zum Marschall und zu Milhaud: gleich käm' ich selbst — sie sollten sich halten bei la Haye Sainte, bei Gefahr ihrer Köpfe!

(Zu den Adjutanten und Ordonnanzen seiner Suite:)

Meine Herren, im Fluge zu allen Corps, welche nicht bei la Haye Sainte fechten, — sie sollen alle dahin, ob auch die Feinde, mit denen sie grade fechten, sie verfolgen oder nicht.

(Viele Adjutanten und Ordonnanzen ab nach allen Seiten.)

Ein ankommender Adjutant. Drouot bittet um Munition —

Napoleon. Alle Artilleriemunition zu ihm.

Ein anderer Adjutant. General Drouot's Kanonen drohen vor Hitze zu springen, und er wünscht —

Napoleon. Er schießt bis die Kanonen springen.

Viele Adjutanten. Ziethen pflanzt in unsrem Rücken Geschütze auf.

Napoleon. Das merk' ich — Dort stürzt Friant mit zerschmetterter Stirn.

Andere Adjutanten. Von Milhaud und Ney: Blücher treibt starke Colonnen auf Belle Alliance, und versucht beide Generale von hier abzuschneiden.

Napoleon. Die Engländer?

Ein Adjutant. Rücken mehr und mehr vor. — Ney kämpft in wilder Verzweiflung.

Napoleon. Seine schwache, schädliche Manier. — Milhaud's Kürassiere?

Der Adjutant. Die Mehrzahl schon gefallen.

Napoleon (wendet sich zu den Garden, mit gewaltiger Stimme:) Garden, kann es eine irdische Kraft, so könnt ihr die Schlacht retten und Frankreich! Noch nie ließt ihr mich in euch irren, — auch heute zähl' ich auf euch —

Cambronne. Kaiser, zähle, und du findest lauter Treffer!

Napoleon. Den Kaiser werf' ich weg von mir —
(vom Pferde springend:)
ich bin wieder der General von Lodi, und mit dem Degen in der Hand führ' ich selbst euch auf Mont Saint Jean!

Die Garde. Ueber die Sterne der Kaiser!

Bertrand. Kaiser, Kaiser — Entsetzlich — Da steht er, der Hut vom Kopf gefallen, den Degen in der Faust, wie der Gewöhnlichste seiner Souslieutenants — Sire, die Pflicht gebietet dir, dein Leben nicht so auszusetzen, wie du im Begriff bist!

Napoleon. Wie ich im Begriff bin? Schmettern hier nicht die Kugeln schon so dicht, wie irgendwo auf dem Schlachtfelde?

Bertrand. Gewiß, Sire, doch daß du grade so wie jetzt —

Napoleon. Wie „grade so"? Was heißt das? — Zeige den Platz ehrenvoller als dieser meinige, an der Spitze meiner Garden, unter den Todesdonnern der Schlacht?

Cambronne. Hört ihr, was der Kaiser sagt? — Die Musik dazu.

Gardemusik spielt.

> „Où peut on être mieux,
> Qu'au sein de sa famille!"

Bertrand. Verdammt das Pferd, welches mich trägt, wenn der Kaiser zu Fuß ist! Ich werde Gemeiner, und kämpf' als solcher!

Alle Officiere der Suite. Wir auch!

(Sie springen von den Pferden und ziehen die Degen.)

Napoleon. Wo die Granitcolonne von Marengo?

Cambronne. Sie tritt schon vor, und wünscht dich zunächst zu begleiten.

Napoleon. Das soll sie auch. Ihre Soldaten waren die Genossen meines schönsten Tages, — so sollen sie auch Genossen und Helfer an meinem bösesten seyn! — — Garden aller Waffenarten mir nach!

Cambronne. Herr Pächter Lacoste, leben Sie nun recht wohl und laufen Sie von hier was Sie können

— Grüßen Sie die Frau und die lieben Kinder, und wenn Sie nach zehn Jahren mit denselben wieder zum tausendstenmale einen Kuchen essen, oder Ihren Töchtern neue Kleider schenken, so freuen Sie sich ja von Neuem über Ihre Existenz und Ihr Glück — Wir gehen jenen Kanonenmündungen entgegen und bedürfen Ihrer Elendigkeit nicht mehr! —

— Donner, welch ein Kugelregen — Die Melodie!

Gardemusik spielt.

„Freuet euch des Lebens,
Weil noch das Lämpchen glüht!"

Einer der Gardehautboisten (stürzt:) O, wie süß ist der Tod!

(Alle gegen Mont Saint Jean.)

Sechste Scene.
Heerstraße vor dem Hause Belle Alliance.

Napoleon (mit den Garden im Vorüberziehen:) Graf Lobau ist bereits von den Preußen aus Planchenoit geworfen — Er soll sich auf uns zurückziehen, und einige Compagnien seiner Arrieregarde in dieses Haus werfen, um den verfolgenden Feind aufzuhalten und zu necken.

(Adjutanten ab. Napoleon und die Garden marschiren weiter: — Das Corps des Grafen Lobau, im Gefecht mit den Pommern unter Bülow, rückt allmählig über die Scene, dem Kaiser nach. Graf Lobau erscheint selbst.)

Lobau. Verwünschte Uebermacht — kann denn weder Geist noch Verzweiflung gegen sie retten?

Bülow (mit den Pommern). Jungen, das Pulver nicht geschont — Das ist heut ein herrlicher Tag!

Lobau. Immer wieder vor, alle Regimenter!

Bülow. Immer ihnen entgegen, alle Pommern! — —

Lobau. Feuer!

Bülow. Gleichfalls!

Lobau. Unmöglich sich gegen diese Unzahl zu halten — — Drei Compagnien in jenes Haus — — Alle Uebrigen mit nach Mont Saint Jean!

Bülow. Vier Bataillone stürmen jenes Haus, — alle Uebrigen hinterdrein nach Mont Saint Jean!

(Das Bülow'sche Corps folgt dem des Grafen Lobau, — nur vier Bataillone bleiben zurück und erstürmen, ungeachtet der heftigen Gegenwehr der Franzosen, welche aus Thüren und Fenstern schießen, während des Folgenden Belle Alliance.)

Ziethen (mit zahllosen Reiterscharen:) Bülow, gegrüßt! Es geht gut — wir sind Ihm von hier bis Mont Saint Jean im Rücken und in der Seite, und die Engländer klopfen Ihm auch schon vor die Brust!

Bülow. Ja, Victoria, Ziethen! Höre, wie er auf dem Berge mit all seinen Kanonen noch einmal aufschreit von wegen des Rücken-, Seiten- und Brustwehs!

Ziethen. Ha, welch Geschrei: „Die Garde flieht! Rette sich, wer sich retten kann!"

Bülow. Der ganze Mont Saint Jean wankt unter flüchtig werdenden Franzosen!

Ziethen. Wie sich das Volk durcheinanderwälzt — Cavallerie, Infanterie, Artillerie — ein verwirrter, unauflösbarer Knäuel!

Bülow. Na, englische und preußische Geschütze lösen tüchtig am Knäuel, — ich will auch von dort ein paar passable Batterien hineinspielen lassen —

Ziethen. Thu' es, und ob auch einige von deinen Kugeln in meine Reihen schlagen werden, — ich stürze mich doch mit der Cavallerie unter den Feind, ihn so eher zu vertilgen.

Bülow. Pommern, die Gewehre verkehrt genommen — zur Abwechslung! Warum grade immer das Bayonnet oben? — Die Franzosen zu Brei!

Eine Masse französischer Reiter (im Vorbeisausen:) Alles verloren — der Kaiser todt! Die Garden todt! — Zurück nach Genappes, nach Genappes!

Eine Masse französischer Infanterie (noch etwas geordnet:) Zurück nach Genappes! nach Genappes!

Eine Masse französischer reitender Artillerie. Fußvolk Platz da, Platz!

Ein französischer Infanterieofficier. Es geht nicht — Bayonnette vor gegen die Unsinnigen!

Artilleristen. Was Bayonnette! Pferde und Kanonen darüber weg!

(Sie fahren über einen Theil der Infanterie.)

Bülow. Pommern, können wir die Kanonen nicht nehmen? Sind denn unter euch nicht einige ehemalige Ackerknechte, die besser als jene feindlichen Infanteristen ein paar Pferde aufzuhalten und ein paar Räder zu zerbrechen wissen?

(Viele Soldaten seines Corps sprengen vor und nehmen die Kanonen.)

Recht so! — Dreißig treffliche Zwölfpfündner! — Laßt sie ihren alten Herren mit ihren Kugeln Valet sagen! — Und, Burschen, lauft, springt, reitet und stürzt da nicht das bonapartische Heer, soweit man in der Dämmerung sehen kann — dahin, wo es am dicksten ist!

(Ab mit seinem Corps.)

Siebente Scene.

(Blachfeld auf der andern Seite des Hauses Belle Alliance. Napoleon mit Bertrand und Officieren, zu Fuß, — zwei Schwadrone der Gardegrenadiere in geschlossener Ordnung zur Bedeckung um sie, und Cambronne mit dem Ueberbleibsel der Granitcolonne von Marengo hinter ihnen.)

Napoleon. Wir müssen hier mitten durch das Feld zurück, — die Chaussée ist zerfahren und überdem von den Preußen erstürmt — — Der Abend wird kalt — Meinen Mantel und mein Pferd.

(Bertrand hängt ihm den Mantel um, — ein Pferd wird vorgeführt.)

Solch eine Flucht kennt die Geschichte nicht — Verrätherei, Zufall und Mißgeschick machen das tapferste Heer furchtsamer als ein Kind — Es ist aus — Wir haben seit Elba etwa hundert Tage groß geträumt — — Bertrand, was ist? Du schweigst?

Bertrand. Sire — sprechen — jetzt — — — o Gott! — Sieh diese Gardegrenadiere. — Congreven lodern in ihren Reihen, und sie schweigen doch! — — Nur Eines, du, in dessen Ruhmesglanz ich einzig lebte, sey billig, laß mich auch auf ewig dein künftiges Unglück theilen.

(Er fällt dem Kaiser zu Füßen.)

Napoleon. Steh' auf — du brichst mit mir das Brot des Elendes. — Aber deine Frau?

Bertrand. Sire, sie wird dir in Thränen danken, wie ich!

Napoleon (zurückblickend:) Da stürzen die feindlichen Truppen siegjubelnd heran, wähnen die Tyrannei vertrieben, den ewigen Frieden erobert, die goldne Zeit rückgeführt zu haben — Die Armen! Statt eines großen Tyrannen, wie sie mich zu nennen belieben, werden sie bald lauter kleine besitzen, — statt ihnen ewigen Frieden zu geben, wird man sie in einen ewigen Geistesschlaf einzulullen versuchen, — statt der goldnen Zeit, wird eine sehr irdene, zerbröckliche kommen, voll Halbheit, albernen Lugs und Tandes, — von gewaltigen Schlachtthaten und Heroen wird man freilich nichts hören, desto mehr aber von diplomatischen Assembléen, Convenienzbesuchen hoher Häupter, von Comödianten, Geigenspielern und Opernhuren — — bis der Weltgeist ersteht, an die Schleusen rührt, hinter denen die Wogen der Revolution und meines Kaiserthums lauern, und sie von ihnen aufbrechen läßt, daß die Lücke gefüllt werde, welche nach meinem Austritt zurückbleibt.

Cambronne. Mein Kaiser, gegenüber nahen die Engländer, seitwärts die Preußen — Es ist Zeit, daß du fliehest, oder daß —

Napoleon. Oder?

Cambronne. Imperator, falle!

Napoleon. General, mein Glück fällt — Ich falle nicht.

Cambronne. Verzeihung, Kaiser! Du hast Recht!

Napoleon. Den Mantel mir fester zugemacht. — Es regnet immer stärker. — — Bertrand, besteige ein Pferd, — thun Sie ebenso, meine Herren Officiere. — Reitende Gardegrenadiere, bahnt uns den Weg! — Granitcolonne, lebe wohl!

(Er, Bertrand, die ihn begleitenden Officiere sind zu Pferd gestiegen und reiten mit den Gardegrenadieren fort.)

Cambronne. Er ist fort — Was will der andere Dreck, den man Erde, Stern oder Sonne nennt, noch bedeuten? — Er hat uns „lebe wohl" gesagt, und leicht das Auge gewischt — das heißt: sterbt meiner würdig! es geht nicht anders. — Also, Cameraden, die Schnurrbärte hübsch zurecht gedreht — bald sind wir im Himmel oder in der Hölle, und ein braver Franzose erscheint im Himmel wie in der Hölle geputzt!

(Englische und preußische Reiterei von allen Seiten.)

Seht ihr, wie unsere Spediteure uns umdrängen! — Also, Tambour, tüchtig auf dein Kalbsfell geschlagen — Bedenke, von all den hunderttausend Trommeln die in den glorreichen Feldzügen des Kaisers erklangen, ist die deinige die letzte! — Und schlage l u s t i g , — auch dazu hast du Grund, — du quälst dich mit Trommelschlag fortan nicht wieder!

(Der Tambour trommelt ununterbrochen laut und kräftig darauf los.)

Schießt!

Ein englischer Dragonerofficier. Unsinnige, laßt das Schießen —

Cambronne. Schießt!

Der Dragonerofficier. — ihr entkommt doch nicht —

Cambronne. Schießt!

Der Dragonerofficier. Wahnsinniges Volk — Ergebt euch!

Cambronne. Laffe, die Garde stirbt, aber sie ergibt sich nicht! — Schießt so lang ihr athmet!

Englische und preußische Reiterei (einhauend:) Nieder die grauen Trabanten des Tyrannen!

Cambronne. Nieder —? Granitcolonne, hoch und stolz wie die Sonne, und gefallen herrlich wie sie!

Die Granitcolonne. Schon gut — sieh' nur —

(Die Granitcolonne sammt Cambronne wird nach verzweifeltem Kampfe zusammengehauen. Die alliirte Reiterei rückt weiter, andere englische und preußische Truppen gleichfalls.)

Blücher (mit Gneisenau und Gefolge heransprengend:) Wo mein großer Waffenbruder von Saint Jean?

Gneisenau. Da kommt er!

Herzog von Wellington (heransprengend:) Guten Abend, Feldmarschall!

Blücher. Herzog, der Abend ist des Tages werth!

Herzog von Wellington. Die Hand her, Helfer in der Noth!

Blücher. Zum „schönen Bunde", wie der Ort hier heißt! — — Engländer, Preußen, Generale, Unterofficiere, Gemeine — ich kann nicht weiter rücken bis ich mir die Brust gelüftet, meine Feldmütze abgezogen, und euch gesagt habe: ihr alle, alle seyd meine hochachtbaren Waffengefährten, gleich brav in Glück und Noth — Wird die Zukunft eurer würdig — Heil dann! — Wird sie es nicht, dann tröstet euch damit, daß eure Aufopferung eine bessere verdiente! — — Wellington, laß deine Leute etwas rasten, — sie hatten heute die drückendste Arbeit — Dafür übernehmen wir so eifriger die Verfolgung, und verlaß dich darauf, sie soll unseren Sieg vollenden wie noch keinen anderen! — Vorwärts, Preußen!

Barbarossa
im
Kyffhäuser.

[1831.]

Kaiser Barbarossa
Sitzt am steinernen Tisch,
Die Gluth der Augen
Verdeckt
Vom niedergestürzten Augenlide.
Sein rother Bart
Wächst durch den Tisch
Seit Jahrhunderten, —
Er merkt es nicht;
Der Kyffhäuser
Thürmt sich über ihn,
Sein Leichenstein,
Und er drückt ihn nicht.
Er schlummert süß,
Und das ist besser als das Leben —
Er weiß nicht, was ihn quält.
Nur Träume zieh'n
Ihm leider durch das Haupt —
Dann schüttelt er es
Unwillig,
Als stört' in seiner Seligkeit ihn eine Fliege.

„Konradin fällt, Hohenstaufe!"

Er:

„Laß den dummen Jungen fallen,
Nicht einmal frühreif,
Wird er aus ahnenstolzer Blindheit
Frühalt. — Laß mich schlummern"

„Dein Geschlecht vergeht!"

Er:

„Ist keine Kunst,
Bin auch vergangen,
Und Andere wie ich. — Laß mich schlummern"

„Luther besiegt den Papst!"

Er:

„Statt Eines
Viele Pfaffen, —
Statt Despotie
Nun Aristokratie,
Dann Demokratie,
Dann Oligarchie,
Dann Nichts
Im Kirchenthum als Kirchen,
Und auch die zuletzt — —
Weg Fliege! — Laß mich schlummern"

„Frankreich besiegt Dein Deutschland!"

Er:

„Das kehrt sich wieder um,
Wie alles. — Laß mich schlummern"

„Bastille gestürmt,
Freiheit proklamirt!"

Er:

„Sclaven gemacht. — Laß mich schlummern"

„Napoleon!"

Er:

„Verzogener
Revolutionssohn! — Laß mich schlummern"

"Die Lilien wieder!"

Er:

"Sind schwächliche Blumen! — Laß mich schlummern"

"Das Tricolor weitflatternd wieder
Auf Genevieve!
Roth wie Blut,
Weiß wie Licht,
Blau wie Himmel!"

Er:

"Ja, Freiheit — gut,
Verlockend schön —
Die Völker erheben sich, —
Die Meere gebären vielleicht —
Die Gestirne bekämpfen sich vielleicht —
Die Seelen der Erden,
Der Sonnen,
Brechen empor und streiten vielleicht —
Neue Götter,
Unnennbare Welten
Dringen herein —
Doch nie sind Gott und Mensch und Welt des Glückes werth,
So lang keiner sich selbst bekehrt!
Breche die Welt,
Ich will schlummern, — besser todt, als erwachen,
So lang ich selbst nicht besser bin
Als — Barbarossa."

Kosciuszko

(unvollendet)

[1831/32.]

Scenarium.

I. Akt.

Petersburg. Kabinet der Kaiserin. Aussöhnung. Audienz.

Polnische Schnapskneipe. Juden. Das Verhältniß der Nation.

Warschau. Der König mit Kammerdiener.

II. Akt.

Igelström und Seume. Russische Wachen. Gerücht von Aufruhr. Berichte.

Schusterherberge. Kilinski polnisch gesinnt, die Gemüther aufreizend.

III. Akt.

Aufstand. Kilinski intriguirend im Keller. Russische Truppen. Zweifelhafter Kampf in den Straßen. Igelström sieht ein, daß er angeführt. Seume verbirgt sich, prahlt aber mit seiner Tapferkeit.

IV. Akt.

Polnische Feldherrn streiten unter einander. Katharina schickt neue Truppen unter Suworoff. Russen auf Warschau, jetzt von Polen verloren. Da tritt Kosciuszko herein, er bringt alles mit eiserner Faust in Ordnung und kämpft.

V. Akt.

Kosciuszko siegt, Freude, die Übermacht überwältigt ihn aber in der zweiten Schlacht. Einige Kosaken heben den verwundeten Mann auf. Er sagt: Finis Poloniae!

I. Akt.

Erste Scene.

(Sanct Petersburg. Ein Zimmer im Palast der Eremitage.)

Katharina die Zweite und Fürstin Dolgoruki.

Katharina (auf dem Sopha sitzend.) Dahin! Das beste Gemüth der Welt! — Mein Lanskoi!

Fürstin. Majestät —

Katharina. In die Kissen dieses Sophas verberg' ich mein Antlitz und nichts will ich hören als das Gerinn meiner Thränen.

Fürstin. Kaiserin werde wieder Russin, und laß die empfindsame Deutsche. Was dächten die Völker der Wolga und Lena, die unter zottiger Brust dich als eine Gottheit ehren, wenn sie wüßten, du vergäßest um ein bedauerliches Schluchzen sie, ihre Ströme und rauschenden Gestade?

Katharina. Was die dächten? — Was kümmerts mich. Ach ich sehe nur ihn, den Gestorb'nen!

Fürstin. Den Gardeleutnant! — Sieh lieber dein Reich an, wie es die Erde umarmt, und wie in demselben noch so viel And'res zu sehen ist.

Katharina. O, zerdrückt' es sie, wie ich zerdrückt bin!

Fürstin. Warum nicht, wenn du es befiehlst? Doch sey erst wieder stark und groß wie sonst.

Katharina. Du sprichst sehr kühn!

Fürstin. Weil du mich verletzest, daß du so klein wirst. Ich, die Sclavin mit dem Fürstentitel, fühle mich nur groß in der Größe meiner Selbstherrscherin!

Katharina. Was ist Größe? — Da ein Mückenstich uns Kaiserthron und Alles vergessen macht.

Fürstin. Und doch gibt's Gedanken, größer als wir, unter denen sich selbst gesenkte Kaiserstirnen erheben könnten!

Katharina. Verdammt jeder Gedanke, der mich meinem Schmerz entfremdet.

Fürstin. Ha, wenn meine Couriere ihn erreicht hätten, wenn er doch käme! — Und Er kommt, ob er auch dreitausend Werste entfernt ist. — Es sieht ihm zu ähnlich!

Katharina. Welcher Er?

Fürstin. Der Taurier!

Katharina. Bah! ich lieb' ihn nicht mehr.

Fürstin. Und gehorchst ihm doch?

Katharina. Er ist eitel —

Fürstin. Und noch hochsinniger!

Katharina. feig.

Fürstin. Und kühner wie Einer wo's gilt!

Katharina. — ohne Kenntniß —

Fürstin. Und täuscht die Kenntnißreichsten!

Katharina. — alle Kabinette verachten seine Wildheit —

Fürstin. Und fürchten sie noch mehr!

Katharina. Cholerisch ist er, finster und launisch, wie's Gewölk der Nacht —

Fürstin. So schöner die Blitze, die es durchzucken!

Katharina. Himmel! Dolgoruki! Du liebst ihn? Tod, Höllenqual und keine Grenzen dagegen, mir und dir, das wagst du?

Fürstin. Sey nicht bang. Ich habe schon geliebt. Zweimal geht's nicht.

Katharina. Was rauscht da?

Fürstin. Aufgebrochene Thüren! Er ist's, er ist's! Niemand anders auf der weiten Erde handelt so im Schloß der Czaren! Es ist sein Horst!

Potemkin (hinter der Scene:) Platz, Schildwachen! Ich bin's — Ich! — Wißt ihr, was Ich ist?

Katharina. Der Verweg'ne!

Potemkin (tritt rasch ein.) Liebe Kathinka, wie ist dir?

(Zur Fürstin Dolgoruki:)

Geh! Laß uns allein.

Fürstin. Rette die!

(Ab.)

Katharina. Was willst du hier? Wer rief dich?

Potemkin. Aus der Krimm flieg' ich, und statt den Sultan, will ich deinen Schmerz besiegen.

Katharina. Deserteur! Fort mit dir nach Nertschinsk!

Potemkin. Gieb mir deinen Arm, Geliebte, und fahre mit!

Katharina. Mensch, könnt' ich dich hassen —

Potemkin (setzt sich neben sie.) Versuch's!

Katharina (nach einer Pause.) Mir — ach mir.

Potemkin. „Mir — ach mir!" Welche Worte, Pfui! — Lanskoi, der stutzerhafte Junge, das hübsche Gesichtchen ist nicht mehr. Ich selbst schafft' ihn dir zur Unterhaltung, damit er dich ergötze, aber nicht, daß du ihn betrauern solltest. — Thränen! — Wie abscheulich! Welche Herrscherin weint um ein zerbrochenes Möbel?

Katharina. Freund, uns drücken noch andere Sorgen. Die Revolution in Frankreich wird bedenklich —

Potemkin. Pah! Gegen dieses Miasma hat ein Wundarzt das Radikalmittel Guillotine erfunden. — Kathinka, Kind, kennst du die russischen Bayonette nicht besser? — Sie spießen dir all jenes Volk wie Lerchen.

— O, du hätteſt ſie neulich ſehen ſollen, deine Juſanterie, vor Oczakow! Dein Buſen glühte vor Freude wie je in den Stunden der Liebe, und Entzücken ſtrahlende Sonnen wären deine Augen geworden! — Dieſe Regimenter feſt in einander gekeilt wie Streitärte, ruhig und kalt wie der Wintermorgen, der über ihnen auffror, — Oczakow mit ſeinen Kanonenlöchern auf ſie blickend, die ſtill lauernden Geſchütze hinter ihnen, und hinter dieſen ſechsunddreißigtauſend Osmanlis in Waffenpracht, — deine Truppen, nur ſiebzehntauſend, ohne Trommelſchlag und Hurrah und ähnliche Lappalien, welche die Furcht betäuben ſollen, darauf los in grauenvoller Stille — da, wurde plöglich die Feſte ein mit Feuer, Rauch und Eiſen entgegenbrüllender Vulcan, den Tod unter deine Schaaren ſchleudernd. Dieſe aber immer vorwärts, immer wieder die Reihe ſchließend, nicht einmal die Wimper zuckend, wenn auch neben ihnen Granaten platzten. Die Verwundeten rückten, wenn die bluttriefenden Hände zu matt waren, mit den Zähnen noch die Faſchinen zurecht. So immer weiter dringend, nicht nach den Todten umſchauend, die Leitern anlegend, ging's die Mauern hinauf, die türkiſchen Kanoniere auf den Geſchützen niedermetelnd, in die Stadt, auf den Markt, bis auch der letzte Feind verröchelte, wie ein vom Hirſchfänger getroffener Eber! —

Katharina. Und Suworoff?

Potemkin. Soll ich ihn groß, erhaben, Mann oder Held nennen, ich weiß es nicht, — aber ein Kerl iſt er. Das verfecht' ich gegen den Teufel, er war der Geiſt in dem Sturm, — ohne ihn rauchten die Türken noch heute in Oczakow, die Beine gekreuzt, aus langen Pfeifen, und kein Sturmwind ſtörte den aufſteigenden Qualm.

Katharina. Der Padiſchah wird ſich nun beugen. — Aber Polen?

Potemkin. Ich bin an feiner Theilung nicht ſchuld.

Katharina. Wie? Du haſſeſt Polen's Theilung? Du der ärgſte Polenfeind?

Potemkin. Herzlich.

Katharina. Was war mit einem Volke anzufangen, das ſich ſelbſt zur Laſt und dem einen Nachbar'n ein gefährliches Spielzeug gegen den anderen war.

Potemkin. Du hätteſt es a l l e i n nehmen ſollen, Jemand wund hauen iſt ſchlimmer als ihn tödten. Denke dir, Gott hätte die Welt nur halb gemacht: halbe Sonne, halbe Erde, halbe Liebe. —

Katharina. Herr Philoſoph, Sie haben wieder die Bibel durchgemacht. In unſerer irdiſchen Wirklichkeit jedoch hätten Oeſterreich und Preußen mir die alleinige Wegnahme Polens nie geſtattet.

Potemkin. Du fürchteſt doch nicht die beiden ruſſi= ſchen Schilderhäuschen?

Katharina. Nun, wenigſtens jetzt ſind ſie noch etwas mehr. — Aber das ſchwör' ich dir, bei meiner Hand! zuckt Polen jetzt auf, ſo entreiß' ich ihm den noch frei= gebliebenen Reſt und ſeinen König, trotz aller Mächte des Himmels und der Erde!

Potemkin. Ha, das ſprach die Czarin!

Katharina. Im Vorſaal warten einige Große des Reichs und ein paar Geſandte?

Potemkin. Haben ſie auch lang genug gewartet?

Katharina (ſieht auf:) Ja, ſie haben ſicher gelernt was und wo ſie ſind.

Potemkin (gleichfalls aufſtehend:) So nimm die Kaiſer= poſitur an, welche dir ſo herrlich ſteht, und ich will den favoriſirten Höfling ſo machen, wie es ſich ſchickt.

Katharina. Ich denke, ich habe ſie jetzt.

Potemkin (ihre Hand küſſend:) Nie küß' ich dieſe Hand lieber.

(Potemkin ſchellt; zwei Kammerherrn erſcheinen; Katharina winkt ihnen, ſie gehen ab, ruſſiſche Große und Geſandte treten hierauf ein.)

Potemkin (niederknieend:) Mit diesem Schreiben überreich' ich Ihro Majestät die Details der Eroberung Oczakows.

Katharina. Dank sei Gott, und dann Dank dem Feldmarschall Suworoff-Rimnizkoi. — Sie, Fürst, haben die Ehre ihm diesen Ordensstern des heiligen Georgs,
(sie nimmt ihn sich ab)
den ich bis jetzt allein trug, und nie noch ausgetheilt, zu überbringen.

Erster russischer Großer zum Zweiten (leise:) Potemkin erhält den Orden nicht auch? Ist er in Ungnade?

Zweiter russischer Großer zum Ersten. Ganz nach Ungnade sieht's nicht aus, — er hätte sonst keine so lange Privataudienz gehabt.

Erster. Wir wollen erwarten, wie sich's entwickelt, und stets bereit seyn.

Potemkin (für sich:) Sie schämt sich, mit mir allein gewesen zu seyn, und will dadurch, daß sie mich öffentlich beleidigt, ihren Ruf decken, und mich dabei fühlen lassen, daß sie mich ärgern könne. — Ich bin in ihrer und aller Achtung verloren, erwiedr' ich dies nicht kühn.
(Laut:)
Majestät, der Empfang des Ordens wird dem Fürsten Rimnizkoi keine so große Ehre sein, als mir seine Ueberbringung gewährt.

Katharina (unterdrückt ein Lächeln und spricht vor sich:) Der Schelm weiß immer zu antworten. — So etwas konnte Lanskoi denn doch nicht. —
(Sie macht in Begleitung des Fürsten und mehrerer Kammerherrn die Audienzrunde.)

(zu einem Fürsten:)
Also ist ihre Frau Gemahlin wieder gesund, Herr Fürst?
(Der Fürst will antworten, sie thut als ob sie ihn schon verstände, und geht weiter.)

— Lieber Senator, Sie sehen ja so kummervoll aus!

Senator. Ach — —

Katharina (Geht indeß weiter, hier und da stumm grüßend:) Was macht Ihr König, von der Golz?

Graf Golz. Er ist in Potsdam, thatkräftig und wohl.

Katharina. Mir lieb, er war mir immer treuester Freund.

(zum österreichischen Gesandten:)

Ihr Wurmser hat sich brav geschlagen. Gratulire.

Der österreichische Gesandte. Danke, Majestät. —

Katharina (geht weiter:) Lord Stewart, Sie beneiden mich doch nicht um Oczakow?

Lord Stewart. Dieß zieht kein brittisches Kriegsschiff nach den Dardanellen.

Katharina (wieder weiter bei einem Fürsten stehen bleibend:) Sie sind?

Tschagathan. Fürst Tschagathan, vom Kaukasus.

Katharina. Unterlassen deine Unterthanen nicht sofort ihr Raubwesen, so laß' ich sie nebst dir an den Spitzen des Ararats oder des Elborus, der noch weiter in's Land schauen soll, aufhängen.

Potemkin (für sich:) Das prächtige Weib ist zur Kaiserin geboren. — Nun ist es Zeit, daß ich dazwischen fahre. Die Gesandten sollen an ihren Höfen berichten, daß sie nicht wüßten, ob ich in Gnade oder in Ungnade sey —

Katharina. Sie, Herr Marine-Minister, arbeiten heute mit mir und dem Patriarchen im Kabinet.

Potemkin (tritt vor:) Meine Herren, Sie sind entlassen.

Katharina (mit halbem Lächeln:) Fürst?

Potemkin. Entlassen, im Namen der Kaiserin.

(Die Kaiserin entläßt die Versammlung mit einer Verbeugung.)

Zweite Scene.

(Polnische Judenschenke in einem Dorf bei Modlin. Bauern und zwei Edelleute. Abend.)

Bauer Demetrius. Habt ihr gestern nicht die vielen Sternschnuppen gesehen? Und vorige Woche den Comet? Kurz und gut, s' giebt bald Krieg.

Bauer Johannes. Gelobt Jesus Maria! — Willst schon fort?

Demetrius. Jude, was muß ich zahlen?

Moses. Fünf einen halben Gulden.

Demetrius. Kreid's an.

Moses. Rachel, thu's. — Wir müssen wohl warten bis er etwas bezahlen kann.

Johannes. Bleib noch ein Stündchen.

Demetrius. Geht nicht. Der Jude borgt mir heut Nacht nicht mehr, und da ist's besser zu Pferd über die Haiden zu meinem freundlichen Weib.

Erster Edelmann (am Tisch im Hintergrund:) Ich hatte Stimme am Reichstag —

Bauern. Und stimmtest?

Erster Edelmann. Immer veto.

Bauern. Warum?

Erster Edelmann. Die Privilegien des Adels zu hüten!

Bauern. Kerl, du zechst ja jetzt von uns'rem Geld und kommst mit dem Adel?

Erster Edelmann. Das ziemt sich. — Ihr guckt noch, Lumpen? Seht auf meinen lumpigen Mantel. Ich, kein Lump bin unter ihm, merkt's euch: Vivat Polonia!

(Er wirft Kruken und Gläser nach den Bauern.)

Bauern. Et pereat Russia!

(Sie erwiedern seine Würfe.)

Moses. Tochter, ist dieses Sodom oder Gomorrha?

Rachel. Vater, es ist wohl beides!

Zweiter Edelmann. Freund, Bauern, macht Friede!

Erster Edelmann und die Bauern. Wer legt sich in uns'ren Streit? Alle Teufel!

(Sie werfen ihm Stuhlstücke und anderes Geräth an den Kopf.)

Moses. Mein unglückliches Geräth — föchten sie so gegen die Russen wie gegen sich, ihre Vedetten hielten vor Ochozk zu Pferde, die gespannte Pistole in der Hand!

Die Bauern. Maria! da stürzt er — Wir haben ihn todtgeschmissen.

Erster Edelmann. Habeat sibi — wohl dem, der unversehens stirbt, sagt Cäsar.

Ein Bauer. Kinder, sprecht sachter, — vertragen wir uns — des Königs Polizei, und noch mehr die russischen Patrouillen in der Nähe —

Erster Edelmann. Itaque Cameradschaft. Wo bringen wir die Leiche hin, Moses?

Moses. Fragt ihr nun? Ihr hättet euch vertragen sollen, eh' ihr den Mann todt schlugt.

Rachel. Bringt den Todten in's Fichtenholz, wie gewöhnlich, wo ihn der Wolf abholt.

Die Polen. Das wollen wir thun, schönste Rachel!

(Mit der Leiche ab.)

Moses. Wer kommt da noch?

Rachel. Ein Russe vom Piquet. Der feste Tritt sagt's.

Moses. Daß immer noch Russen im Land stehen!

Russischer Soldat (tritt ein) Eine halbe Kanne Schnaps für den Lieutenant und eine für's Piquet.

Rachel. Hier Herr!

Soldat (bezahlend:) Prachtmädel 'nen Kuß!

Rachel. Vater! Hülfe!

Moses (der sich mit Zurechtstellung der Tische und Stühle beschäftigt hat:) Rachel? — Ei!

(Er geht festen Schritts auf den Soldaten zu, und haut ihn mit der Faust in's Gesicht.)

Soldat (läßt Rachel los und macht die Honneurs:) Gospodin, was zu Befehl?

Moses. Marschir' ab!

Soldat (für sich:) Der ist ein verkleideter Officier!

(Ab.)

Moses. Siehst, Rachel, unter diesen Leuten ist andere Ordnung als unter den Polacken!

Rachel. Vater, es glimmert der erste Stern — der Sabbath geht an.

Moses. Räum ab — deck' den Tisch — das Leinenzeug und Silbergeschirr darauf! Und Speise und Wein.

(Rachel besorgt das.)

Und nun laß uns beten.

(Pause.)

Rachel. Da Vater, iß dieses Stück — es ist das beste — die Mutter aß es auch so gern.

Moses. Du machst es mir bitter, Rachel. — Lebte sie noch! — Doch, sie hat's besser wie wir!

Rachel. Vater, wird das immer so währen? Müssen wir Tag für Tag mit den Verworfenen zu krämern suchen, um etwas von ihnen zu verdienen und unter ihnen leben zu können?

Moses. Die Hand Gottes liegt schwer auf uns. Er selbst nur kann sie aufheben, und wird, es sobald wir dessen würdig sind.

Rachel. Ach, wenn ich in jene Eisgefilde sehe. — O könnt' ich doch einmal küssen die Trümmer Salems, beten vor der Asche David's.

Moses. So hoffen und denken Tausende seit Jahrtausenden. — Halte an Gott, und erleben wir es nicht auf der Erde, wir sehen die Unsrigen einmal, wenn wir oben sind bei den Vätern, wieder einziehen in die irdische Heimath.

Rachel. Vater, ich kann nicht mehr essen.

Moses. Ich auch nicht. — Gute Nacht.

Hannibal.

Tragödie.

1835.

An
K. Immermann.

Immermann schaffte mir zur Vollendung des Hannibal die Muße und stand mir bei mit dem treffendsten Rath. Mache das Stück ihm und den Lesern Freude.

Düsseldorf, den 11. Febr. 1835

Grabbe.

I.
Hannibal ante portas!

Carthago.

Saal im Hause der Alitta.

(Alitta und Brasidas.)

Brasidas. Du liebst mich?

Alitta. Ewiges Gefrag. Muß ich stündlich wiederholen, was man kaum sagt, ohne die Tiefe des Herzens zu entweih'n?

Brasidas. So werde mir wieder ein heiterer Stern!

Alitta. Ich? Die Waise?

Brasidas. Nicht das — Hat dir auch die Pest furchtbar rasch die Eltern entrissen, Dir blieb —

Alitta. Was?

Brasidas. Der Freund. Und Carthago, die allgemeine Mutter.

Alitta. Ja, Die! von Stein, mit einer Menge theilnamloser Geschwister! — Ach, nichts Schrecklicheres als des Hauses einzige Tochter mit ihren Thränen an der Bahre der Eltern, und Millionen Volks draußen im fremden Getrieb: ein Todtenlichtlein in wüster, weiter Nacht!

Brasidas. Zerstreue —

Alitta. Des kleinlichen Worts!

Brasidas. Laß uns die alten Abende erneu'n, wo wir hier saßen, von Hannibal sprachen und seinen Siegen.

Alitta. Die beiden Sessel sind leer, in welchen die Eltern dabei saßen — — Doch! wie? — Du s p r i ch st von dem Schwarzgelben vor Rom? Was aber t h u st Du?

Brasidas. Du zürnst? so plötzlich? Ich zittre!

Alitta. Vor der Stirnfalte eines Mädchens? Nun ist's mir klar.

Brasidas. Was?

Alitta. Das Räthsel wär' einem echten Manne nicht schwer. Erbebst Du vor dem Stirnfalten der Geliebten, wie eher vor den Thoren Roms!

Brasidas. Ha!

Alitta. Zu den Stutzern, zu dem Ungeziefer erniedrigst Du Dich, das sich hier auf den Gassen brüstet, sie beschmutzt, wie Fliegen die Teller, welche an den Siegen mäkeln, bei denen mitzufechten sie sich gehütet. Der Schützer, Sieger, brauch' ich ihn zu nennen? Hannibal, schändlich wird er unterstützt. Nicht zweitausend Bürger sind bei ihm, mit Negern, Nomaden, Gesindel jeder Art muß er sich von Sieg zu Sieg quälen, ohne Frucht und ohne Dank. — Sey besser, gib ein Beispiel, freiwillig zu ihm, und kämpf' ihm zur Seite!

(Sie ringt die Hände:)

Heilige Astaroth, was hab' ich gesagt!

Brasidas. Die Wahrheit. Ich schwelgt' in Liebe und vergaß, sie zu verdienen. Noch heut' reis' ich ab.

Alitta. Und willst mich lieben?

Brasidas. Gebotest Du die Reise nicht selbst?

Alitta. Weiß nicht — Du, durchbohrt von den römischen Speeren — —

Brasidas. Wir haben einen tödtenden Sandstaub vor uns: baleariſche Schleuderer und numidiſche Reiter, und die Römer müſſen die Augen waſchen, bevor ſie zielen.

Alitta. Nein — ich ahne — höre! — Rom iſt mir im Traum erſchienen, vorige Nacht, glaub's! Es leuchtete mit ſeinen Ziegeln: eine rothe Sonne, alles verſchwemmend! — Dann wieder war's 'ne Wölfin, mit Augen, groß, weit, wie das Meer, wenn es ſich mit ſeinen ſtillen Tiefen nach dem Sturm hinſehnt, und in den Augen lagen verſunkene Städte!

Brasidas. Weg mit Wolfstraum und rothen Sonnen — Gibt's nicht auch ſchwarze? Dunkelt Hannibal nicht ſo um Italien?

Alitta. — Mitternächte ſind lieblich, und die lieblichſte — haſt ſie doch nicht vergeſſen?

Brasidas. Ewig durchſpiegeln ihre Geſtirne mir die Bruſt! Du ſagteſt zum erſtenmal: „Dein!" —

Alitta. Nicht? Du bleibſt alſo?

Brasidas. Bin ich Deiner werth, wenn ich nicht kämpfe?

Alitta. Nun und nimmer!

Brasidas. So nehm' ich dieſen Kuß auf Deinen Buſen mit in das Feld, und oft noch wird er mich wärmen, lieg' ich zeltlos in kalter Nacht!

Alitta. Unverſchämt!

Brasidas. Ich habe meine Lippen geheiligt, nie tönt von ihnen ein ſchlechtes, ein falſches Wort! Leb' wohl!

(Ab.)

Alitta. Träum' ich?

(Sie drückt an ihre Stirn:)

Wach' auf! — — Er, fort zum Schiff?

(Am Fenſter:)

Weh, dort ſpannen ſich ſchon die Segel — Träger, Sclaven, Krieger, eilen an Bord — Da Er, ſicher unheimlich im fremden Haufen. — Sieht er sich nach meinem Fenster um? Nein, er wagt's nicht, sein Herz würde zu schwer. Schwer ist's, das verräth der wankende Schritt! — Athem der Liebe umweh' ihn! — Ach, sie lichten die Anker, horch, laut schmettern die jubelnden Posaunen in den Abschiedsschmerz, und lustig springen die Flaggen dabei in die Lüfte, und von Secunde zu Secunde entfernt sich der Einzige, den ich liebe, auf dem Meer!

(Sie greift an's Herz:)

Armes Ding, beim Scheiden erst merkst du, was du besaßest! — Hanna!

Hanna (alte Sclavin, kommt:) Herrin!

Alitta. Bleib' heute bei mir und sticke.

(Hanna setzt sich und stickt.)

Wie? stickt sie mit meinen Thränen?

(Sie verdeckt ihre Augen mit der Haud.)

Großer Marktplatz in Carthago.

Ausrufer von mehreren Seiten. Kauft! hier Neger! Negerinnen! Mädchen, Weiber, Männer, Wittwen, Ammen, Kinder, alle bester Sorte!

Marktweiber. Gemüse!

Andere Marktweiber. Datteln, Sago, Fisch, Thunfisch!

Ein Marktjunge (alle überschreiend:) Ja Thunfisch! Syracuser Thunfisch! frischer! allerbester!

Marktweiber. Hyänen schreien nicht so vor Hunger, wie der Junge seine Waare ausschreit!

Ein Marktweib. Hat's von der Mutter. Hättet Ihr d i e gehört —

Ein anderes. Laß die Drommete. Ich höre, wenn ich träume, sie oft noch aus ihrem Grab schmettern: „Kohl und Wirsing, Wirsing und Kohl!"

Ein Carthager. Das Pfund Sago?

Marktweib. Fünf Silberlinge.

Der Carthager. Drei —

Marktweib. Nehmt's, weil Ihr es seyd.

Der Carthager. Kennst Du mich?

Marktweib. J nun — Ihr seyd — ja Ihr —

(Zu einer Nachbarin:)

Trägst heut Seide? Das bedeutet?

Ein Kaufherr (zu einem Sclavenhändler:) Dieser Neger?

Erster Sclavenhändler. Viertausend Drachmen.

Kaufherr. Hoffentlich Eunuch?

Erster Sclavenhändler. Versteht sich. Ich kenne den Geschmack der Herrn Ehemänner und richte meine Waare zu.

Kaufherr. Bringt ihn mir nach. Ich zahle zu Haus.

Ein Zierbengel (zum zweiten:) Da, die beiden schwarzen Mädchen — allerliebst!

Zweiter. Kohlen, die brennen wollen.

Erster. Moloch! sie brennen schon! Ganze Feuer=heerde auf den Lippen!

Zweiter. Leih' mir Geld, ich kaufe sie.

Erster (faßt nach seiner Börse und thut dann verlegen:) Habe grad nichts bei mir.

Zweiter (beiseit:) Der Lügner, ich hör's klappern!

Erster. Indeß, Freund, laß uns die Waare besehen. — Mein Guter, was kosten die beiden Mädchen?

Zweiter Sclavenhändler. Ihr Herren, treffliches Gewächs! Ja, ich darf's kaum sagen,

(er spricht lauter:)
aber fühlt den Sammet ihrer Haut, seht wie sie zittern bei der leisesten Bewegung, das macht ihre zarte Erziehung, denn unter uns: Königstöchter sind's, vom Gambia, und äußerst wohlfeil —
(sehr laut:)
Wohlfeile Königstöchter!

Erster Zierbengel. Nette, quecke Geschöpfe — Probir' das Innere der Hände, keine Schwiele!

Zweiter. Feines Fell.

Zweiter Sclavenhändler. Das Stück kostet —

Erster Zierbengel. Wir kommen wieder.

(Die beiden Negerinnen haben während der Untersuchung bitterlich geweint.)

Zweiter Sclavenhändler (den Zierbengeln nachsehend:) Probir' euch Baal in die Hölle! Immer probirt, nichts gekauft! — He! der Krahn da? Wird er toll? Das agirt mit den langen, zweifingrigen Eisenarmen!

Ein Vorübergehender. Eilschiffe aus Italien hebt er an's Land.

Zweiter Sclavenhändler. So — —? wieder Siegs= nachrichten, die uns keinen Scheffel Waitzen eintragen. Seit die Barkas den Kaufmann aufgegeben, und Sol= daten geworden, haben wir den kahlen Nord, statt des üppigen Sudan, Eisen statt Gold, Wandel statt Handel, Recruten statt Schöpsbraten!

Ein alter Mann (an einer Krücke, hat mit ernster Miene zugehört:) Das ist leider nur zu wahr!
(Er geht weiter, wackelnden Kopfes.)

Ein Bote (eilt durch die Menge:) Bei Caunä Sieg! Unermeßlicher Sieg!

Viele. Gut. Schrei' nur nicht so. — — Sie kommt, da kommt sie, die äthiopische Caravane! Ha, die Ca= meele, Pferde, Strauße! Das spreitzt, das bäumt sich!

Wie da hinten die Elephanten schnobernd die Rüssel er=
heben! Die Löwen, wie sie an den Stäben ihrer Kasten
knirschen, wie die Pauther brüllen, die Giraffen den
Hals recken! Prächtig!

(Die Caravane kommt.)

Der führende Scheich. Die Caravane halte. Dort
unter den tausend Säulen ist die letzte Zollstatt und
das Ziel.

Zollbediente (kommt:) Ehrwürd'ger, Vater, woher?

Scheich. Tief aus Sudan.

Ein Zollbedienter. Ihr führt?

Scheich. Elephanten, Cameele, Sclaven, Goldstaub,
auch manches selt'ne Thier, den Völkern hinter dem
Mohrenland, wo das Antlitz wieder hell wird wie
unsres, abgekauft.

Zollbediente. Auch Palmwein? Er fehlt dermal
am Platz und wird gesucht.

Scheich. Auch den. Nehmt hier die Listen, und
vergleicht.

Zollbediente. So zieht vorüber, und werft am Stadt=
haus die Ballen ab.

Scheich. Die Sterne sehen um Euch und die Be=
wohner dieser Stadt, wie sie um uns auf nächtiger Wan=
derung durch die Wüste waren: leitende Gottheiten, in
funkelnden Gewändern!

(Er legt die Arme eine kurze Zeit betend über die Brust, und
zieht dann mit der Caravane zur Zollstatt.)

Carthago. Abend.

Cabinet in Hanno's Palast.

(Brennende Kerzen auf einem kleinen runden Tische, um welchen Hanno, Melkir und Gisgou sitzen.)

Melkir. Ist der Bote gekettet?

Hanno. Daß ihn die Adern bluten.

Melkir. Und was noch hattest Du im Sinn?

Hanno. Alles, wird nur der Gisgou nicht einmal öffentlich zu hitzig.

Gisgon. Wir sind die Dreimänner, durch Kugeln erloos't, und Niemand weiß recht, daß wir es sind, wohl aber, daß drei Monde am Himmel stehen, unter denen Suffeten und Volk sich bewegen. Jeder von uns hat seinen Anhang im vornehmen Synedrion und unter den guten Hundertmännern des Pöbels, streitet mit dem Anderen öffentlich und unterstützt ihn heimlich hinter zehnfachen verschlossenen Thüren. Das weiß ich, und leise raschl' ich's mit der Zunge hin, wie die Schlange durch's gefall'ne Laub schleicht. Drum, beim Satanas, beleidigt mich nicht, ich s c h e i n e nur unter Euch der jüngste, denn das Clima dieses engen Zimmers machte mich bald so alt wie ihr.

Hanno. Nicht ärgerlich! Heftigkeit schadet stets. Mit Ruhe.

Gisgon. Ja, es ist gut, thut man das Schlechte mit Ruhe.

Hanno. Demnach — die Barkas müssen unter, bald, baldigst, — sie werden zu bedeutend, sie siegen zu viel, Einige im Volk bewundern sie schon.

Gisgon. Und Andere meinen, sie wären schon unter, als tüchtige Anker dieser mastenwimmelnden Stadt. Doch ich lasse mich belehren.

Melkir. Du lächelst, Hanno? — Was ist?

Hanno. Man sollte nicht lächeln.

Melkir. Und nicht weinen. Beides verräth.

Hanno. Ich freute mich, daß Gisgou sich belehren läßt. — Die Barkas, Gisgou, haben mächtige Gruben in Spanien —

Gisgon. Und wir haben prächtige Catacomben, alle Barkas darin zu begraben —

(für sich:)

sobald es Zeit ist. Aber noch ist's nicht Zeit, diesen beiden greisen Ziegenböcken, mir widerlich, als müßt' ich sie einmal essen, zu zeigen, daß ich ihr Gemecker verstehe.

Hanno. Sie haben Italien —

Melkir. — zausen nur an dem Erdstreif — wir dagegen kennen und nützen die von Pol bis Pol sich ausdehnende Atlantis.

Hanno. Als Hannibal die Alpen überstieg, zaus'te er ihnen am Schneehaar, daß die Flocken Italien umdüsterten und es auch hier seinen Gegnern winterlich ward. Jetzt abermalen der ungeheure Sieg —

Melkir. Nach welchem er sich noch lange verschnaufen muß!

Hanno. Dazu die weitschichtige Familie der Barkas —

Gisgon. Freilich damit umranken sie Mauern und Dächer.

Hanno. Zerrissen den Epheu!

Gisgon. Reißen wir! — Doch wie?

Melkir. Leicht. Gebt dem Hannibal nicht weitere Unterstützung und er scheitert vor Rom.

Hanno. Einige Hülfe muß er haben, zum Schein. Schicken wir ihm etwa sechstausend Mann erbärmlicher Söldner, und verbreiten wir, es seyen sechszigtausend gute Stück, so bewundern uns Carthago und die Welt.

Gisgon (für sich:) Wird man bei diesen Zweien nicht schlecht, hat man ein steinernes Herz.

Melkir. Warum auch nur diese Söldner? Sie könnten ihm immerhin nützen, er weiß Kleines anzuwenden.

Hanno. Melkir! Wenige schlechte Truppen, scheinbar zahlreich, geheime Befehle gegen ihn, die öffentliche Meinung für unsren guten Willen, jedenfalls besser als offner Kampf mit ihm und seiner Partei.

Melkir (nach einiger Ueberlegung:) Nicht unrecht — Ich aber will die Truppen auswählen.

Gisgon (beiseit:) Der wird was aussuchen! Armer Hannibal!

(Laut:)

Der gefesselte Bote von Caunä, der so hell war auf den Gassen, hat gewiß noch mehr im kupfernen Schlund. Er muß nun zu Tod.

Hanno (drückt an eine der in den Wänden versteckten Springfedern, und schmunzelt:) Jetzo ist er todt, lieber Gisgou —

(Gisgou thut erstaunt.)

denn, Bester, ich habe nach dem Beispiel Melkirs —

Melkir (mit einem lang werdenden Gesicht:) Hann — Hanno?

Hanno. Warum nicht sagen, was unser Genoß je früher je besser erfährt?

(Wieder zu Gisgon:)

Ich habe nämlich mein Haus mit Drahtfedern eingerichtet, deren jegliche auf einen der oberen Mittelquader der unteren Gewölbe wirkt, so daß jegliches einstürzt, drück' ich seine Feder. Dieses Federchen nun hat den Boten in Schutt und Trümmer eben lebendig begraben oder auch schon zerquetscht, und wir drei nur wissen das.

Gisgon (springt auf:) Ein Spinnweb! Ich muß fort! Meinen Mantel!

(für sich:)

Der Schwätzer, mein Haus ist besser unterminirt als das seine.

Hanno. Nicht bang. Wir sind Freunde.

Gisgon (setzt sich:) Ah — das vergaß ich.

Melkir. Gisgou! Hanno tadelt nicht ohne Ursache Deine Heftigkeit.

Rom. Capitol.

Sitzung des Senats.

Erster Consul. Wißt ihr es?

Prätor (ruhig und fest:) Ja.

Zweiter Consul. Demnach zur Tagesordnung.

Ein Senator. Hier ein Gesetzvorschlag, nach welchem der Vormund dem Senat jährlich Rechnung über seines Mündels Vermögen abzulegen hat.

Cato Censor. Fügt hinzu: der Vormund haftet doppelt für jedes Verseh'n!

Erster Consul. Billigt Ihr das Gesetz und Cato's Bedingung?

Alle. Ja.

Erster Consul. Lictor, heft' es unter die zwölf Tafeln an das Forum.

(Ein Lictor geht ab. Tiefes Schweigen. Der erste Consul in sich:)

Ich, ein Consul Roms, und darf die Hand nicht nach der Stirn bewegen, weil Jeder auf mich achtet. Zwei Söhne fielen auch mir, und mein Weib zergeht in Schmerz, und ich muß die Stürme in mir behalten, in meiner Bruſt die Wolken ausregnen laſſen. Denn — — was Söhne, verglichen mit Rom?

Cato Cenſor. Sind wir verſammelt, um zu ſchweigen, ſo iſt's beſſer wir gehen heim.

(Plötzliches erſchütterndes Getöſe, fernher.)

Mehrere Senatoren. Ha! nun meldet er ſich! nun klopft er an!

Zweiter Conſul. Bleibt ſitzen. Verräther, der ſich bewegt! — Die Mauern und Thore ſind hinreichend vertheidigt, und nur das Wort des Conſuls, des Tribunen, nicht die Sturmmaſchinen eines verwegenen Puniers heben die Sitzung des Senates auf. Tribunen, habt Ihr heute veto?

Tribunen. Nein! Wir haben nur den Feind zurückzuwerfen!

Prätor. Es ſcheint, er wird ſchon ohne uns zurückgeworfen. Das Getöſe verhallt.

Cato Cenſor. Da hallt was Schlimmeres: auf den Gaſſen die Weiberſtimmen!

Ein curuliſcher Aedil. Laß ſie! Es fielen bei Caunä ſechzigtauſend ihrer Söhne.

Cato Cenſor. „Laß ſie!" Die Weiber raſen laſſen? Das hör' ich vom curul'ſchen Sitz? Fielen ſechzigtauſend ihrer Söhne, ſo mögen ſie ſorgen, ſechzigtauſend ehelich dafür wieder zu gebären. Ehen und Kinder daraus werden ohnehin ſelten.

Aedil. Das Unglück darf Nachſicht fodern.

Cato Cenſor. Nicht, wenn es heult!

(Abermals Weibergeſchrei von draußen.)

Hört, nochmals Gequicke von „Cannä und Rache!" Elendes Ende, braune Baſtardenkel, ſchlöſſe Niederlage der Weiber unſre Annalen! Dahin mit ihnen, wo ſie ſeyn ſollen, nach Haus! Und jedes, das nicht binnen einer Stunde an ſeiner Spindel ſitzt, verhafte ich, der Cenſor, und laſſe ihm Schaam eingeißeln, blut=

rothe, wenn im Gesicht nicht, doch — Und feinem Mann nehm' ich das Bürgerrecht.

(Mehrere Celeres ab.)

Zweiter Consul (nach einer Pause, in welcher es auf den Straßen still geworden:) Die innere Ordnung kehrt zurück. Nun paßt es sich, die äußere Gefahr zu berathen. Hannibal steht vor den Thoren — Was beschließt der Senat?

Cato Censor (erhebt die Hand:) C a r t h a g o s o l l z u G r u n d e g e h e n!

Alle. Wie der Censor!

Zweiter Consul. Carthago's Heer überschritt die Alpen, uns unerwartet zu Land zu überfallen. Lernen wir vom Feind, und thun etwas Aehnliches. Durchschneiden wir die See und packen ihm in Spanien in den keck entblößten Nacken.

Cato Censor. Das sey! Denn ob Hannibal auch Sieg' an Siege gekettet, nie bricht er mit Gesindel wie das seinige, das nur im freien Feld zu tummeln weiß, in unsre Straßen, und wehrt sich auch nur ein Häuflein darin. Drum junge Mannschaft, so viel als möglich, ausgehoben, und mit ihr nach Spanien, — dem grimmen Hunde aus Afrika die Thore zu verhalten, bleibt der Rest der Bürger sattsam stark.

Zweiter Consul. Vier Legionen also ausgehoben, und mit ihnen graden Wegs nach Carthagos Lieblingstochter: Numantia.

Cato Censor. Wer führt sie?

Zweiter Consul. Du.

Cato Censor. Entschuldigung. Mein Censoramt erlaubt's nicht.

Erster Consul (beiseit:) Sein Landgut bestellen, Bücher darüber schreiben, in hohem Alter das Griechische (Zeus weiß vielleicht weswegen!) studiren und große Worte machen, das kann er, obgleich er Censor ist —

Aber Schlachtfelder — Rübſenfelder ſind ihm ange=
nehmer.
(Laut:)
Ich ſchlage vor: ernennt jene beiden Scipionen zu
Proconſuln und vertraut ihnen das Heer. Sie haben
im Gefecht und auf dem Forum ſich ſchon oft ſehr
tüchtig bewährt, und ihre Jugendfriſche wird der Stadt
noth.

Der Senat. Du ſagſt es — Heil Euch, Jünglinge,
Proconſuln!

Scipio der Jüngere (erröthend:) Ihr erwählt uns.
Wir werden thun, was wir vermögen.
(Er drückt ſeinem Bruder die Hand, heimlich:)
Bruder, wie wird die Mutter ſich freu'n!

Scipio der Aeltere. Die vier Legionen?

Zweiter Conſul. Sind heut Abend ausgehoben, und
ihr zieht durch die vom Feind noch unbeſetzten Thore
nächſte Nacht ab.

Scipio der Jüngere. Dürfen wir beim Ausheben
gegenwärtig ſeyn? Beachten, wählen, auch verwerfen?

Zweiter Conſul. Der Feldherr **darf** das nicht nur,
es **geziemt** ihm.

Cato Cenſor. Wie aber mit dem Tyrannen Mace=
doniens? Er hat ſich mit Hannibal gegen uns ver=
bündet.

Zweiter Conſul. Mit leeren Worten. Er hat zu
viel an all den Taſchen zu ſchleppen, die ihm der große
Alexander nachließ, um ſich ernſtlich um uns zu be=
mühen.

Cato Cenſor. Demnach ihm vorerſt Krieg erklärt —

Zweiter Conſul. — mit Worten, und zu ſeiner Zeit
ihm Tod im Hungerthurm.

Ein Lictor (kommt:) Er ſtürmt wieder, der Punier!
Die Mauern wanken und zittern!

Zweiter Consul. Der Senat?

Prätor. Steht auf wie ihr jetzt, und folgt seinen Consuln dahin, wo die Gefahr ist, und die Rache für Cannä's Niederlage mit Stahl bezahlt werden kann!

(Die Consuln schreiten voraus, und die Uebrigen folgen, die Hände an den Schwertern.)

Vor Rom.

Hannibal (seine Truppen vom Sturm zurückführend:) Lagert.
(Es geschieht.)
Die Backsteinhütten nicht zu erstürmen? List, Muth, Kriegskunst, alles umsonst. Das thun Carthagos Lederbeutel, worin das Geld steckt, wohl verwahrt, nur kein Heer für mich.

Ein Negerhäuptling. Herr, jenes Rom ist ein Geschwür, es steckt die Welt an.

Hannibal. Fragt' ich?

Negerhäuptling. Verzeihung! Nein!

Ein Bote (kommt:) Feldherr —

Hannibal. Die Briefe.

(Er erbricht sie:)

Dieser vom Großvater Barkas — Ich küsse Deine Handschrift, edler Greis!

(Während des Lesens:)

Auch Du, fast Hundertjähriger, klagst? Wardst deshalb so alt und grau? — Ja, man will uns Barkas unterdrücken — Doch, Melkir, Hanno, noch schwebt dieses Schwert blutdampfend über euch, kennt ihr die List, so lernt es Schlachten! — "Verschwörungen in Hanno's Hause, dir eine geringe Hülfe bestimmt." — Wohl, werfen mich Roms Mauern zurück, an Carthago scheitr' ich sobald nicht. — Die Barkas wissen im Geheim von den Zinninseln und der Atlantis so gut als ihr, zieh'n Geld genug daher. Sie verschließens aber nicht, sie säen es, und Soldaten wachsen, die euch einst die Kisten öffnen sollen, während ihr weglauft, und die Thaler sich nicht wehren. Die Sinnlosen! Roms furchtbare Nähe zu vergessen um die goldblinkenden Fernen im West — das Herz wegen des Rocks!

(Zum Boten:)

Bringst Du nicht auch Briefe vom Synedrion?

Bote. Hier ein Packet.

Hannibal. Gewalt'ge Siegel, sicher so Kleineres dahinter!

Bote. Die hohen Herren des Synedrion schicken mich eigentlich.

Hannibal. E i g e n t l i c h ?

(Während des Lesens:)

"Gruß und Glückwunsch für Cannä." — Billiger Preis für sechzigtausend Römerleichen! — "Eine angemessene Hülfe soll kommen." Ja, meß't ihr erst, so schneidet ihr den Himmel zu einem Kleid, daß die Sterne darin ersticken, und seine Donner engbrüstig werden. "Und Abgeordnete begleiten den Boten, um von Dir, recht ehrenhafter Feldherr" — Recht ehrenhafter! Messen sie auch an Worten? Mich wundert, daß sie mich nicht mit z i e m l i c h e r Ehrenhaftigkeit abspeisen. — "was Du bei Cannä erobert hast, in Empfang zu nehmen." Ha, die kostbaren Ritterringe, dahin gucken die Nasen, denn ihre Augen überließen längst das Sehen dem Sinn des Geruchs und Gestanks. Zum Glück sind die besten beiseit, für meine Leute.

(Zum Boten:)

Die Abgeordneten mögen kommen, die Ringe empfangen, gegen Schein. Aber, Du, tritt einmal näher!

Kerl, tritt nicht **links** hin, hieher, vor mein **rechtes** Auge — Thrasymene (ganz Carthago muß es wissen) schlug das andere mit Blindheit.

Bote. Ja, Herr! man sieht's Euch auch an.

Hannibal (nachdem er ihn eine Zeit lang betrachtet hat:) Du bist ein doppelter Kerl!

Bote (bestürzt, besieht sich:) Herr, ich wüßte nicht — doppelte Gliedmaaßen? Nein — Er sagt's aber — Baal, wäre was dran?

Hannibal. Es ist. Du bringst zugleich Nachrichten vom Barlas und dem ihm feindlichen Synedrion.

Bote. So meint ihr's? Ach, Herr, ich habe neun arme Würmer, (Kinder wollt' ich sagen) und da ich sie ernähren muß —

Hannibal. Wirst Du ein Schurk?

Bote. Ich nahm also, da ich von Eurem Großvater und vom Synedrion jederseits insbesondre bezahlt ward, beider Aufträge insbesondre an.

Hannibal. Freund —

Bote. — Freund! Der gnädige Herr! Das sagt kaum unser Profoß, hält man ihm auch noch so willig den Buckel hin.

Hannibal. Berühre, wenn er es erlaubt, mit Deiner rechten Hand, die ich Dir drücke, in meinem Namen Großvaters Füße —

Bote. Herr, ich küsse die Füße!

Hannibal. Nein, sie werden leicht schmutzig. — Und sag' ihm, auf der weiten Erde wäre mir das Kostbarste ein Gruß von ihm, und einer an ihn. — — Ist das bestellt, so gehst Du in's Synedrion und meldest: wenn man mich nicht bald besser unterstütze, so ständen nächstens zwei Scipionen vor der Stadt, in einem Feuerglanz, der mir jetzt schon die Stirn heiß macht, — dann: sie sollten Eins seyn, Keiner des anderen Säcke beneiden, und schließlich: das Vaterland geht sonst unter in Familienzwisten und die Familien mit ihm!

(Bote ab.)

— Ich muß abzieh'n mit meinen siebzehntausend Mann, aus allen Nationen zusammengeflickt. — Wohin? — — Capua! Die Stadt ist groß, voll Proviant, von Rom nicht fern, Carthago näher, Hülfstruppen aus Africa da billiger — Billiger! sechte der Satan, wo Kaufleute rechnen!

(Zum Negerhäuptling:)

Hast Du schnellwirkendes Gift?

Negerhäuptling. Herr?! Ich hätte nicht, was jeder Knabe in Nubien besitzt?

(Er zeigt eine Giftflasche vor:)

Ich selbst brach der Natter die Zähne aus, sorgsam (sie wehrte sich, doch ich streichelte sie, wie das in Nubien auch bei den Weibern hilft) und wer dieses gelbe Gift aus ihren Zähnen genießt, wird grad so toll, windet sich und stirbt so in Wuth und Angst, wie die Viper, als sie merkte, daß sie nichts Giftiges mehr an sich hatte. Zweifelst? Probire, wirst Dich wundern, Dein Gedärm wird ein wimmelndes Schlangennest.

Hannibal. Du heißt?

Negerhäuptling. Turnu.

(Hannibal nimmt ihm die Flasche und steckt sie zu sich.)

Ihr Götter, Feldherr, Du nimmst meinen letzten Trost. Vater und Mutter und Brüder schlafen im Grab mir — nur dieses Gift —

Hannibal. — blieb Dir! — Wahr, Mohr, Gift ist ein letzter Trost, und darum will ich, sicherer als Du vermagst, ihn Dir und mir verwahren.

Turnu. O, dann ist es in besten Händen!

(Zur Befehlsannahme beorderte Hauptleute treten auf.)

Hannibal (zu ihnen:) Das Heer bricht heute Nacht auf. — Was staunt ihr? Ich will nur Gehorsam! — Wir schlagen die Straße nach Capua ein. Besorgt das Nöthige, still und schleunig.

(Hauptleute ab. Er zu Turnu:)

Und fragen Dich Deine Landsleute, warum wir aufbrechen, so sag' ihnen, weil der Winter nah' sey, und es in Capua sich wärmer lagre.

Turnu. Ich verstehe!

Hannibal. Der versteht mehr, als ich.

II.
Numantia und Capua.

Die Ruinen Numantias, noch glühend und dampfend.

Terenz. Noch immer nicht Morgen? Ich vergehe vor Frost. Hier wohl Feuer, aber welches! Reisig von Häusern und Menschenknochen! — Doch mich friert zu sehr, — ich muß mich wärmen an dem heißen Graus!
(Er kauert nieder an den Ruinen.)
Entsetzlicher Abend! furchtbare Nacht! Scipionen, ihr Ungethüme, wie habt ihr euch entschleiert! Dieser jüngere Scipio, der so hold lächeln konnte, las ich ihm in seinem Ruhezimmer eins meiner Stücke vor — Was war er vor vier Stunden? Sturm, Mord, Feuer, sein Antlitz eine arbeitende Waffenschmiede! Mich kannt' er nicht mehr. „Jetzt ist's nicht Zeit! 'S ist grad was Wichtigeres zu thun!" waren alle Antworten, wollt' ich ihn anreden, — weiter saus'te er mit dem wild= schnaubenden Rosse, und ich mußt' im Troß mich ver= lieren, in Gefahr, daß ich von jedem seiner Krieger, der mich nicht kannte, übergeritten, erschlagen wurde — Ah, endlich zittern die ersten Strahlen der Sonne durch die Nebel, und — es wird noch kälter vor dem

weiß gerinnenden Reif und dem erwachenden Wind=
zug. Und, o Götter, da gegenüber ringt Numantias
Volksrest die Hände, und die Soldaten schleppen un=
unterbrochen neu im Qualm aufgefundene Gefangene
mit schwertgestählter Faust herzu!
(Scipio der Jüngere und Scipio der Aeltere kommen mit Gefolge.)

Scipio der Jüngere (zu einem des Gefolgs:) Diesen
Schlüssel zu Numantias erstürmtem Hauptthor bring
meiner Mutter, der Cornelia, und möge sie daran er=
kennen, daß ihre Söhne streben, ihrer Lehren werth zu
seyn.

Scipio der Aeltere. Und melde, daß wir gesund sind.
Hoffentlich sie auch.
(Der Abgeordnete ab.)

Scipio der Jüngere. Terenz? Wärmst Dich an Nu=
mantias Kohlen? Das wäre Stoff zu einem Lustspiel,
besser als eins der Atellanen, nicht blos wunderlich —
auch im Scherz mit einem großen Hintergrunde.

Terenz. Ihr schufet den Stoff so tragisch, daß ich
doch zu schwach bin, ihn zu einem lustigen umzudichten.

Scipio der Aeltere. Eh, Freigelassener, was tragisch
ist, ist auch lustig, und umgekehrt. Hab' ich doch oft in
Tragödien gelacht, und bin in Comödien fast gerührt
worden.

Terenz (zu Scipio dem Jüngeren, bitter:) Herr, in ver=
gangener Nacht kanntest Du mich nicht.

Scipio der Jüngere. 'S war grad was Wichtigeres
zu thun.

Terenz. Da wieder das alte Lied von Erz.

Scipio der Jüngere (zu Soldaten und Lictoren:) Jene
Gefangenen in Rudel gebracht, jedes Rudel dreißig
Stück, und dann damit zu Schiff nach Ostia. Ob der
Senat sie da oder in Rom will verkauft wissen, fragt
ihr dort nach.

Scipio der Aeltere. Und merkt ihr, wo Mann und Frau oder Verwandte bei einander stehn, reißt sie auseinander, damit sie nicht conspiriren.

(Mehrere Lictoren und viele Soldaten ab. Bald darauf treiben und schleppen sie die Gefangenen vorbei nach der Küste.)

Ein Gefangener. Weib, mein Weib! Wohin gerissen an Deinem Haar? In fremde Arme!

Das Weib. Die Glücklichen, die sich verbrannten!

Ein Knabe. Sieh doch um Mutter, sie kommen mit Stricken, Dich zu binden! — Weh, nun mich auch! Leute, mild! was thaten euch diese armen Hände?

Ein Lictor (zu seinen Untergebenen:) Geißelt die Schreihälse! Muß man euch an den Dienst mahnen?

(Das Geschrei erstirbt in Gewinsel.)

Terenz. Schrecklich!

Scipio der Jüngere. Bester, es ist bei uns Sitte, daß man den Krieg so lang führt, bis der eine Theil ausgerottet oder Sclav geworden. Denn einen halben Frieden lieben wir nicht; er gibt dem Feinde nur Zeit, sich zum neuen Kriege zu stärken. Pfui, stell' Dich nicht albern! Ganze Cohorten blicken schon nach Dir.

Terenz (in sich:) Die Geißelei mit Bleiknöpfen: S i t t e! Götter, was mag in Rom Unsitte seyn?

Scipio der Jüngere. Wer naht?

Ein Soldat. Ein Celtiberierfürst.

Der Celtiberierfürst Allochlin (kommt und stürzt Scipio dem Jüngeren zu Füßen.) Herr! Herr! Herr!

Scipio der Jüngere. Dreimal dasselbe ist zu viel. Was willst Du?

Allochlin. Herr, meine Braut! Ich bin der Fürst Allochlin, und sie und ich sind keine Numantiner, sind Ureinwohner, und keine phönicische oder carthagische Colonisten, — sie war nur zum Besuch in Numantia, als ihr sie mitfingt — Ihr Sterne! meine Braut!

Seine Begleiter (schreien mit:) Ihr, Sterne, seine Braut, die blühende Braut!

Scipio der Aeltere. Die hat viel Liebhaber. Ich möchte ihr Mann nicht seyn.

Allochlin. Dort steht sie unter den Gefangenen.

Scipio der Jüngere. Ein schönes Mädchen.

Allochlin. Wie der Mond aufschimmernd über dem dunklen Gebirgswald!

Scipio der Jüngere. Carthago ist euch mehr Urfeindin als uns Römern. Wenn Du mit mir gegen sie kämpfest, ist Deine Bitte gewährt.

Allochlin. Gleich stell' ich Dir elftausend Krieger. Sie alle folgten mir, als sie mein Unglück hörten, bewegt wie ich.

Scipio der Jüngere. Führt jene Jungfrau hieher.
(Zwei seines Gefolges ab.)

Allochlin. Sie kommt! Da ist sie! Die theuren, die lieblichen Züge wieder so nah! O Gräser und Blumen — Meine seligen Augen!

Scipio der Jüngere. Fürstin, Dein Bräutigam hat Dich erfleht. Sey frei und mach' ihn glücklich. — Allucius (verzeih', ich kann Deinen Namen nur nach meiner heimischen Mundart aussprechen) zeig' mir nun Deine Krieger.

Allochlin. Sie bemerkten Deine Huld, und nahen schon mit freudigen Schritten. Ich stelle mich an ihre Spitze, die Ersehnte an meiner Seite, und führe sie Dir vorüber.

Die Braut (für sich, auf Scipio den Jüngeren blickend:) Die erhabene Gestalt mit dem mildernsten Antlitz — ist's ein Göttersohn, in irdisches Eisen gehüllt? — Ich könnte —

Allochlin. Du weilst?

Braut. Nein, Geſpiele der Jugend, auch Götter machen mich nicht untreu!

(Allochlins Heer rückt heran, er zieht das Schwert, ſtellt ſich mit ſeiner Braut, die jubelnd empfangen wird, an die Spitze, und führt es vorbei.)

Scipio der Jüngere. Bruder, dieſes Heer iſt beſonderer Art.

Scipio der Aeltere. Nach dem Geſchnatter, nackten Beinen, den Federn auf den Köpfen, hielte man es leicht für einen Haufen großer Enten. Aber die Enten folgen doch noch in Einer Reihe dem führenden Entrich. Das Gewimmel wühlt durch einander wie Kraut und Rüben.

Scipio der Jüngere. Und ſtatt der Tuba Saitenſpiel!

Scipio der Aeltere. Bei denen muß es luſtige Schlachten geben. — Ich ſchäme mich ſolcher Bundesgenoſſen.

Scipio der Jüngere. Warum? Im Kriege iſt alles zu verbrauchen.

Terenz (der, ſeitwärts ſtehend, aufmerkſam zugehört hat, für ſich:) Verbrauchen! Das arme Geſindel füllt bald die Gräben mit ſeinen Leibern und die Römer gebrauchen es dann zur Brücke!

Scipio der Jüngere. Jenen Langen ruft heraus. Ich will ihn ſprechen.

Scipio der Aeltere. Wie? Der ſcheint juſt der Närriſchſte!

Terenz. Herr —

(Er ſtockt und blickt furchtſam auf die Scipionen.)

Scipio der Jüngere. Verſchluck' Deinen Gedanken nicht. Poeten berſten, wenn ſie ihre Weisheit bei ſich behalten müſſen.

Terenz (ermuthigt zu Scipio dem Aelteren:) Euer Bruder will vom Schlechteſten auf das Beſſere ſchließen. Iſt das nicht vorſichtiger, als ſchlöſſ' er umgekehrt?

Scipio der Aeltere. Daraus mach' nur einen guten Spruch für Deine Possen.

Terenz (betrübt, für sich:) Lustspiele, jahrelang bedacht, bearbeitet, bei Tag und Nacht — Possen! Das der Lohn?

(Der herbeigerufene Celtiberier kommt.)

Scipio der Jüngere. Du bist?

Celtiberier. Sohn Ullo's, der da hieß die Keule.

Scipio der Jüngere. Und Dein Name?

Celtiberier. Bin leider noch namenlos. Noch stieß ich keinem Feinde, nach dem ich mich benennen könnte, die Lanze ins Herz, denn so nur erringt man bei uns den Namen — Die Feiglinge! sie flohen alle, wie ich den Speer erhob!

(Er schüttelt seine Lanze.)

Scipio der Jüngere. Nun — sacht. Willst Du in meine Dienste treten?

Celtiberier. Wenn mein Than mich Dir schenkt.

Scipio der Jüngere. Das thut er.

Celtiberier. Ich bin Dein Sclav.

Scipio der Jüngere. In müßiger Stunde sollst Du mir von Deinem Volk erzählen.

Celtiberier. Nur erzählen? Singen will ich davon!

Scipio der Aeltere (trocken:) Sind alle Deines Volkes Großprahler wie Du?

Celtiberier. Ich hoffe, ich bin der Geringsten keiner.

Scipio der Aeltere. Windbeutel! Das h o f f st Du?

Celtiberier. Die Barden singen: zu fechten mit der Zunge, ist schwerer als mit dem Schwert!

Scipio der Aeltere. Das sind mir eigene Grundsätze.

Scipio der Jüngere. Er muß sie doch für die rechten halten, so unbefangen sagt er sie.

Terenz. Welch Unding verkehrte Erziehung nicht aus einem Menschen macht!

Scipio der Jüngere. Sohn Ullo's, tritt unter mein Gefolge.

Scipio der Aeltere. Indeß wir hier belagerten, ist uns Hasdrubal mit Carthagos letztem Heer in Spanien entwischt. Er klettert schon in den Alpen zum Hannibal. Wir müssen nach.

Scipio der Jüngere. Nein. Er erblickt seinen Bruder nicht. Consul Nero erwartet ihn längst mit drei Legionen in Ligurien. Zweimal geht's nicht mit Ueberraschungen, wie sie uns Hannibal bereitete, man lernt sich vorseh'n. — Die Pferde!

(Die Scipionen und die Reiter ihres Gefolgs setzen sich zu Pferde. Scipio der Jüngere, vor das Heer sprengend, mit erhobenem Feldherrnstab, laut zu ihm:)

Wir aber wollen der afrikanischen Natter unmittelbar das Haupt zertreten, denn die tausend Schweife, mit welchen sie aus allen Zonen wedelt, verzappeln, wenn sie keinen Kopf mehr fühlen! Versteht ihr?

Das Heer (wendet die Adler, die Mauerbrecher, Ballisten, Catapulten und das Kriegsgeräth gen Süden:) Du siehst es!

(Er winkt Beifall. Alles nach Süden ab.)

Capua.

Saal in Hannibals Wohnung.

(Hannibal geht heftig mit Brasidas auf und ab.)

Hannibal. Und Eure heut angelangten Schiffe liefen mit dem Schiff des Boten aus, der mir vor acht Monaten die Ritterringe abfoderte? Wahrlich, meine Landsleute sind Adler, wenn sie holen, Schnecken, wenn sie schicken.

Brasidas. Uns're Schiffe waren schlecht —

Hannibal. Vorsätzlich so geliefert.

Brasidas. Sie wurden bald leck. Da ging's nach der kleinen Syrte, zu kalfatern.

Hannibal. Nicht bloß zurück, auch seitwärts? Die Ottern!

Brasidas. Die Arbeit ging langsam, es fehlte dort —

Hannibal. An Holz, Pech, Theer, das wußten sie so gut wie ich!

Brasidas. — der Admiral ward sichtbar ungeduldig —

Hannibal. Ging's dem eingelernten Schurken noch zu geschwind?

Brasidas. Endlich konnten wir in See, und steuerten nach Gades —

Hannibal. Katzen, die von den Buben durch die Straßen getrieben werden, Windhunde auf der Jagd springen nicht so hin und her!

Brasidas. Es harrten dort fünfhundert neugeworb'ne Numidier, die wir für Dich mitnehmen sollten.

Hannibal. War euer Admiral auch befehligt, sich um die äußersten Hörner Africas zu winden, mir ein Pfund Zimmet aus Indien mitzubringen?

Brasidas. Dann —

Hannibal. Laß! Sie treiben's so dummgrob, daß man vor Verachtung sich kaum darüber ärgert. — Und die paar tausend Mann Hülfe, die ihr bringt, sind auserlesen! Ich müßte sehr irren, oder ich kenne die hageren Finger, die mir diese Spreu aus dem Waitzen gesucht. Als ich den Haufen musterte, ward vor all den Buckeln, schiefen Beinen der Krüppel, und den Brandmaalen der Galeerensclaven, mein Pferd scheu! — Doch, Brasidas, für Dich dank' ich Dir und meiner Muhme Alitta. Hätte je eine einzige Ader von ihr im Synedrion geschlagen, Rom läge zerschlagen! — Was sprach man von mir, als Du Carthago verließest?

Brasidas. Wenig. Man erwartete die äthiopische Caravane. Mancher meinte, Du hättest Rom nicht so lang unerobert laffen sollen.

Hannibal. Gescheuter, hätt' ich Mittel gehabt, es erobern zu können. — Mein Aufenthalt in Capua?

Brasidas. Man wußte noch nichts von ihm.

Hannibal. Ich soll hier schwelgen und auch mein Heer — Ich, der nie ein Weib, nie einen Weinbecher berührte! Und das Heer? Statt sich zehren, ausruh'n laff' ich die Erschöpften, mit denen ich das Feld nicht mehr halten konnte. Selbst mein letzter Elephant erlag, und, oder ich müßte mich arg im Auge des klugen Thieres trügen, er blickte sterbend voll Ingrimm nach der Gegend von Carthago.

Brasidas. Der edle Melkir —

Hannibal. Der?

Brasidas. — ist fast der Einzige, der alles lobt, was Du beginnst.

Hannibal. Hölle, beschütze mich vor Feindeslob! Es ist die gefährlichste Münze!

(Ein Bote kommt.)

Ha, Du, den ich an Hasdrubal gesandt — Wagt er es auf den Zorn der Dreimännerschaft und folgt er meiner Einladung?

Bote. Er hatte sie kaum gelesen, als er rief: „Bruder, ich komme! Bote voraus, daß ich dich nicht einhole!" Und als ich aus dem Lager ging, begleiteten mich schon, weithin schallend, die zum Aufbruch rufenden Signale!

Hannibal. Dank euch Götter, denn ich kann einmal zu euch beten! Furchtbarer Moloch, ich glaubte oft, wir brieten Dir die Säuglinge umsonst, Du zögst mit vornehmer Nase den kostbaren Rauch ein, als sey er so ein gewohnter Tribut, — nein, endlich willst Du Carthago retten, bisher hast Du es nur geprüft — Ich habe mich in Dir geirrt! — Hasdrubal und ich — Das Capitol ist zermalmt, sobald wir uns vereinigen — Wo schiffte er ein?

Bote. Dazu war Numantia bestimmt. Da dieses fiel, so hat er geglaubt, nichts besseres thun zu können, als Deiner Spur zu folgen, er hat die Pyrenäen bereits im Rücken und ist auf den Höhen der Alpen.

Hannibal. Und — ja — ich in diesem niedrigen Sessel —

Bote. Was ist?

Brasidas. Aerzte!

Hannibal (erst noch matt, allmählig sich wieder erholend, aufstehend:) Aerzte retten Hasdrubal wohl nicht mehr, und mir wäre meine kleine Apotheke zur Hand. — Bote, geh.

(Bote ab.)

Moloch, ich log! ich irrte mich doch in Dir! Weshalb gabst Du dem Hasdrubal auch nicht die mindeste Warnung? Er mit dem kleinen Heer auf den Alpen? Brasidas, weiß er nicht, daß sie mein großes zur Hälfte vernichteten, ihre Geier zu füttern? Daß wir, um Weg zu bekommen, mit Felsen, mit Leichen die Abgründe füllten? — Hasdrubal, Du wirst auf den schwindelnden Stegen genug alte Bekannte finden, frisch und unverwes't, aber schlechte Wegweiser, wegen ihrer Füße von Eis, ihrer Augen von Glas!

Brasidas. Du selbst vollbrachtest diesen Uebergang.

Hannibal. Eben deshalb weiß ich um Hasdrubals Ende. Eh' die Sonne nicht noch Jahrhunderte daran geschmolzen, würd' ich ihn nicht wieder versuchen, — nie wieder Nächte, wo wir tief in Schnee uns hüllten, um nicht zu erfrieren, wo über mein halbtodtes Heer die Sterne am klarsten Himmel glitzerten, als geschähe eben nichts, wo ich schlaflos für alle zu denken hatte, das Vorwärts und Rückwärts im kalten Nachtlager erwägend. Und als wir endlich auf unseren Schilden nach Italien hinuntergeglitten, fing uns nicht gleich ein Consul Nero mit seinen Spießen auf, wie er jetzt da steht: seinen Fuß auf dem damals freien, jetzt unterdrückten Cisalpinien! — Doch haben sie einen dummen Streich gemacht, müssen wir versuchen, ihnen zu helfen. Dazu sind's unsre Landsleute.

Brasidas. Wir kommen nicht aus der Stadt. Der Dictator Fabius Maximus steht davor mit vierfacher Uebermacht.

Hannibal. Der Maximus! Beim Satan, ich kann noch lachen! — Mann, er ist Minimus, und da die Römer keinen besseren zur Hand hatten, gaben sie ihm den großen Titel, und Mit- und Nachwelt werden ihn gläubig nachplappern. Rücken wir aus, weicht er, wie immer, beiseit, wir ziehen durch die fetten Thäler, er klettert auf den kahlen Höhen nach — Das nennt er Vorsicht!

Turnu (kommt:) Der heut mit den Hülfstruppen angekommene Admiral harrt im Vorsaal, Dir seine Aufwartung zu machen.

Hannibal. Er kommt mir gelegen —

(Turnu will gehen.)

Wart'! Nimm sechs Soldaten meiner Wache, und sag' ihnen sie sollten den Admiral —

Turnu. Als Ehrenwache —?

Hannibal. — sie sollten ihn sofort am höchsten Mast seines Hauptschiffs aufknüpfen, weil er mit der Flotte zu spät gekommen.

Turnu. Wetter, ich glaube, er kam noch zu früh, und wird auch selbst nicht ganz anderer Meinung seyn!

(Ab.)

Brasidas. Was wird man dazu in Carthago sagen?

Hannibal. Was man will.

(Mit Brasidas ab.)

Straße in Capua.

Gruppen der Bürger.

Erster Bürger. Abzieh'n sie! Wir sind frei!

Zweiter. Bis sie wiederkommen.

Erster. Welcher Patriot denkt an so etwas?

Dritter. Nicht einmal Besatzung zurückgelassen!

Zweiter. Doch — viele kleine Punier bei den Weibern.

Erster. Leuchtende Schilde um die Mauern gehängt, mit kühlem Epheu und Eppich die weinglühenden Stirnen bekränzt, und die Freiheit ausgerufen!

Alle. Freiheit!

Der frühere Despot der Stadt (kommt mit zahlreichem bewaffneten Gefolge:) Recht so, ihr Bürger, und mithin tret' ich wieder in mein altes, vom Hannibal mir anmaßlich entrissenes Recht, und rath' euch wohlmeinend, vor allem Ordnung zu halten, ohne welche keine wahre Freiheit denkbar; genießet der errungenen Freiheit, aber, bei Todesstrafe, sprecht nirgends ihren so leicht mißverstandenen Namen aus, — erblickt getrost in mir den wahren rechtmäßigen Vertreter der Gesammtfreiheit. Nach Haus, Kinder, ich werde für alles sorgen.

(Zum ersten Bürger:)

Du zögerst, Freund? — Sclaven, werft ihn in Ketten.

(Der Bürger wird von einigen Sclaven des Despoten gefesselt.)

Zu Haus, Ihr Uebrigen, im Schooße Eurer Familien blüht Euer schönstes Glück.

(Da die Bewaffneten des Despoten Miene machen, auf die Bürger loszugeh'n, entfernen sich diese schweigend nach allen Seiten.)

Der gefesselte Bürger. Der gemästete Schuft, mit fettigem, immer lächelndem Gesicht! Die klebrige, an ihrem eignen Schleim so hoch gekrochene Schnecke! O Du, mit dem ich in die Schule ging —

Despot. In unseren Schuljahren warnte ich Dich oft, Camerad, vor Deinem ungestümen Wesen, hielt Dich ab von manchen tadelwerthen Streichen — Leider, wie man sieht, ohne Erfolg.

Der gefesselte Bürger. Du hieltest mich ab? Bestahlen wir nicht gemeinschaftlich den Orangengarten des Ateo? Machtest Du selbst nicht dazu den Anschlag?

Despot. Das just das Schlimmste jedes Lasters, daß es, statt seine Scheußlichkeit einzusehen und sie wegzutilgen, zu einem anderen Laster flüchtet, und die verläumdet, welche es bessern wollen. — Du thust meinem Herzen leid, aber Deine nicht zu bändigende Zunge ist Deines Unheils Schuld.

(Zu seinem Gefolg:)

Bringen ihn Einige auf die Feste und schaffen ihn da still weg.

Der gefesselte Bürger (während er abgeführt wird:) Wär' ich doch durch Hannibal erdrosselt, er war doch nur ein Fremder, aber dieser einheimische —

(Man verstopft ihm den Mund. Alle ab.)

III.
Abschied von Italien.

Thal bei Casilinum, ringsum von der sinkenden Sonne roth beleuchtete, hin und wieder mit Gesträpp und Eichen bewachsene schroffe Felswände, und nur zwei Engpässe aus und ein, auf deren Höhen man die Vorhut römischer Legionen bemerkt. Hannibal mit seinem Heer in dem Thale, Halt machend.

Hannibal. Die Wegweiser sogleich gekreuzigt!

Brasidas. Sie haben sich nur geirrt, Casilinum mit Casinum verwechselt.

Hannibal. Mir eins! Gekreuzigt!

Brasidas. Du befiehlst!

(Er schickt Soldaten ab.)

Hannibal (sieht sich um:) Das wäre diesmal ein enges, steingrobes, von der Sonne blutgetränktes Leichen=hemd. Jetzt sinkt auch sie, und nun wird's sargdunkel.

Brasidas. Keine Rettung?

Hannibal. Wir sind dem Maximus (nein, von jetzt an nenn' ich ihn bei seinem rechten Namen), dem Fabius schön in die Klemme gerathen! Rings trefflich umstellt! — Daß ich mich diesmal so wenig umsah, den Boten so traute! Eine kümmerliche Hoffnung noch: ich sehe meinen Fehler ein, und so bleibt möglich, ihm abzuhelfen. — Turnu!

Turnu. Ich schwitze!

Hannibal. Warum?

Turnu. Weil Du so nachdenkst.

Hannibal. Wie viel Ochsen sind noch im Proviantzug?

Turnu. Viertausend.

Hannibal. Laß Reisig, Fallholz aufsuchen, es verpechen und dem Vieh an die Hörner binden.

Turnu. Ich eile!

(Ab.)

Hannibal. Geh, Brasidas, gib dem Heere Trank und Speise, thue heiter.

(Brasidas ab.)

— Wenn die Luft hülfe! — Horch, da rufen sich die römischen Nachtwachen an, und man erfährt, wo sie stehen. Ei, sind sie noch so unvorsichtig, zwing' ich sie auch mit Ochsen.

Turnu. Die Ochsen sind ausstaffirt! Nun den Reisig angezündet, und mit ihnen auf die Römer!

Hannibal. Woher weißt Du, daß sie dahin sollen?

Turnu. Was denn andres?

Hannibal. Unternimmst Du, sie auf jenen nördlichen Engpaß, durch den wir vorwärts müssen, treiben zu lassen?

Turnu. Für alles schon gesorgt, und die Treiber stehn bereit, trockne Schwämme in der Hand, die sie dem Vieh brennend in den Hintern stecken sollen, nachdem vorn die Reisigbündel angezündet sind. Brennt nun der Ochs zuerst an den Hörnern, und dann hinten, so verliert er die Vernunft, und stürmt vorwärts, seinem Hintern zu entwischen!

Hannibal. Entstellt den Thieren Gesicht und Gestalt, macht sie tollen Soldatentrupps ähnlich, bindet Schilde vor ihre Köpfe, Lanzen an ihre Seiten, und habt Acht, sobald ich befehle, mit großem Geschrei, Posaunen, Zimbeln, sie auf den Feind zu jagen; das Heer folgt ihnen in gedrängter Ordnung.

(Turnu ab.)

Höhe des nördlichen Engpasses bei Casilinum.

(Fabius Maximus, sein Reiterfeldherr und die Hauptmacht seines Heeres.)

Fabius Maximus. Junger Freund, was wollen nun die Scipionen mit ihren spanischen Siegen? Da unten steckt er, der Urheber alles Uebels, im Käfig!

Reiterfeldherr. Laßt uns auf ihn niederbrausen, wie der gelbe Tiber, wenn er im Februar Roms Aecker überschwemmt und ihren Schnee zernichtet.

Fabius Maximus. Nicht diese breiten Gleichnisse, wo es richtige Gedanken gilt. Wir brauchen nicht niederzusteigen. Er muß heraufkommen oder drunten verhungern.

Reiterfeldherr. Und, beim Pluto, mir scheint's als käm' er herauf — denn es regt sich und trappelt in seinem Lager!

Fabius Maximus. Sollt' er es wagen? Gegen unsere furchtbare Stellung?

Reiterfeldherr. Ich trau' ihm die Tollkühnheit zu.

Fabius Maximus. Wirklich, wirklich, sie blasen Schlachtsignale, erheben Schlachtgeschrei — Es kann zum Gefecht kommen! — Unser Heer ist, Dank Jupiter

Stator, durch meine Vorsicht zwar in Ordnung — Nur — man thut des Guten nicht zuviel — Ihr Priester, opfert dem Stator auch noch schnell acht durchaus weiße Schaafe, und betet nebenbei zu den übrigen Göttern — Doch nein, letzteres möcht' er übel nehmen.

Ein Flamen. Wir haben solcher Schaafe nur sieben. Das achte starb vorige Nacht.

Fabius Maximus. Ein todtes Schaaf! Schlimmes Auspicium! Großes Unglück!

Reiterfeldherr. Wir können ja dem Gott dazu geloben, nächstens das achte nachzubringen.

Fabius Maximus. Gut bemerkt. Opfert vorerst die sieben! das achte versprecht auf Nächstens!

(Mehrere Priester ab.)

Reiterfeldherr. Das Thal wird hell, und ungeheure Massen bewegen sich in ihm auf uns zu.

Fabius Maximus. Hätte er durch seine List Hülfe bekommen? In der That, es ist an dem! — Eine Reiterei mit Fackeln! Daß dich, die springt! Und das Geschrei! — Hätt' ich nur einen punischen Gefangenen zur Hand, der es mir übersetzte!

Reiterfeldherr. Es lautet, als schrieen ein paar tausend Ochsen.

Fabius Maximus. Ochsen? Die könnten das nicht — o, Du kennst noch keine wüthende Menschenstimme — die nur schreit so gräßlich, durch die Macht des erregten Geistes! — Sieh hin, genau: sie tragen Mützen mit zwei Zipfeln, Schilde wie Bretter vor den Köpfen — so ist das Wappen Uticas, es sind neu angekommene Uticenser.

(Er hält sich einen Augenblick erstaunt die Hand vor den Kopf.)

Reiterfeldherr. Gleich sind sie hier — Es gilt Stand halten.

Fabius Maximus. Bei Nacht? Gegen einen noch unbekannten Feind? Und hier besonders gegen **die**

verwegene, geübte Reiterei, die uns zu umzingeln droht, ja, schon damit anfängt? Denn schau, mit welch beispielloser Kühnheit sie die Felsen hinauf, in die Wälder sprengt und die Bäume ansteckt — Nein, wir müssen den Tag erwarten, um diesen Herren erst in die Augen zu sehen, und ihre schwachen Seiten zu ergründen. — Legionen, still zurück über jene Höhen nach Casilinum!
(Alle ab. Pause.)

Hannibal (mit seinem Heer:) Haha! — Geht das Glück so fort, hoff' ich doch noch dem Hasdrubal erzählen zu können, daß mir Rindvieh den Weg durch ein Dictator-Heer öffnete! — Weiter!

Weite schöne Flur bei Cajeta. Im vollsten Herbstschmuck.

(Winzer und Winzerinnen bei der Weinlese.)
Alle. Evoe Bacchus! Jo!
(Sie werfen sich mit Reben und Trauben.)
Ein Greis. Atellanen, die vollen Weinsäcke sind mit Oel geglättet — Nun Eure Scherze auf ihnen!
Die Jünglinge. Laßt die Pfeife ertönen! Die Schellen erklirren!
Die Mädchen. Erst ihnen diesen frischen Most!
Ein Atellan. Dank! — Aber jetzt spielen? seht Ihr nicht dort die Römer auf den Bergen ziehen wie Wolken?
Die Mädchen. Des Anblicks sind wir Monate lang gewohnt, die Wolken regnen nicht, die kommen nie herunter!

Der Atellan. Doch Hannibal rückt in der Ebene nach!

Die Mädchen. Uns willkommen. Er war Cajetas Flur immer freundlich, und wird uns nicht stören.

Der Greis. Drum Evoe! spielt Euer Stück: das, wo der Faun die Nymphe hascht.

Ein Atellan. Numidische Reiter!

Heransprengende Reiter. Nur ruhig! Wir thun Euch nichts. Der Feldherr verbot's und nennt Euch Befreundete!

Die Mädchen. So nehmet hier und kostet von uns'rem heurigen Herbst!

(Sie kredenzen ihnen Wein.)

Der Greis. Wohin geht's?

Ein Numidier. Nach Rom, und hoffentlich zum letztenmal, es in Trümmern hinter uns lassend. — Ha, unser Heer!

(Das carthagische Heer rückt an; Hannibal zu Pferd, unterm Vortrab.)

Der Greis (zu einem Mädchen:) Du, die Schönste, füll' und reich' ihm diesen Becher!

Das Mädchen (tritt mit dem gefüllten Becher vor Hannibal:) Erhabener Feldherr — Nimm den Gruß Cajeta's!

Hannibal (steigt vom Pferde, alle übrigen Berittenen auch:) Ich nehm' ihn, doch da ich Wein nicht genießen darf, gieß' ich diesen allen Göttern der Fluren, Berge, Ströme und Thäler Campaniens hin, und flehe sie, ihn wohlgefällig aufzunehmen, als Opfer eines Gastfreundes, dargebracht für dieses Landes Heil! — Nun setzt Eure Spiele fort. Das Heer rastet hier ohnehin. Wir wollen zuseh'n — so etwas ward uns lange nicht.

(Er läßt sich mit seinen Begleitern auf den Rasen nieder. Ein als Satyr verkleideter Atellan stellt sich zur linken Seite der Oelsäcke und spielt auf der Queerpfeife, ein zweiter, als Pomona aufgeputzt, zur rechten, und rührt klingelnde Schellen, zwei andere, der eine als Faun, der zweite als Nymphe gekleidet, wollen die beölten Säcke besteigen, gleiten aber immer mit lustigen Wendungen aus.)

Die Menge. Herrlich! Faun, Du fällst prächtig! Nymphe, ist der Boden schon jetzt Deinem Fuß so glatt? Was wird gescheh'n, wenn der Faun Dich packt?

Hannibal (lacht herzlich:) Ihr habt luftige Schauspiele Vater, sie ergötzen schon, eh' sie beginnen —

(Zu einem jungen Punier:)

Was meinst Du?

Der junge Punier. Im Felde, wo man Carthagos Pompaufzüge nicht hat, läßt sich das anseh'n.

Hannibal. Freilich. — Der Himmel ist so rein, die Luft so erquickend, mein eigner Geist wie durchweht von ihr, die Leute so heiter, wie ihre lachenden Gefilde — Ich fühle mich zu wohl, und fürchte fast, es steht mir ein Unglück bevor.

Ein als carthagischer Krieger verkleideter Römer (der unter dem Mantel ein Packet zu halten scheint, tritt an Hannibals Seite; für sich:) Es steht neben Dir!

Hannibal. Mein Glück wäre vollendet, säh' ich des Bruders theures Haupt!

Der Römer (wirft ihm den Kopf Hasdrubals vor die Füße:) Hier ist es!

Alle Umstehende. Entsetzen!

Hannibal. Gut! Das Schauspiel endet, wie es muß! Mit einem Theaterstreich! — Rom, du tröstest mich: sinkst du von deinen sieben Hügeln so niedrig, daß du deinen Feind mit grausamem Spott bekämpfst, so sinkst du bald noch tiefer. Ich habe deine gefallenen Feldherrn ehrenvoll bestatten lassen, als wären sie unter Römern gestorben, und du — Was Rom?

(Er nimmt Hasdrubals Haupt:)

Bruder, Du, — ja, es sind feine Locken, feine Züge — Ach, neun Jahr war ich alt, als ich von der Heimath schied, da klettertest Du dem ältern Bruder heimlich nach auf das hohe dunkle Schiff, und wolltest und wolltest nicht lassen von ihm, bis man Dich wegriß, und seitdem sah ich Dich nicht wieder, doch Dein Gesicht blieb mir in das Herz geschnitten, und wuchs Dir nach mit den Jahren wie ein Namenszug in der Eichen=rinde! — Laß Dich umfassen — Wehe, er hat ja die Brust nicht mehr!

(Zu dem Römer:)

Und Du, Schurk, lächelst?

Der Römer. Mein Wunsch ist erfüllt. Ich sah den Todfeind weinen.

Hannibal. Du sahst es. Turnu, begrabe Hasdru=bals Haupt.

Turnu. So, daß mich Niemand bemerkt, der es wieder aufgraben und schänden könnte?

Hannibal. Du erriethest es.

(Zu Brasidas:)

Befiehl den Rückzug nach Capua; wir haben hier keinen Halt weiter. — Die heitere Gegend wird mir zum Nebelmeer. — Doch der Marsch wird mich stärken.

(Brasidas ab.)

Carthago, die Du Dich priesest: „**ich bin die Schönste unter allen, die da prangen am Meer**", wenn nur dem Haupt meines Bruders nicht auch deine Thürme nachsinken, und deine Purpur=gewande nicht nach allen Winden zerflattern!

Capua.

Ein Zimmer im Schlosse des Despoten.

(Der Despot und viele Sclaven. Letztere mit Einpacken von Gold und kostbarem Geräth beschäftigt.)

Despot. Etwas rascher, Freunde!

Erster Sclav (beiseit zu den anderen:) Sind wir wieder Freunde wie neulich, auf zwei Tage, als er mit uns'rer Hülfe die Herrschaft an sich riß?

Despot. Die Carthager kommen zurück, und wir müssen uns retten, nicht nur wegen der drohenden Plünderung, sondern auch —

Die Sclaven. Uns?

Despot. Was für grinzendes Fragen?

Zweiter Sclav. Es ist alles eingepackt.

Erster Sclav. Bis auf das Kostbarste — Ihn da!

Alle Sclaven (jauchzend:) Ha, den Tyrann in diese Kiste! Ja!

Despot. Tolles Geknirsch — Was gibt's?

Erster Sclav. Zerrissene Ketten!

Despot. Freunde, Ihr thut mir Unrecht — Ich ernährte Euch —

Erster Sclav. Damit Du schwelgtest von uns'ren Händen!

Despot. Ich war menschlich gegen Euch —

Erster Sclav. Daß uns're Rücken es fühlten! — In die Kiste! Beliebt's, gnädigster Herr?

Despot. Erbarmen!

(Die Sclaven werfen ihn in die Kiste und schlagen sie über ihm zu.)

Erster Sclav. Versenkt den Hausherrn nun im tiefsten Keller seines Hauses — Er selbst wird kein besseres Denkmal in seinen Sterbestunden über sich wünschen als seinen eig'nen Palast.

(Auf die Kiste klopfend:)

Nicht wahr, Gebieter?

Zweiter Sclav. Und rufen wir nun unsere Cameraden auf, öffnen dem Carthager die Thore, und dann Mord, Brand und Nothzucht den feigen Capuanern und ihren Weibern!

Vor Capua's Nordthor.

Hannibal (mit seinem Heer:) Die Thore zu? Wollen die Sybariten Rom nachäffen und sich wehren? — Heda, die Gefangenen mit Spaten an den Graben geführt, daß sie ihn ableiten, Sturmleitern bereit, vor Balearen, zur Bedeckung der Arbeiter!

Die balearischen Schleuderer (springen vor:) Huffa!

Hannibal. Haltet! Das Thor öffnet sich und die Zugbrücke sinkt. Beim alten Moloch, die Sclaven kommen und bringen ihre Herren!

(Züge capuanischer Sclaven mit ihren gefesselten Herren.)

Ein Sclav. Großer Feldherr, nimm diese Tyrannen zu Deinen Sclaven, und, verschmähest Du uns nicht, uns zu Deinen Kriegern.

Hannibal. Wär't ihr vor Jahren so gekommen, hätt' ich Zeit gehabt, Euch zu Kriegern zu bilden, jetzt, da mich die Abfahrt drängt —

Brasidas. Die Abfahrt?

Hannibal. So nennt man's —

(Wieder zu den Sclaven:)

— kann ich nur die Tüchtigsten unter Euch auswählen. Eure capuanischen Gefangenen nehm' ich auch, so weit es meine Schiffsräume gestatten —

Ein vornehmer Capuaner. Alter Gastfreund!

Hannibal. Kann ich nicht wohl geblieben seyn, da Du ein junger Sclav wardst.

Der Capuaner. Die satanische, punische Sylbenstecherei!

Hannibal (wieder zu den Sclaven:) — um sie in Africa zu verkaufen. Den Rest behalten die, welche von Euch zurückbleiben. — Jetzt führt mich zum öffentlichen Schatz, den ihr hoffentlich nicht berührt habt, denn er ist heilig —

Sclaven. Und unverletzt!

Ein Sclav. Doch! Feldherr, strafe mich! Ich brach dieses Drachenköpfchen vom Fuß des Gegitters, — es schien mir, da es so viele Schätze bewahren half, ein herrlicher Fetisch, mich auch zu bewahren.

Hannibal. So behalte Deinen Fetisch zum Lohn Deiner Aufrichtigkeit.

(Wieder zu den Sclaven:)

Und ist der übrige Schatz gerettet für Carthago, vertheil' ich Capua unter Euch und mein Heer zur beliebigen Plünderung.

(Alle ab.)

III

Eine Höhe mit dichtem, dunklem Kastanienwald bei Capua. Man hört aus der Nähe das Brausen des Meers.

———

(Hannibal windet sich zu Pferde rasch durch das Gebüsch, steigt an einem kleinen Grasfleck ab, und hängt die Zügel des Pferdes an einen niedrigen Baumast.)

Hannibal. Gaul, solltest Du verstehen, wie ein lang niedergedrückter Schmerz sich lüftet, so wiehere es nicht aus, oder ich schlage Dich nieder!

(Er stürzt sich auf die Erde, und faßt sie mit beiden Händen:)

Italia! Herrliche, um die ich siebzehn Jahr warb, die ich geschmückt mit eignem und mit Consulblut, so muß ich Dich verlassen? Nichts bleibt mir von Dir, die ich mitreißen möchte über's Meer? Du, ganz anders als die finstre Carthago und ihr heißes, trübrothes Firmament, Du, prangend mit Helden, die nur von Ruhm und Eisen, nichts vom Gold wissen, mit dem Glanz selbst, nicht durch Miethlinge errungener, zum Capitol hinaufschimmernder Triumphe, nie erhabener als da ich Dich zu meinen Füßen wähnte, und Du Dich aufrichtetest, zu dem Gewölbe Deines ewig blauenden Himmels! — Ha, diese Gräser entreiß' ich Dir und berge sie an meinem Herzen; mein jahrelanges Mißgeschick entschuldige bei mir selbst einen Augenblick der Empfindung!

Stimmen der commandirenden Flottenofficiere vom Meere her, von allen Seiten. Strammer die Taue! Seewasser darauf! — Noch zwanzig Ruderer an die fünfte Bank hier! — Schnell, der Landwind wird frisch! — Dort naht das Heer schon zum Einschiffen! — Flöße, Barken, an's Ufer — Hier eine Schiffbrücke geschlagen — und da — Die Segel bereit — Nach Süd=

Süd die Vorderdecke! — Ihr da, an die Anker! Zur Heimath geht's! — Wo bleibt der Feldherr?

Hannibal (ruft laut:) Hier von der Höhe hat er Euer Treiben beobachtet und findet es gut!

(Er reitet zum Ufer.)

Am Gestade.

(Die Flotte, gerüstet zum Absegeln. Es werden noch immer Truppen eingeschifft. Ein Soldat kommt mit zwei carthagischen Gesandten.)

Soldat. Hier wartet. Der Feldherr kommt gleich. Ihr habt ihn rufen hören.

Erster Gesandter. Behandelt man Mitglieder des Synedrion so?

Zweiter. Sind wir zwei verlorene Waitzenkörner?

Soldat. Weiß nicht, ich behandele Euch, wie mir befohlen. — Da kommt er. Macht Euren Bückling.

(Ab.)

Erster. Bückling? Wir, die wir ihn beaufsichtigen sollen?

Hannibal (erblickt sie, und sprengt zu ihnen:) Nicht bang, das Pferd ist fromm.

Erster. Uns sendet Carthago —

Hannibal. Mich nach Africa zurückzurufen, die Vaterstadt unter ihren Mauern zu vertheidigen, weil die Scipionen dort bald ankommen —

Zweiter. Du erräth'st es.

Hannibal. Ich wußt' es. Jene schwellenden Segel bezeugen es Euch. Beschaut die Landschaft umher, ehrwürdige Väter. Sie ist schön, grün und fruchtbar. Sie wäre unser, hätten eure Genossen und Ihr es gewollt. Erhaltet Ihr nun auch keinen Tribut davon, so begnügt Euch mit den Freuden der Natur, nur hütet Euch vor den Dolchen der Römer, die keines Carthagers mehr schonen.

Erster. Hier lassen wolltest Du uns?

Hannibal. Gewiß, zum Andenken, aber Euer Schiff nehm' ich mit. Wärst Du (ich kenn' Euch, sah ich Euch auch seit zwanzig Jahren nicht) nicht schlecht wie Dein Bruder Melkir, Du nicht erbärmlich wie Dein Vetter Hanno, Ihr könntet hier Könige seyn!

Beide. Wir Unglücklichen!

Hannibal. Das Gesindel hat noch den Muth, zum Himmel zu seufzen! Hörten die Götter seine Mißtöne, wie würden sie es niederdonnern!

(Reitet zum Hauptschiff und besteigt es. Die Flotte stößt vom Lande.)

Hinterverdeck des carthagischen Hauptschiffes.

(Hannibal steht darauf und blickt nach Italien. Brasidas neben ihm.)

Brasidas. Dieses Capua hat eine herrliche Bucht.

Hannibal. Die Schiffe riechen noch stark nach Pech und Theer.

Brasidas. Die blauen Berge in der Ferne —

Hannibal (für sich:) Was spricht er von meinen zorngeschwoll'nen Adern?

Brasidas. — man möchte tausend Augen haben, um sich satt zu sehen an ihnen, in diesen klaren Wellen, an jenen duftathmenden Thälern.

Hannibal. Hätte man gar kein Auge gehabt, brauchte man das alles nicht zu vergessen.

Brasidas (halblaut:) Jene Rebengehänge, über ihnen das Traubengehäng der ewigen Sterne nach und nach aufquellend — Es ist, als ob —

Hannibal. Es Abend würde. — Steuermann, das Steuer rechts — siehst Du nicht jenen Felsvorsprung?

(Ein Zug Kraniche zieht hoch über der Flotte hinweg nach Süden.)

Matrosen. Heil, Kraniche, Vorboten!

Hannibal (in sich:) Heil ihnen, ja, wenn es Lenz wird, kehren sie zurück zu den Horsten in Thule. Auch ich hatte mir im Norden einen Horst gemacht, aber

(wieder nach Italien blickend:)

ich kehre nimmer! —

(Laut:)

Die Bucht endet — Piloten, nicht zu nah an der Küste gehalten, frisch in's Meer!

Brasidas. Da schüttet die Küste uns noch einen Haufen falber Herbstblätter auf die Verdecke!

Hannibal. Sie wird satyrisch. — Sammelt die Blätter in Säcken, passende Kränze für die Hanno's. oder doch, was ihnen vortheilhafter dünkt, Streu für ihr Vieh.

(Turnu klimmt über den Schiffsrand.)

— Brasidas, räume das Verdeck von allen, die nicht darauf beschäftigt seyn müssen, laß zum Nachtessen läuten, und bring die Mannschaft zur Ruh.

Brasidas. Und Du?

Hannibal. Ich beobachte hier die Polhöhe.

(Brasidas ab. Turnu schwingt sich auf's Verdeck, und legt sich zu Hannibals Füßen. Beide sprechen leise.)

Turnu. Ich war auf allen Schiffen und bin durchgeprügelt, wie es der rechtschaffenste Köter nicht verlangen kann, und hätte er das beste Stück Fleisch gestohlen.

Hannibal. Wie?

Turnu. Ich fing an, auf dich zu schelten, sagte, Jedermann wüßte, daß ich Dein treuester, fleißigster Diener sey, und doch erhielt' ich kaum einige Bissen von Deiner Tafel, und die immer gepfeffert mit Schimpfworten, Schlägen, Ohrfeigen, Maulschellen.

Hannibal. Sie erwiederten?

Turnu. „Schurk, behandelt er Dich so, so verdienst Du es — er hat noch Niemand Unrecht gethan" und als ich zu bemerken begann, daß wir doch eigentlich Carthago dienten, Du uns aber bloß nach Deinem Sinn geführt —

Hannibal. Nun?

Turnu. „Carthago!" war die Antwort, alle durcheinander: „ich habe das Loch noch nicht geseh'n" „ich kenn's, es ist ein Schandnest" „der brave, große Feldherr, es hat ihn betrogen" „der Feldherr hat mir Brod und Gold gegeben, dort ward ich mit Ketten gescheuert" „wir sollten Spitzbuben seyn, und es stahl uns von Cannä's Ringen!"

Hannibal. Ha, Synedrion, hast Du Dir selbst mit Deinen Miethlingen das Ruthenbündel gebunden, mit dem ich Dich peitsche?

Turnu. Und wollt' ich dann fortfahren, so fiel ein Hagel Faustschläge auf mich, daß, wär' ich ein bewußtloses Reisfeld gewesen, auch nicht ein Körnchen von mir davon gekommen wäre, aber mir machten sie Freude, denn sie geschahen aus Liebe zu Dir, und — nimm mir's nicht übel — ich habe Dich lieb — ja, wie drück' ich's aus?

Hannibal. Bemühe Dich nicht. Bist selbst Ausdruck genug.

Turnu. So sprach, so litt' und ergötzt' ich mich auf jedem Schiffe, denn ward's auf dem einen zu arg, sprang ich in See und schwamm zu einem andern, und wieder die nämliche Unterhaltung und die nämlichen Prügel.

Hannibal. Nimm diesen Schlüssel zu meiner Cajüte, iß dort und bekleide Dich mit trockner Wäsche. Ich komme bald nach.

IV.

Gisgon.

Carthago. Nachmittag.

(Gemach in Melkirs Palast. Melkir, Hanno und Gisgon.)

Melkir. Der Tag ist schwül. Setzen wir uns und laben uns am kühlen Wein, und dann —

(Er stößt mit Gisgon und Hanno an, diese thun als nippten sie von dem Wein, setzen aber die Becher unberührt beiseit. Melkir in sich:)

Die Niederträchtigen! sie merken gar das Gift!

Gisgon. — Hannibal kann heut noch ankommen. So sehr wir seiner gegen die nahenden Scipionen bedürfen, so gefährlich ist's, ihn mit seinem Heere in die Stadt zu lassen.

Melkir. Er kommt auch nicht damit herein. 'S ist gesorgt: er soll draußen einige Stunden ruhen, und gleich darauf den Römern entgegen.

Hanno. Diesem ist so, Gisgon.

(Er legt einen großen Brief auf den Tisch:)

Dieses Schreiben des Synedrions verfügt's, und der Lootse steht bereit, der es ihm überbringt, sobald man seine Wimpel gewahrt. Du zweifelst?

(Mit Gewicht:)

Ja, ja, der Lootse steht bereit!

Gisgon. Und befolgt Hannibal die Befehle nicht?

Hanno. Wie dürft' er es wagen? Wie könnt' er sich rechtfertigen?

Gisgon. Das kann er kurzweg. Er sagt, ich habe die Befehle nicht gelesen, und bricht durch den Hafen in die Stadt.

Melkir. Geht nicht. Aeußerer und innerer Hafen wehren es ihm mit Ketten, und mit Thoren von Erz, deren sich die Pforten der Hölle nicht zu schämen brauchten.

Ein vertrauter Diener Melkirs (tritt ein:) Unsere italienische Kriegsflotte naht mit vollem Winde.

Melkir. Deinen Brief, Hanno.

(Zum Diener:)

Ihn sogleich an den bewußten Lootsen geschickt.

(Der Diener ab:)

Kommt an dieses Gitterfenster — Wir übersehen von hier das Meer, und laßt uns beobachten, ob alles nach uns'ren Befehlen geschieht.

Gisgon. Die Flotte sieht zwar recht lumpig, aber auch verdammt ernsthaft aus, ihre Segel sind geflickt, ihre Vordertheile von der Zeit geschwärzt und voller Spalten, aber alles das nicht wie ein gebeugtes, sondern wie ein durchgrämtes, wüthendes Gesicht.

Hanno. Der Lootse fährt zum Admiralschiff — er steigt hinauf mit dem Brief —

Gisgon. Ich bin begierig, ob — Moloch, die ganze Flotte zieht die Flaggen auf, Carthagos Befehle zu begrüßen — Verzeihung, Melkir und Hanno, ihr kanntet Sachen und Menschen besser als ich.

Hanno. Da steigt der Lootse wieder mit einem Hauptmann in's Boot und fährt hieher.

Melkir. Diener!

(Der Diener kommt:)

Eile jenem Hauptmann entgegen und führ' ihn hier ein.

(Der Diener ab.)

Gisgon. Lieber Hannibal, bist doch nur ein Haudegen, und jetzt begreif' ich, wie Du überall siegen, und doch weder Rom noch Carthago bewältigen konntest.

Der Hauptmann Hannibals (tritt ein:) Wer unter Euch der edle Melkir?

Melkir. Melkir bin ich.

Hauptmann. Mein Feldherr entbietet mich zu Dir: er weiß, wie sehr er alle Hülfe vorzüglich Deiner, auch Hanno's des Großen, und Gisgon's Bemühung —

Melkir. Auch die beiden sieh'st Du hier.

Hauptmann. Auch ihnen Gruß! — Ferner weiß er, wie viel Ihr bei dem erhabenen Synedrion geltet, und bittet Euch, da er in den langen Feldzügen ungewohnt geworden, in einer so hohen Versammlung zu reden, seine Vermittler zu seyn, und ihm die nöthigen Befehle auszuwirken, nach welchen er gegen das heranrückende Römerheer zu verfahren, und wo er jetzt zu landen hat, ob im äußeren oder inneren Hafen, oder an welcher anderen Stelle?

Melkir. Unseren Gruß ihm wieder. In den beiden Häfen soll er nicht landen, sondern den Scipionen entgegen, auf der Ebene am Westende der Stadt.

Hauptmann. Das war seine unmaaßgebliche Meinung auch. — Ein Theil uns'rer Mannschaft ist seekrank — er wünscht einige Verstärkung, wenn sie möglich.

Melkir. Er soll die Seesoldaten unserer beiden Häfen erhalten. Hier die Vollmacht.

(Der Hauptmann ab.)

Hanno. Die Häfen so zu entblößen?

Gisgon. Hannibals oder unsere Dummheit ist so groß, daß mir ihretwegen titanisch zu Muth wird.

Melkir. Du bist jung, Gisgon, höchstens sechsunddreißig Jahr, da kann uns der eitle Kriegsglanz noch blenden, und glauben machen, daß ein brauchbarer Feldherr, wie Hannibal, nicht außer seinem gewohnten Kreise ein beschränkter Kopf seyn könne.

Gisgon (durch das Gitterfenster blickend:) Seine Flotte rührt sich!

Melkir. Nach Westen, genau wie wir vorgeschrieben.

Hanno. Wendet sie sich jetzt nicht ein wenig östlich?

Melkir. Um den Ostwind zu gewinnen. Sie geht schon wieder nach West.

Gisgon. Und nun wieder nach Ost — alle Blitze und ihre Zickzacke!

Melkir. Sie lavirt.

Gisgon. Erhebt euch, Götter der Unterwelt, und reißt diese Lavirer in eure Tiefen! — Ha, schaut, es wendet sich, grad aus, nach Osten, auf die Häfen stürmt's, die Ketten springen vor dem Anstoß, die schlechtverwahrten Eisenthore rauschen auf — In der Stadt ist er und wir sind alle an der Nase geführt!

Hanno. Und da schwingt sich der Hauptmann aus einem Boot an's Land, den bloßen Säbel in der Faust, eine Kuppel bewaffneter Neger hinter ihm — seine eben noch schmeichelnden Mienen flammenrothes Gewölk!

Melkir. Man kann sich irren, der Weise muß aber auch darauf gefaßt seyn. Und

(höhnisch:)

hättet Ihr meinen Wein getrunken, ließ' Euch Hannibal nicht kreuzigen. Ich indessen bin gerettet!

(Er versinkt.)

Hanno. Da — dieser —

Gisgon. Folg' mir — Hier ist eine versteckte Wandthür, die ich ihm längst ablauschte. Wir entwischen bequemer als er!

(Sie entfliehen durch eine Wandthür, die sich hinter ihnen schließt.)

Der Hauptmann Hannibals (mit Kriegern:) Da sitzt der dreiköpfige Höllenhund! — Was? weg? — Das ganze Haus zu Brei, daß er und jede Maus darin ersticke!

Der große Marktplatz in Carthago.

Marktjunge. Fische! neue! Hannibals!

Volk. Zeig'!

Marktjunge. So heißen sie, denn nie speis't Hannibal andere! Das Stück dreißig Drachmen!

Ein Mann. 'S ist theuer, doch meine Frau murrte mich krank, brächt' ich ihr nicht einen mit.

Ein Anderer. Sie hielten mich für einen Anhänger des zerstäubten Synedrions, kauft' ich nicht ein paar.

Marktweib. Der Junge sticht jetzt seine Mutter seelig aus. Vorhin schrie er nur wie sie, doch jetzt lügt er, daß mir vor Aerger und Verwunderung das Herz wackelt.

(Ein Herold kommt, eine starke Truppenmasse hinter ihm.)

Herold (laut:) Hört!

(Der Markt wird still.)

Marktweib (für sich:) Wieder ein Ausrufer, nur anderer Art.

Herold. Unser erhabener Feldherr Hannibal, tief empört über die Niederträchtigkeit des Synedrions und

der Dreimänner, welche die Stadt an den Untergang
geriſſen, und die nicht wagten, vor ihm zu erſcheinen,
als er mit beſcheidener Frage vor die leeren Throne der
Suffeten trat —

Ein Carthager (leiſe zu einem andern:) Und noch dazu
mit dreißigtauſend Mann, die nach gar nichts fragten!

Herold. — hat, da die römiſchen Legionen heran=
dräuen, ſo lang die Gefahr währt, dieſe auf ſich ge=
nommen, und das Regiment allein ergriffen. Jeden
Bürger, der ſich berufen fühlt, ladet er ein, das Vater=
land zu vertheidigen, zwingen will er Niemand dazu —

Viele (athmen auf:) Ah!

Herold. — Schifffahrt und Handel nach allen
Theilen der Welt gibt er frei, nur die Ausländer zahlen
von ihren gebrachten Waaren Zoll. Er begehrt bloß
gute Verpflegung ſeiner Krieger, während der kurzen
Zeit, welche ſie hier verweilen. Und jeder Frete, der
ein Mitglied des Synedrions vor ihn bringt, ſey es todt
oder lebendig, erhält zwölftauſend Drachmen, jeder
Sclav dieſelbe Summe, wovon er aber viertauſend
Drachmen ſeinem Herrn abzuliefern hat!

Die Menge. Ha, er iſt Carthagos echter Sohn! Hoch
Hannibal und ſein erhabenener Stamm!

Halle im Palaſt des alten Barkas.

(Barkas und Alitta.)

Barkas. Theuerſte Urenkelin, Du kommſt in dieſen
bewegten Tagen, und er, der meinem Herzen noch näher
ſeyn ſollte, kommt nicht, vergißt mich in ſeinem Glück!

Alitta. Nein, Greis. So denk' ich ihn mir nicht. Er will gewiß erst so freudiger vor Dich treten, wenn er alles beendigt hat.

Barkas. Du sprichst wie ein empfindendes Weib. Er ist ein gefühlloser Krieger.

Alitta. Nimmermehr bloß der! Hohe Thaten, wie die seinigen, wurzeln tiefer, als unter der Stirn, wo sie sich nur entfalten. Wahrlich, das fühl' ich im Kleinen in meinem eignen Busen.

Barkas. Sahst Du ihn je?

Alitta. Großoheim, ich war ja noch lange nicht geboren, als er abreis'te, doch erzählen ließ ich mir von ihm, seit ich denken konnte.

Barkas. Er war ein eigensinniger Knabe.

Alitta. Vielleicht nur eigen!

(Hannibal und Brasidas erscheinen im Hintergrunde.)

Barkas. Warum kommt er aber nicht?

Hannibal (mit Brasidas vortretend:) Er knieet zu Deinen Füßen!

Barkas. Auf, auf! — Du, vor dem die Hunderttausende fielen, willst knieen? Auf — es erschreckt mich!

(Hannibal erhebt sich:)

— — Enkel! Deine Stirn ein sturmerstarrtes Meer!

Hannibal. Es stürmte lange drüber hin, bis endlich der Frost kam und die Wellen steh'n blieben.

Alitta. Das die Hände, die von Cannä's Höhen zum Siege winkten? Ich zittre vor Schauder und Wonne!

Barkas. Dein Haar schon weißlich —

Hannibal. Es geht meinem Kopf wie dem Eisen, — glüht man es zu arg, wird's weiß.

(Zu Brasidas:)

Ist d i e es?

Brasidas. Alitta, kennst Du mich nicht?

Alitta. Brasidas! — — Und er hat doch tapfer gefochten?

Hannibal. Ich bezeug' es Dir.

Alitta. So lieb' ich ihn tausendmal mehr!

Barkas. Senken wir die Häupter: die Posaunen der Priester rufen zum Gebet.

Hannibal. Es sind O p f e r priester, Ahn, doch freiwillig wollen wir ihnen die Nacken nicht reichen.

Brasidas. Nicht Opferpriester — die kennen nur Gesang, nicht Posaunen.

Hannibal. — — — Großvater, die Scipionen kommen vor der Stadt an, und was wir hören, ist der langgedehnte, zum Aufwerfen der Nachtlager rufende Klang der römischen Tuba!

Alitta. Der Feind vor den Mauern! Hannibal, Held, rette! Brasidas, hilf ihm! — Wie's da wieder schallt! wie sie mit ihren nordischen schaurigen Tönen hoch über die Mauern in die Stadt fassen! Rettet!

Hannibal. Versuchen will ich's! — Europa und Africa stehen auf dem Spiel — Meine Würfel liegen aber schlecht, ich habe nur dreißigtausend schnell zusammengeraffte Söldner gegen eine vier bis fünffache Uebermacht auszuspielen, die da fühlt, daß sie um die Ehren eines Vaterlandes kämpft. Doch versuchen muß ich's, und zuseh'n will ich, ob ich das Glück nicht verbeff're, und sey's mit der Zunge.

Barkas. O könnt' ich mit Euch!

Alitta. Dürft' ich mit Euch! — Aber, es falle wie es will, ich weiß —!

Hannibal und Brasidas. Lebt wohl!

(Beide ab.)

IV

In der Nähe des Städtchens Zama.

Vormittag. Römisches Lager. Vor dem Zelt der Scipionen. Das Heer und die Hülfstruppen in Schlachtordnung.

(Scipio der Aeltere, Scipio der Jüngere, Allochlin, Massinissa, Terenz und der Celtiberier.)

Scipio der Jüngere. Massinissa! mit Deinen lybischen Reitern stellst Du Dich denen Deines Gegenkönigs, des Halbcarthagers Syphax gegenüber — Allochlin, scharmützle nach jenen Dörfern. Der Feind sammelt sich hinter ihnen.

Allochlin. Herr, gönnt meinen Leuten erst eine Stunde Ruhe. Sie waren wieder drei Tage und drei Nächte in Dienst. Drei Viertheile meines Heeres sind während Deines Feldzugs darauf gegangen — Die armen Männer thun mir leid — Ich habe meine Braut sehr theuer erkauft!

Scipio der Aeltere. Schmeckt sie Dir nicht mehr wie anfangs?

Scipio der Jüngere. Kauf ist Kauf, Barbar. Hinterdrein daran mäkeln, zeigt keinen rechtlichen Mann. Befolge, was ich befohlen, und Ihr zehn Centurionen da, schließt Euch an seine Sette, und tödtet ihn, sobald er uns untreu wird. Sein weinerliches Gewäsch läßt mich das Niederträchtigste fürchten.

Allochlin. Oh!

(Mit den Centurionen ab.)

Terenz (für sich:) Bekommt er es nun, wie ich's prophezeite?

Ein Velit (kommt:) Carthagische Friedensboten bei den Vorposten.

Scipio der Aeltere. Schickt sie zurück.

Scipio der Jüngere. Laß mich sie hören. Es gibt Zeit, daß Du das Heer unterdeß ganz so ordnest, wie wir übereingekommen.

Scipio der Aeltere. So dehne das Gespräch hin wie einen Bandwurm, der immer vorn wieder anwächst, wenn man ihn hinten abschneidet, bis ich zurück komme und wir ihn und die punischen Patienten mit dem Schwert zum Tode curiren.

(Ab.)

Scipio der Jüngere. Die Abgeordneten sollen kommen.

(Der Velit ab.)

Sohn Ullos, was starrst Du?

Terenz (für sich:) Mit dem Barbaren spricht und scherzt er — Der ward seinem Gaumen angenehmer, als die früheren attischen Unterhaltungen.

Celtiberier. Herr, ich sah manche mächtige gefleckte Kröte, gelb mit schwarzen Buckeln, doch so eine meilenweite, wie jene Stadt, zuerst gestern Abend. Und was für schwarze Riesen ragen über all die Dächer und Thürme noch hinaus, ihre Hände gen Himmel streckend, dampfend, als böten sie Brandopfer dar?

Scipio der Jüngere. Es sind die ehernen Bilder der Götter, und wenn Gefahr droht, legen die Carthager in deren glühende Hände ihre Kinder zum Opfer, Errettung flehend.

Celtiberier. Ei — höchst vernünftig kommt mir das vor, jemehr ich darüber nachdenke. Sie werden die kleinen, oft unvorsichtig erzeugten Mitesser los, werden gerettet, und thun dazu den Göttern einen Gefallen! Ich werd' es in Celtiberien zur Nachahmung empfehlen.

(Die beiden carthagischen Abgeordneten kommen.)

Erster. Uns sendet Hannibal. Er wünscht den bevorstehenden Kampf durch Vergleich abzuwenden, und

Dich dort auf freiem Felde mitten zwischen beiden Heeren zu sprechen.

Scipio der Jüngere. Und wo hat er seinen Hinterhalt gelegt?

Erster. Er wählte ja, um jeden Verdacht zu vermeiden, das freie Feld. Auch will er Dir nur zu Fuß, bloß von zwei Hauptleuten eben so begleitet, entgegen kommen, und ersucht Dich ein Gleiches zu thun.

Scipio der Jüngere (für sich:) Ich möcht' ihn wohl sehen. Auch gewinnt mein Bruder Zeit.

(Zu den Abgeordneten:)

Ich komme, gleich.

(Die Abgeordneten ab, von welchen der zweite immer nur genickt hat, wenn der erste gesprochen.)

Die Ebene zwischen beiden Heeren.

Hannibal (mit zwei Hauptleuten:) Er kommt also — — Das währt lange. — Nun, muß ich auch noch das Warten lernen? — Ha!

(Scipio der Jüngere tritt auf mit zwei Hauptleuten; Hannibal winkt die seinigen in einige Entfernung zurück, Scipio die seinen eben so. Beide Feldherrn treten einander gegenüber und sehen sich lange stumm an.)

Hannibal. — — Scipio, ich muß wohl der erste seyn, welcher in dieser Stunde redet, denn ich bin der ältere.

Scipio der Jüngere. Du bist es.

Hannibal. Wozu längerer Kampf zwischen Rom und Carthago? Haben die endlosen Kriege nicht beiden einsehen lernen, daß sie am glücklichsten sind, wenn Rom sich auf Italien, Carthago sich auf Africa beschränkt?

Scipio der Jüngere. Dachtest Du so, als Du Spanien erobertest und die Alpen überschrittest?

Hannibal. Nein. Aber grade meine Feldzüge lehrten mich seitdem, daß wir so denken sollten. — Du, jugendlicher Feldherr, stehst auf der Höhe Deines Ruhms, alles was Du bisher unternahmst, ist Dir geglückt — Doch bedenke, wie leicht wechselt die launische Fortuna, wie schnell kann sich alles wenden in diesen centnerschweren Augenblicken, die über unsre Häupter heraufzieh'n! — Siehe mich: den Hannibal, der Dein Land mit Euren Niederlagen füllte, jetzt —

Scipio der Jüngere. Sehr ungelegen erinnerst Du mich daran, denn ich stehe hier, sie zu vergelten.

Hannibal. — Der Weise wählt das beste Gut und das geringste Uebel, muß er einmal unter beiden wählen. Siegst Du heut, macht es Dich glücklicher? Du hast Lorbeer's genug. Verlierst Du heut, ist all Dein erworbener Ruhm dahin.

Scipio der Jüngere. Was bietet Carthago?

Hannibal. Alle Besitzungen außer Africa, volle Genugthuung den Fürsten der Numidier, die mit Euch verbunden sind.

Scipio der Jüngere. Und nicht sich selbst und Dich unserer Gnade?

Hannibal. Römischer Gnade! — Nein, eher wollen wir es mit Eurer Ungnade zum letztenmal versuchen!

Scipio der Jüngere (wendet sich zum Abgeh'n, kalt:) Dann erwarte mit Deinen dünnen Haufen das Schicksal der Schlacht. Du, hättest Du mein überleg'nes Heer, handeltest nicht anders, ständest Du an meiner Stelle.

(Mit seinen beiden Hauptleuten ab.)

Hannibal. Es erwarten? Nein, ich ruf' es, es war mir oft eine helfende Göttin!

(Gegen sein Heer:)

Schlacht!

(Ab. Die Schlacht beginnt.)

Warte über einem Hauptthor Carthagos.

(Der Pförtner mit seinem Knaben.)

Pförtner. Kind, sieh genau hin, denn heut erblickst Du etwas, wovon Du nach hundert Jahren erzählen kannst, und zum Glück ist's helles Wetter.

Knabe. O die lustige Musik! Die blanken Harnische!

Pförtner. Siehst Du die beiden Staubwolken?

Knabe. Die da links den Himmel verdunkeln und durcheinanderwirbeln?

Pförtner. Das ist die numidische Reiterei im Gefecht mit der römischen. Den Göttern Dank, die uns'rige dringt vor!

Knabe. Was wimmelt und windet sich hinter ihr am Boden, als wollt'ts aufstehen und fort, und könnte nicht?

Pförtner. Verwundete und Sterbende, mein Sohn.

Knabe. Hilft ihnen Keiner?

Pförtner. Nachher. Im Drange der Schlacht ist's zeitstörend und gefährlich, sagt unser Nachbar, der Bader.

Knabe. In der Mitte der Schaaren, Vater — hu, was sträuben sich da die Lanzen empor, fast wie Großmutters Haare, wenn sie keift!

Pförtner (schlägt ihm hinter die Ohren:) Bengel, schimpf' nicht auf Großmutter!

Knabe (weint:) Darf ich nicht sagen, was ich sah?
(Will fort.)

Pförtner. Junge, Du bleibst.

Knabe. Meine Schulstunde — Ich komme zu spät.

Pförtner. Werde Dich entschuldigen. — Schau, die beiden Mitteltreffen gerathen aneinander!

Knabe. Der Feind zieht aber seine Schwerter und rollt sich zusammen, wie neulich der Stacheligel.

Pförtner. Es hilft ihm nichts, unsre Lanzen sind länger.

Knabe. Der Feind schlägt sie doch beiseit — Weh, da sitzen und würgen sie sich an den Kehlen!

Pförtner. Teufel — und es wird dabei so schauderhaft still, und man sieht's so deutlich! Brauf'ten doch alle Donner los, wirbelten und dampften alle Wüsten auf, dies leise Gewürg und Gemetzel zu übertäuben, zu verhüllen! — Ha, da kommt der edle Brasidas mit Reiterei zu Hülfe!

Knabe. Und da stößt ihm ein Römer den Dolch unter die Rippen, daß ihm das Blut auf die Erde prasselt, und er vom Pferde stürzt! Hu!

Pförtner. Wie sie sich um den Leichnam streiten! Er macht hundert andere!

Knabe. Ich kann's nicht mehr anseh'n! Wär' ich auch todt!

Pförtner. Was fällt Dir ein, Bube?

Knabe (schreit:) Die Römer brechen durch!

Pförtner. Ruhig — Hannibal lockt sie in eine Falle — Ha! siehst Du? Da ist er, unerwartet aus dem Versteck, frisches Fußvolk, frische Reiterei hinter ihm — Moloch, wie wird's Platz, wohin er kommt! — Da hat er die Leiche des Brasidas, emporreißt er sie mit gewaltiger Hand, zeigt sie racherufend dem Heer —

Knabe. 'S klingt ohrzerschmetternd!

Pförtner. — und wirft sie auf das Pferd! — Hölle, nun erst geht's los — Die Funken stäuben von den Panzern, meine Augen beben!

Knabe. Vater, Vater! Er hat zu wenig Leute! Der Feind umschwemmt ihn!

Pförtner. Pah! was das? Sieh, er schwimmt allerwärts durch, patscht gut hinein, wo er ist, spritzt doch das Blut himmelhoch!

(Der Knabe hält sich die Augen zu.)

Die Hände von den Augen — Carthago siegt!

Knabe. — — Was für eine Eisenmasse kommt aber da aus der Ferne? Kalt, blinkernd, still und doch vordrängend — So ist's, wie unser Lehrer sagt, bei Thule mit den Eisblöcken!

Pförtner. Aff', das ist die letzte römische Macht, — Hannibal sprengt schon selbst darauf zu, wetzt den Degen daran, und haut das Eis zu Stücken.

Knabe. Das thut er, aber es gefriert und schließt sich immer wieder — Die Uns'ren werden matt —

Pförtner. Er zerbricht's mit seinen Wenigen — schau, die Lücke!

Knabe. Ja, und da kommt er bluttriefend mit einem Schock Mann nur aus ihr zurück!

Pförtner. 'Ne Teufelsgeschichte!

Knabe. Wie winkt er mit dem Arm den Unzähligen, die nahe vor uns stehen, so schön in Silber gewaffnet, ihm zu helfen? Sie rühren sich nicht.

Pförtner. Müßten auch Narren seyn, ihre theuren Rüstungen und ihr kostbares Leben einzusetzen. Genug, daß sie dastehn und dem Feinde Achtung einflößen. Sprich vorsichtiger von ihnen, Junge. Es sind die Söhne uns'rer angesehensten Familien, und von ihnen hängt es einst ab, ob Du mein Nachfolger werden sollst oder nicht — Die Unsterblichen sind's!

Knabe. Weil sie, wie jetzt, weglaufen, ehe man sie todtschlägt?

Pförtner. Halt den Schnabel von Dingen, die Du nicht verstehst.

(Er blickt in die Stadt:)

Melkir, Hanno, Gisgon, die Geächteten, jeder mit wildem, großem Pöbelgefolg, und wie es hieß, unlängst unter sich im Zwiespalt, jetzt so scheint's, noch einmal Eine Seele! — Was nicht eine verlorene Schlacht thut!

Knabe. Mutter sagt, wo ein Aas, da —

Pförtner. Schurk, schweig!

Melkir. Hanno, Gisgon, besetzt jene Mauern!

(Indem er zum Pförtner steigt:)

Ich besetze diese! — Verliert der Windbeutel?

Pförtner. Du meinst —?

Melkir. Hannibal, den Schuft, von dem Ihr Schufte alles hofftet, und der nichts leistete. — Ha, er ist geschlagen, alles flieht, die Unsterblichen voran — Denen öffne die Thore, jedem andern Flüchtling schlag' sie vor der Nase zu.

Pförtner. Dem Feldherrn auch?

Melkir. Ja, und mit einem kräftigen Ruck!

Pförtner. Komm, Junge.

(Mit seinem Sohn ab.)

Melkir. Mein altes Herz, bebe vor Freude, daß du zu so hohen Jahren kamst! Die Römer konnten mir keinen größeren Gefallen erzeigen, als mit ihrem Sieg! Hannibals Name ist dahin, er selbst wird von der Stadt ausgeschlossen, und belagern sie uns, so verderben sie sich an unseren dreifachen Cyclopenmauern mehr, als er an Roms niedrigem Gemörtel. Eh, da ist er!

(Hannibal sprengt mitten durch die Unsterblichen, die scheu vor ihm ausweichen, und vor denen er im Vorübersausen ausspeit, mit einem kleinen Reiterhaufen auf Carthago zu: wie er Hanno, Gisgon und Melkir mit ihren Leuten auf den Mauerzinnen erblickt, reckt er die Hand gen Himmel, und jagt dann abwärts, pfeilschnell zur Küste.)

Er flieht! — — So etwas thut einem Greise wohl! — Daß aber großes Glück immer größere Sorgen mitbringt: der Maulaffe Gisgon und der Blasebalg Hanno müssen endlich unbedingt fort. Hanno erbte mit seiner Familie ein Rudel Anhänger, und Gisgon sammelt sich fleißig neue — Der alte Melkir aber überlistet euch beide, und wird Carthagos einziger Herr, oder er müßte nicht Melkir seyn!

In Carthago.

Platz vor der riesigen erzenen Bildsäule des Moloch. Ihre Hände glühen roth und dampfen.

(Mütter mit ihren Kindern auf den Armen knieen ringsum mit aufgelös'tem, zur Erde wallendem Haar. Priester gehen kalt zwischen ihnen und der Bildsäule auf und ab und nehmen ihnen nach der Reihe die Kinder, um sie zu opfern. Vieles Volk.)

Ein Weib (blickt ihrem Kinde in's Gesicht:) Mein Knabe — er lächelt und winkt nach den flammenden, nach ihm ausgestreckten Fäusten!—Kind, wie wehe mir, als ich Dich gebar, und noch endlos weher, da man Dich mir entreißt — Dein dunkles freundliches Auge bald Rauch! — Ha, da nehmen die Priester der Nachbarin ihr Mädchen, nun kommt die Reihe an mich! Hu!

Ein Priester. Den Knaben.

Das Weib. Nehmt, verbrennt mich, und laß ihn leben! Er ist noch so jung, so schuldlos!

Der Priester. Moloch will eben schuldloses Blut.

Ein zweiter Priester (tritt hinzu, und nimmt dem Weibe das Kind. Zum andern Priester:) Was zankst Du lange mit dem Weib? Der Gott muß Opfer haben, der Staat ist in Gefahr!

Das Weib. Ich auch!
(Sie drückt die Hände erst an die Brust, dann an die Stirn:)
Meer, erlösche die beiden Funken!
(Stürzt ab.)

(Melkir, Gisgon und Hanno kommen mit ihren Begleitern.)

Melkir. Schön, Carthager, daß Ihr so feierlich der Götter gedenkt!
(Die Mütter schaudern.)
Aber auch nie noch drohte uns größere Gefahr, noch nie verlangte sie größere Opfer. Wir dürfen die größten nicht scheuen, bräche uns auch darob das Herz, denn der Feind droht mit Sturmangriff, und nur Moloch kann uns retten!

Gisgon (für sich:) Mir wird zu Muth, als röch' ich bei seinem Gerede Speck in einer Mausefalle, und ich sollte eine der Mäuse seyn.
(Laut zu Melkir:)
Erfahrener, weisester, edelster Mann —

Melkir. Laß das —

Gisgon. Es wird schwer halten, just die edelsten Bürger auszufinden, welche sich dem Flammentode für das Vaterland weihen — es sind ihrer zuviel.

Melkir. Nicht doch — Die beiden besten seh' ich vor mir: Du und Hanno.

Volk. Wahr! Hoch Melkir! Hanno, Gisgon kommt! Zum Moloch!

Hanno. Melkir, dieses hätt' ich nicht von Dir, Freund —

Melkir. Die Noth löst auch Freundesband.

Hanno. Muß es denn seyn? O, so laß mich doch erst erdrosseln, und nicht lebendig verbrennen!

Melkir. Der Gott nimmt nur Lebendige, nicht Leichen.

Gisgon. Melkir, Erhabener! wie bescheiden Du bist, bescheiden wie jede Größe!

Hanno. Die Sterbenden rasen wirklich! Er lobt uns'ren Mörder!

Gisgon. Du, der Aelteste der Drei=Männer, geschmückt mit den verdientesten Ehren, Du, der für ganz Carthago gelten kann —

Melkir. Danke! hör' auf!

Gisgon. — haft Dich heute selbst übersehen —

Hanno (athmet auf:) Aha! der göttliche Junge!

Gisgon. Carthago's Volk ernannte Dich, die Größten zum Opfer zu wählen, und Du dachtest kaum, daß der Wähler noch weit größer seyn muß, als alle seine Erwählten — Drum

(Er faßt ihn an der Schulter und schüttelt ihn:)

juble, kehr' Dich um vor Freuden, dreimal, so, denn dort oben verbrennst Du zu unserer Rettung!

Volk. Gisgon! Weisester der Männer!

Gisgon. Und hier treten meine Bewaffneten vor — Hanno, laß Deine auch vortreten — Jedem das Schwert in die Kehle, der sich gegen uns sträubt!

Melkir. Schlange —!

(Er wird fortgeführt.)

Ein Krieger (kommt mit einem römischen Gesandten:) Ein Bote vom Feinde.

Der Gesandte. Ich bringe billige Friedensvorschläge.

Gisgon. Hm, geht's mit Carthagos Mauern so leicht nicht?

Gesandter. Rom wünscht nicht, daß eine würdige Nebenbuhlerin, wie Eure Stadt, untergehe.

Gisgon. Die edle Feindin! — Was begehrt sie?

Gesandter. Ihr verzichtet auf alle Länder, außer Africa —

Gisgon. Wir thun's.

Gesandter. Dann liefert Ihr uns Eure Waffen, Eure Kriegsschiffe aus, diese bis auf zwanzig, welche Ihr immer in Stand erhalten und ersetzen mögt, aber nie vermehren sollt.

Gisgon. Das sey.

Hanno. Wie?

Gisgon (leise:) Das alles läßt sich wieder herstellen. Schicke Leute ab, welche an den abzuliefernden Schiffen möglichst verderben.

Hanno. Wohl.

(Er geht ab.)

Gesandter. Ferner helft Ihr dem Massinissa sich in Besitz des Landes Eures Bundesgenossen Syphax setzen, und besoldet dazu zehntausend Miethvölker.

Gisgon. Die Bedingung ist hart — Doch auch sie werde erfüllt.

Gesandter. Endlich zwanzigtausend Talente zu Roms Entschädigung —

Volk. Zwanzigtausend Talente!

Gisgon. Ruhig, Volk! Lerne das Vermögen edler Carthager kennen und ihre Selbstverläugnung — Ich zahle sie!

Volk. Gisgon, Größester! Allerreichster!

Gisgon (zum Gesandten:) Und fordert Ihr nicht Weiteres?

Gesandter. Nein.

Gisgon. So komm mit mir, und sey mein Gast.

Saal in Gisgons Hause.

Ein Sclav (hereineilend:) Hausmeister, Mitsclaven, Sclavinnen!

(Der Hausmeister kommt.)

Der Herr naht mit dem römischen Gesandten zum Mittagsessen!

Hausmeister. Ambra angezündet! Die perlenschwellenden Pokale aus Ophir, die goldenen Becher der Atlantis herbei! Diese elenden Tische von Cedernholz fort, die alabasternen, mit Diamanten geränderten her!

(Die Sclaven bringen und ordnen alles, wie er besiehlt.)

Gisgon (mit dem römischen Gesandten eintretend:) Gefällt's Dir bei mir?

Gesandter. Zu prächtig für den Bürger einer besiegten Stadt.

Gisgon. Ich dachte, Dich zu erfreuen.

(Beide setzen sich zum Speisen.)

Hanno (kommt:) Gisgon, ich lade mich ein zu Deinem Mahl, und, edler Römer, alle Friedensbedingungen sind erfüllt, Schiffe, Gelder, Waffen, alles wie Du wünschtest, abgeliefert.

Gesandter. Die Bescheinigungen?

Hanno. Hier, von Euren Quästoren unterzeichnet.

Gesandter. Richtig.

(Für sich:)

Wir hätten sie, die Füchse!

Hausmeister (kommt:) Ein zweiter Gesandter aus dem Römerlager.

Gisgon. Willkommen!

(Hausmeister ab.)

Was will der noch?

Gesandter. Die Scipionen werden bemerkt haben, wie rasch Ihr alles herausgegeben, alles erfüllt habt, und wünschen vielleicht noch einige Erläuterungen, Bestimmungen —

Gisgon. Wir haben, mein' ich, genug erläutert und bestimmt.

Hanno (steht auf:) Mir schmeckt das Essen nicht mehr.

Zweiter römischer Gesandter (tritt ein, zu Hanno und Gisgon:) Die Scipionen senden mich, Euch ihr Wohlgefallen —

Gisgon. Wohlgefallen?

Zweiter Gesandter. — an der schnellen Vollziehung des Tractats zu bezeugen. Nur —

Gisgon. Nur?

Zweiter Gesandter. — verlangen sie noch Eines, das den ewigen Frieden zwischen Rom und Euch sichern, jede feindliche Berührung hemmen wird — Rom liegt auch nicht am Meer —

Hanno. Was! das Meer! unsere Mutter! unsere Amme! an deren Wogenbusen wir uns groß gesäugt, die uns fortwährend ernährt, sollen wir missen?

Gisgon. Hanno, wirst Du poetisch?

Hanno. Und Du wider Deine Art so tief prosaisch?

Gisgon. Wer würde das nicht bei so guter lateinischer Prosa?

(Zu dem zweiten Gesandten:)

Die Stadt uns'rer Väter also soll —

Zweiter Gesandter. Geschleift werden, und Ihr könnt im Lande, vierzig Stadien vom Meer, eine neue aufbauen, jedoch mit anderem Namen.

Gisgon. Und nicht einmal den Namen laßt Ihr uns?

Zweiter Gesandter. Nein.

Gisgon (mit donnernder Stimme:) Nun, treibt Ihr uns an solche Abgründe, so wollen wir **beides**, den

Namen und die Sache behalten, so müssen wir uns zurückstämmen, umkehren, und Euch Räubern selbst das geraubte Gut und Eure eignen Kleider abzureißen trachten!

Hanno. Aus Euren Gräbern, Geister der Ahnen!

Gisgon. Nicht nöthig! Tausende von Geistern erwachen schon in meiner einzigen Brust! — — Und Ihr Römer, bei denen Stolz, Tapferkeit, Todesverachtung, nur Münzen anderes Gepräges sind, als uns're Silberlinge — schämt Euch, daß Ihr sie gebraucht, so zu betrügen!

(Zum ersten Gesandten:)

Du, Schurk, wußtest, daß der zweite Botschafter nachkam, nachdem Du uns die Waffen abgelockt —

(Zum Zweiten:)

Und Du warst bestellt, den Rest Carthagos zu vertilgen, wenn wir wehrlos geworden — O der großen Scipionen, wie hoch sie über aller Heuchelei, Falschheit, allem Laster steh'n! Zwei Elmsfeuer, zwei Dioskuren werden sie von den Zinnen des Capitols in die späteste Nachwelt glänzen, und diese Dioskuren sind doch nur weitschulterige, betrügerische Rattenfänger!

Erster Gesandter. Wer dann wären die Ratten?

Gisgon (rufend:) Sclaven!

(Sclaven in gedrängten Haufen kommen. Gisgon zu den Gesandten:)

Da siehst Du einige!

(Zu den Sclaven:)

Ihr seyd frei, und jeder, der sich tapfer gegen die Römer wehrt, ist Bürger. Holt Waffen, die besten liegen noch unter den Fußböden der Arsenale versteckt, Proviant für Jahre neben ihnen — Ihr Römer, wie waret Ihr so einfältig, uns für ganz einfältig zu halten? — Und, Sclaven, schreit durch die Straßen "die Scipionen haben den Vertrag gebrochen! sie wollen die Stadt in die Wüste verlegt wissen, daß sie dort verdorre, ein wasserloses Kraut!"

Erster Gesandter. Wir —

Gisgon (zu den Sclaven:) Alle Carthager ruft zur Gegenwehr, ruft aus: "nun ist es keine Kunst, nicht Gefahr mehr, Muth zu besitzen, denn ohne ihn geh'n Leben, Haus, Hof, Gut, alles was in Feigheit gespart ist, verloren!"

Die Sclaven. Wir brechen auf!

Gisgon. Haltet — Aufreißet die Tempel der Götter, werft um ihre Bildsäulen, daß sie zu Waffen geschmolzen werden, zu Kriegswerkstätten machet ihre Hallen!

Hanno. Gisgon! Die Götter verletzen?

Gisgon. Duldeten sie nicht, daß wir verletzt wurden? Können sie uns jetzt zu etwas Besserem dienen als zu Waffen?

(Zu den Sclaven:)

Carthagos Weiber und Töchter, — es sind die schönsten der Erde, zu schön, als daß je Gemeines ihnen zu nahen wagte —

Hanno. Die Weiber?

Gisgon. Ein Weib gründete Carthago, Weiber helfen es retten, edler sind sie bei uns als die Männer (o, ich weiß es, obgleich ich nur E i n e kenne!) —

(Wieder zu den Sclaven:)

Ruft Mütter und Töchter auf, sie sollen in den Tempeln die Stellen der Göttinnen ersetzen, und mehr noch als die seyn, denn nicht stumm und müßig sollen sie dasteh'n, sondern ihren Schmuck an Gold und Kleinodien verwenden, um Speere, Schwerter, Helme und Harnische zu gießen und zu zieren, nur den besten, den Brautschmuck, mag er getragen seyn oder harrt er noch auf den Brauttag, behalte jede, auf den Fall, daß es

doch einst gälte, sich dem untergehenden Vaterlande zu
vermählen! — Hanno, Hanno! wär' ich immer das gewesen, wozu mich heut das Unglück macht, — wär' ich
meiner besseren Natur und nicht Deinen und Melkirs
Listen gefolgt, bei allen Himmeln und Erden,

(indem er auf die römischen Gesandten blickt:)

diese beiden Schweißhunde hetzten uns nicht in uns'ren Häusern, und Hannibal, ich als Gemeiner unter
ihm, wäre in den ihrigen!

Erster Gesandter. Wir beurlauben uns. Bei Euren
Veranstaltungen würde uns're Gegenwart nur störend
seyn.

Gisgon. Gar nicht — Sclaven, ergreift sie!

(Die Gesandten werden ergriffen.)

Zweiter Gesandter. Das bietest Du G e s a n d t e n?

Gisgon. Und mehr noch, wenn die Gesandten Spitzbuben sind!

(Zu den Sclaven:)

An das Kreuz mit ihnen, fest und hoch, daß sie bluttriefend sehen, wie um sie her Carthago sich rüstet!

Hanno. Nicht übereilig —

Gisgon. Eile, rücksichtsloseste, ist das nöthigste,
wollen wir einholen, was wir versäumten! — Fort mit
den beiden! Könnt' ich die Scipionen ihnen in's Antlitz gegenüber kreuzigen lassen!

Zweiter Gesandter (zum ersten:) Antworte nichts und
denk' an Regulus!

Gisgon. Hüllt Euch nur in die Schaaffelle Eurer
Erinnerungen, man weiß doch, daß Wölfe von Fleisch
und Blut darunter, und verzieh't Ihr bei Eurer Bestrafung auch keine Miene, es thut Euch doch weh!

(Die Gesandten werden abgeführt.)

— — Warum erschreckt, Hanno? Meinst Du, mit den Römern wäre irgend Friede? Sie würden nicht frecher, je zahmer wir thun? Wer uns einmal betrog wie sie, dächte uns nicht weiter zu betrügen? Zu Sclaven Massinissas ergriffen und verkauften sie uns, rissen wir diese Stadt um, und zögen wehrlos in's offne Feld, eine neue zu bauen!

V.

König Prusias.

Hauptstadt Bithyniens.

Thronsaal im Palast des Königs Prusias.

(Der König Prusias kommt mit seinem Gefolg und setzt sich auf den Thron. Tiefe Stille. Ein Höfling nies't.)

Prusias. Was vernehm' ich?

Höfling. Großer Monarch, verzeihe — Ich — ein unwiderstehlicher Drang —

Prusias (mit gedämpfter Stimme:) Jeden Drang der Natur kann die Kunst besiegen, wie Du in den Schulen zu Byzanz, wohin ich Dich auf meine Kosten gesandt, hättest erlernen können. Dein Prusten, gar klingend wie eine Anspielung auf meinen und meiner Ahnen Namen —

Höfling. Behüten mich die Götter vor solchem Frevel — Ich prustete nicht, ich nies'te nur.

Prusias. Der Verdacht schon gilt bei Königen für ein Vergehen, denn wir können bei der Menge uns'rer Schmeichler und uns'rer heimlichen Feinde nicht errathen, ob ein Narr lobhudeln, ein Feind uns ausspotten will. Entferne Dich, und erscheine nicht eher, als bis zwanzig Jahre abgelaufen sind und Du Deine Sitten gebessert hast, wieder vor meinem Hof.

(Der Höfling ab.)

Protovestiarios — Wartet Hannibal draußen?

Protovestiar. Er harret auf die Audienz.

Prusias. Ist er audienzmäßig gekleidet, Protovestiarios?

Protovestiar. Einfach, doch anständig, wie es Schutzflehenden geziemt.

Prusias. Er hat mich in einiger Hinsicht verletzt. Warum kam er nicht gleich zu mir, sondern ging erst zum syrischen Antiochus, der seine Rathschläge ohne Umsicht zum eignen Schaden benutzt, und ihn dann verlassen hat?

Protovestiar. Im Unglück wählt der betäubte Mensch oft ganz verkehrt.

Prusias. Es freut mich, daß auch die Arbeiten meiner Erholungsstunden Früchte bringen, und Du diesen Spruch aus meinem Trauerspiele Sesostris Dir gemerkt. — Ruf' und führe den Hannibal bis an den Rand des Purpurteppichs vor der Estrade meines Throns.

(Zu den Höflingen:)

Erstaunt nicht — Merkt Euch vielmehr, ich habe mich von allen Seiten her unterrichtet, und gefunden, daß Hannibal zwar keine erlauchte, aber doch eine edle Person ist, der in Betracht seiner Thaten als Krieger und der langen Reihe seiner Vorfahren auch erlaucht wäre, wären die letzteren nicht Kaufleute gewesen. Darum darf er kommen grad bis an des Teppichs goldfranzigen Rand.

Hannibal (vom Protovestiar begleitet, tritt ein. Er verbeugt sich ehrfurchtsvoll dreimal gegen den König, der sich dabei auf dem Thron noch steifer sitzen macht, und knieet mit dem rechten Knie an dem Raude des Teppichs. Tiefe Stille.)

Prusias (der sehr ernst zugesehen, nach einer Pause:) Stehe auf!
(Hannibal erhebt sich.)
Du begehrst?

Hannibal. Hoher Herr, ich habe nichts zu begehren, nur zu bitten.
(In sich:)
Dieser Mensch hat eine knisternde Stimme, als ginge am Festtag ein banger Dienstbote über den Sand des Hausflures!

Prusias (für sich:) Sein Benehmen nicht übel —

Hannibal. Ich biete mich zu Deinem Krieger an.

Prusias. Das kann ich noch nicht gewähren —
(Zu einem Höfling:)
Gib!
(Der Höfling überreicht ihm ein Convolut Landcharten, Prusias entfaltet sie und zeigt passenden Orts sie dem Hannibal:)
Ich habe Deine Kriegszüge genau durchstudirt, und finde, Du hast oft recht unvorsichtig gehandelt.

Hannibal. Unvorsichtig, Herr?
(Für sich:)
Eher hätte ich vermuthet, daß er mir übertriebene Vorsicht vorgeworfen — Doch er und diese Höflinge — eine neue Art Schlachtfeld! Wir wollen mit andren Waffen, mit Verbeugungen und dergleichen uns darauf versuchen —
(Laut:)
Belehre mich, König.

Prusias. Das will ich. — Dein ganzer Feldzug fing queer an —

Hannibal (für sich:) Werd' ich ein Schuljunge?

Prusias. Weshalb das gefährliche Abentheuer versucht, über Pyrenäen und Alpen zu steigen, da Du weit rascher, weit ungefährdeter über das Meer nach Italien eilen konntest?

Hannibal (für sich:) Eine blinde Sau findet auch eine Eichel! Er hat Recht!

(Laut:)

Mein damals jugendlicher Geist verlockte mich.

Prusias. Und Du hast, wie ich erfahren, an Deinem Bruder Hasdrubal den ähnlichen Uebergang streng getadelt.

Hannibal. Das thut mir leid.

Prusias. So der Mensch — Er sieht die fernsten Nebelsterne eher, als seine eigenen Fehler. — Dann, Bester, ist in Deinen Schlachten durchaus kein System. Bisweilen hast Du Deine Reiter rechts, bisweilen links, bald in der Mitte, und mit Deinem Fußvolk geht's eben so.

Hannibal. Meine Entschuldigung sey, daß ich mich nach Zeit- und Ortsgelegenheit richten mußte —

Prusias. Die gilt nicht, weder in der Kunst noch im Krieg: das S y st e m nur ist ewig und nach dieser Richtschnur müssen sich Heere richten, Gedichte ordnen, und d a s S y st e m st i r b t n i ch t, geschäh' ihm auch ein Unfall.

Hannibal. Hoher Herr, Dein Wissen scheint aus einer so tiefdurchdachten Praxis —

Prusias. Ja wohl. Mein Vater ließ mich am byzantinischen Hof als Ehrenofficier bei der Leibwacht erziehen.

(Er erhebt sich:)

Pantisaalbaderthilphichidis!

Der Leibpage (vorstehenden Namens, tritt vor.) Herr?

Prusias. Geleite Hannibal zu der ihm bestimmten Wohnung.

(Mit Wohlbehagen:)

Hörst Du, Pantisaalbaderthilphichidis?

(Alle außer Prusias entfernen sich. Ein Maler tritt aus dem Hintergrunde.)

Hast Du sie entworfen, die zwischen mir und dem Hannibal vorgefallene, denkwürdige Scene?

Maler. Wie Du befahlst, und unbemerkt — Hier ist die Skizze —

Prusias (hält sie in's gehörige Licht:) Im Ganzen gut — Dein Stift ist indeß noch hier und da zu scharf — Mein Haar hat daher etwas dürres, als 'trüg' ich trocknes Heu auf dem Kopf, — das thut Deine ängstliche Hand, gewöhne Dir sie ab. Ununterbrochene Uebung das beste Mittel dagegen. — Das Knieen Hannibals brav — etwas zu lang hast Du ihn zu meinen Füßen hingereckt, jedoch das ist byzantinischer Styl, und schadet meiner Würde nicht, welche in allen Stücken die Hauptsache bleibt.

Carthago.

(Nacht. Große Halle im Palast des Barkas, festlich mit Ampeln und Lichtern erhellt.)

Barkas (auf ein Ruhekissen das Haupt gesenkt, erwacht aus dem Schlummer:) Himmel, was hat Alitta mit leisem Tritt veranstaltet, während ich schlief? — Die Halle schimmert von goldenen Ampeln und Leuchtern und blen=

dendem Licht! Duftet von Ambra! Ist heute ein Familienfest?

(Römische Tubatöne, erst in weiter Ferne, dann immer näher und stärker, von allen Seiten herüberschwellend.)

O Meer, bedecke mich vor diesen Tag für Tag furchtbarer, näher werdenden Klängen!

(Sich erhebend:)

Was da? — Diese Halle ist hundert Stiegen hoch, und welche Riesenweiber schauen da in ihre Fenster — und — spalten sich die Mauern vor meinem Blick? — fegen die Gassen aus, die Gassen selbst fort? — Da, Du, du Eine, höher als alle, was weinst Du in mein Haus? Ich bedarf Deiner Thränen nicht, habe schon Grams genug — Eine funkelnde Königskrone auf dem Haupt? — — Elissa — Dido — bist Du es, die vor meinem Fenster steht? Standest Du auf, um Deine Stadt noch einmal vor ihrem Untergange zu seh'n? Wehe Carthago! sie nickt, verdeckt ihr Haupt, und verschwindet mit ihren Gefährtinnen im Meer! — — Träum' ich? Nein, dazu ist's zu furchtbar!

(Alitta tritt ein mit den vornehmsten der jungen Carthagerinnen, alle im glänzendsten Schmuck, lodernde Fackeln in der Hand.)

Barkas. Mädchen, Myrthen im Haar? Mit Diamanten und Perlen beschneit? In jetziger Bedrängniß?

Alitta. Theuerster Ahn, wir alle haben Tag und Nacht gearbeitet, uns're Krieger zu bewaffnen — Sie sind nun bis auf wenige gefallen, und denen kann uns're Arbeit nicht mehr fruchten — Was hilft nun der Gram? Wir wollen uns'ren Schmerz erleuchten und Hochzeit feiern, darum ließ ich Ampeln und Fackeln anzünden!

Barkas. Hochzeit? Dein Brasidas liegt todt.

Alitta. So feiern wir nicht die irdische, aber bald die schönere himmlische! Hört! wie sie den Reihen dazu spielen!

Barkas. Das ist der Sturmalarm des feindlichen Heeres!

Alitta. Desto besser! Der Feind spielt selbst zu unsrem Fest und die Musik scheint kräftig! — Greis, Carthagos Jungfrauen und Matronen wissen, daß die Römer die Mauern erbrechen, obgleich der in seinen letzten Tagen so edle Gisgon sie mit seinem Todesblut versiegelt hatte — sie wissen, daß alle Gegenwehr vergeblich ist, darum sind sie alle, keine ausgenommen, (sieh nur, wie es auch in den nachbarlichen Häusern und Palästen hell wird) entschlossen —

Barkas. Doch nicht —?

Alitta (fest:) Die Stadt und sich zu verbrennen!

Barkas (Pause:) —— Gebt mir auch eine Fackel!

Turnu (sich vordrängend:) Da!

Alitta. Ha, der Mohr, welcher nach Zamas Schlacht hier Hannibal suchte, und den ich beschützte — Du bleibst leben!

Turnu. Muß ich?

Alitta. Um Dich durch die Römer zu schleichen, und dem Hannibal zu berichten, was hier geschehen.

(Turnu ab.)

Und nun Freundinnen, Gespielinnen, besser, wir werden heiße Asche, als blühende Sclavinnen! — Ich beginne!

(Sie wirft ihre Fackel an die Tapete; die Uebrigen eben so; der Palast beginnt zu brennen, die Nachbarwohnungen lodern auf dieses Zeichen auch auf. Alle umarmen sich.)

Alitta. Urvater, wie ist Dir?

Barkas. Wohler als je!

Hauptstadt Bithyniens.

(Ein Zimmer im Palast Königs Prusias. Prusias und ein Höfling.)

Prusias. Also ein römischer Gesandter?
Höfling. Er bittet um Gehör.
Prusias. Kommt der Mensch allein?
Höfling. Er hat nur einige Diener bei sich. Aber an unsren Küsten kreuzen sechs bis zehn römische Kriegsschiffe.
Prusias. Lächerlicher Pomp! — Was wünscht das römische, so trotzig angekommene Bürgersubject?
Höfling. Die Auslieferung Hannibals.
Prusias. Wird nimmer bewilligt. Er ist mein Gastfreund.

(Der Prätor Titus Flamininus tritt ein. Prusias für sich:)

Er beugt sich nicht? Oeffnet nicht einmal den Mund zum Reden? — Ich muß wahrhaftig anfangen. —

(Laut:)

Wer bist Du?
Flamininus. Ein Prätor Roms, an Dich gesandt.
Prusias. Was bittet Rom?
Flamininus. Es will, daß Du mir auf der Stelle den Feldherrn des untergegangenen Carthagos, jetzt Provinz Africa geheißen, den Hannibal, auslieferst.
Prusias. Ein eigener Antrag —

(Zu dem Höflinge:)

Bemerk' ihn Dir einstweilen zu den Acten.
Flamininus. Damit ist mir nicht gedient.

(Er entfaltet seine Toga und legt sie wieder zusammen:)

Wähle! hier Krieg oder Frieden!

Prusias. Rasch Leute, ihr!
(Zu dem Höfling:)
Was meinst Du?

Höfling (leise:) Uns'rer Truppen sind jetzt eben wenig —

Prusias. — Mein braves Volk wegen des Heimatlosen in Krieg stürzen? Wär' es recht, billig, weise? Nein, spricht auch Manches bei mir für ihn, ich muß es bezwingen, denn höhere Verhältnisse sind gegen ihn! Ja, so ist's.
(Zu dem Höfling:)
Ueberliefere dem Prätor den Hannibal. — Ich gehe auf die Hirschjagd.

Villa vor Bithyniens Hauptstadt.

Zimmer.

Hannibal (sitzt an einem Tische:) Wollt' es der Prusias, Kleinasiens winzige Staaten wären bald überrumpelt, doch ich bin ihm zu dumm. — — Carthago — sey wie du willst, doch meine Vaterstadt, und mir doppelt theuer, weil du jetzt so unglücklich seyn wirst! —
(Aufstehend:)
Heimliches Geschleich? — Es kriecht! Ohr, trügest du mich? Es ist Turnu! Von Carthago! — — Hannibal, mach' Dich gefaßt, sey stärker als die Eiche, und schaudre nicht mit allen Blättern, wenn die Wetter herannahen!
(Er öffnet die Thür:)
Komm!

Turnu. O Herr! Du!

Hannibal. Mäßige Dich!

Turnu. Kann's nicht, Herr, Fürst, Vater, Mutter, Du mir Alles!

Hannibal. Welche Nachricht bringst Du?

Turnu. Mich schickt Alitta.

Hannibal (für sich:) Ah, nun steht es noch gut mit Carthago. Die hätte seinen Untergang nicht überlebt.

Turnu. Sie trug mir auf, Dir zu erzählen, wie alles geschehen.

Hannibal. Erzähle.

Turnu. Die Scipionen haben lang genug an Carthago vergeblich erobern wollen.

Hannibal (für sich:) Also endlich abgezogen!

(Laut:)

Meld' es mir, so viel Du kannst, nach der Reihe.

Turnu. Als die Römer vor die Stadt kamen, machten sie einen Höllenlärm, daß einem Ohr und Auge weit wurden! Brandschiffe zischten auf den Hafen los —

Hannibal. Und?

Turnu. — platzten! — Dann kamen sie mit hölzernen Thürmen an die Mauern gewackelt, große Eisenbalken daraus hervor, wir aber schmissen Pechkränze darauf und Thurm und Mannschaft verbrannte!

Hannibal. Ihr habt Euch brav gewehrt.

Turnu. Das mein' ich. — Leider waren uns're Waffen bald zerfetzt, uns're Munition erschöpft — Da kam (in Nubien glaubt's Niemand!) das Weibervolk und brachte neue!

Hannibal. Weiter!

Turnu. Schrecklich war's: jeder Tempel summte von ihm wie ein Wespennest, wie ein Ehebett, Tag und Nacht keine Ruh: die eine zupfte Verband für Wunden, die andere behämmerte die Schilde, die dritte schliff Speere und so alle — Nur Alitta stickte bloß

Ehrenzeichen für die Heldenthaten der Männer, und sie that klug, denn hatte sie so einem Firlefanz eins angeheftet, ging er tausendmal tapferer fort, als er gekommen war.

Hannibal. Die Römer?

Turnu. Waren nicht müßig. Sie dämmten unsren Hafen zu.

Hannibal. Ihr?

Turnu. Gruben in einer einzigen Nacht einen neuen, rechts ab vom alten. — Da fingen die Scipionen wieder zu Lande an — Schlaf, Essen, Trinken, Unterschied von Tag und Nacht hörte auf vor Kampf und Blut, bis —

Hannibal. Die Scipionen ermatteten?

Turnu. Bewahre! Sie brachen endlich Bresche!

Hannibal. Hölle!

Turnu. Wurden auch höllisch betrogen!

Hannibal. Ich athme wieder!

Turnu. Als Gisgon und Brasidas gefallen —

Hannibal. Die sind todt?

Turnu. Es kräht kein Hahn fürder nach ihnen. — Und als sonst kein waffenfähiger Mann sich noch wehren konnte, erhoben sich abermals die Weiber, Alitta an ihrer Spitze.

Hannibal (freudig:) Ah!

Turnu. Weiberlist ist unergründlich, Herr. Die Römer wurden schmählich betrogen. Sie wähnten schon Carthago mit seinen Schätzen in der Hand zu haben, da sammelt sich das Weibszeug in den Palästen, und verbrennt sich, Deinen Großvater, der ganz lustig dabei wurde, und die Stadt mit Haut und Haar. Siebenundzwanzig Tage brannte Carthago, Alitta warf die erste Fackel! Hat man es auch geseh'n, man glaubt's kaum! Bald wogten die Flammen hin und her, als wäre aus allen Löwen Africas Einer geworden, und spiegelte er sich mit seinen Mähnen im Meer! Die betrogenen Römer mußten lange warten, eh' sie einrücken konnten, und fanden nur — Asche, die der Wind noch heute in die See weht.

Hannibal (kalt:) Wie kamst Du aus der Stadt?

Turnu. Da Alitta mir zu flüchten und zu Dir zu eilen gebot, schlich ich mich zu den Römern und that, als gehört' ich zu Massinissas Negern — Das ging durch, denn wenn auch Massinissa Weiße, Gelbe und Schwarze hat, seine Zucht ist eben nicht sonderlich.

Hannibal. Laß die!

Turnu. Ach, und da erst sah die brennende Stadt prächtig aus! Bei Tag schien die Sonne gelbroth durch den Dampf, bei Nacht wurden die rothfunkelndsten Sterne bleich vor dem Feuer, wie das Weiß meiner Augen — Und die Paläste donnerten einer nach dem anderen ein, die Flammen reckten sich nach dem Himmel, als wollten sie ihn mitverbrennen.

Hannibal. (Er will etwas sagen, und kann es nicht.)

Turnu. Die Gipfel des Atlas standen immer taghell vor dem sie durchfunkelnden Brand, mit ihren Klippen, Felsen und Waldungen! Es erschienen die Thiere der Gebirge und Wüsten: entsetzliche Schlangen ringelten sich auf an den Bäumen, Löwenaugen, Hyänen starrten in das Feuer —

Hannibal. Die Scipionen?

Turnu. Die hatten es gut. Sie kamen zu Zeiten, und es sah prächtig aus, wenn die brennende Stadt in dem Brustharnisch des Jüngeren, der auf einer Anhöhe des Lagers stand, sich abspiegelte. Er wußte sich auch so zu drehen, daß Jedermann das sah, und kam oft. Als er aber in der siebenundzwanzigsten Nacht kam, wurde er wehmüthig — die Stadt erlosch just, und es fielen ihm mit ihren letzten Funken Thränen aus dem Auge.

Hannibal. Gut Weinen, ihr Römer! Zur bequemsten Zeit, wenn ihr alles gewonnen habt!

Turnu. Herr, laß mich abtrocknen — Du bekommst da ein Thierchen in's Auge —

Hannibal. Laß! Ein altes Augenübel.

Turnu. Habe das früher an Dir nicht bemerkt. — Dann sprach der jüngere Scipio auch Verse — ein schmächtiger Kerl, der immer hinter ihm scherwenzelte, wie ein Katzenschwanz (sie nannten ihn auch so mit einem „Z", ich glaube Terenz), schrieb sie in eine Wachstafel, die stahl ich ihm aber, als er in tiefen Gedanken sie seitwärts, lose in der Hand hielt!

Hannibal. Zeig'. — 'S ist griechisch.

(Lies't:)

„Einst wird kommen der Tag, wo die heilige Ilios
hinsinkt,
Priamos auch, und das Volk des lanzenkundigen
Königs."

Macht der Bube aus Carthago eine homerische Reminiscenz!

Ein Sclav (eilt herein:) Herr, guter Herr, verrathe mich nicht — Es kommt ein Fremdling, weiß gekleidet, mit purpurner Verbrämung, vor ihm sechs Männer mit Aexten, mit ihm viele Krieger uns'res großen Königs, und die ganze Villa ist schon umstellt!

Hannibal. Auch meine unterirdischen Ausgänge?

Sclave. Sind verrathen!

(Ab.)

Hannibal (nachdem er einen Augenblick an ein Fenster getreten:)
Turnu, es kommen Römer. Prusias hat mich ihnen feig übergeben.

Turnu. Kein Mittel, daß ich dem Prustian an den Hals komme?

Hannibal. Ueberlaß ihn nur sich. Daran hat er Strafe genug. —

(Er zieht die Giftflasche hervor:)

Also —

Turnu. Müssen wir daran?

Hannibal. Du bist es nicht, den sie verfolgen — Rette Dich!

Turnu. Ohne Dich? Ich häute mir Dir.

Hannibal. Häuten?

Turnu. Wir werfen das alte Fell ab, wie die Schlangen im Frühjahr, und sollst sehen, wir bekommen anderswo ein anderes.

Hannibal. Ja, aus der Welt werden wir nicht fallen. Wir sind einmal darin. — Trink!

Turnu (nachdem er getrunken:) Da, nimm den Rest — Es schmeckt kräftig — Teufel, was wird? Dreh' ich mich um die Welt, oder die Welt sich um mich? Ich schwitze, und —

(sich matt an die Stirn fühlend:)

es — ist heißes Eis — Feldherr —? —

(Stirbt.)

Hannibal. Du hast überwunden. — Nun, Römer, entzieht sich euch ein verbannter, greisender Mann, vor dem ihr gebebt, bis sein letzter Athem dahin —

(Er trinkt den Rest des Giftes:)

Gift zu eurer Gesundheit! — Ei, wirkt es noch nicht bei mir? Das währt lange! — Ha, da — es kommt — Schwarzer Pilot, wer bist Du? — —

(Er stirbt.)

(König Prusias kommt mit Gefolg und Flamininus.)

Prusias. Hier triffst Du ihn.

Flamininus (sieht Hannibals und Turnu's Leichen:) Ja, todt.

Prusias. Todt? — Kannst Du mehr verlangen?

Flamininus. Ja, wir wollten ihn lebendig vor dem Triumphwagen.

Prusias. Wär' ich nicht auf der Jagd gewesen, hättet ihr ihn vielleicht auch lebendig —

Flamininus. Du hättest die Jagd unterlassen sollen. Ich werde alles in Rom anzeigen, und der Senat wird entscheiden, wie man Dich bestraft.

(Ab.)

Prusias. Was — —? Doch das hat Zeit und dagegen wird Rath seyn.

(Mit sehr gedämpfter und feierlicher Stimme:)

Jetzt ist der Moment in das Leben getreten, wo es das zu thun gilt, was ich in mancher Tragödie ahnungsvoll hingeschrieben: edel und königlich seyn gegen die Todten!

(Er nimmt seinen rothen Mantel ab.)

Hannibal war, wie ich oft gesagt, ein zu rascher, unüberlegsamer Mann, — hart kam mir die Gastfreundschaft zu stehen, welche ich ihm erwies, — aber er war doch einmal mein Gastfreund, und darum seyen seine Fehler, seine Abstammung vergessen, ihn und sie deck' ich zu mit diesem Königsmantel! Grad' so machte es Alexander mit Dareios!

Das Gefolg (will Beifall jubeln:) O —

Prusias. Wartet — Diese Falte am Zipfel des Mantels liegt nicht recht — Auch sie zu bessern, sey mir nicht zu niedrig!

Das Gefolg. Hoch Prusias, größter der Könige!

Der Cid.

Große Oper in 2—5 Acten.

Musik von Burgmüller.
Text von Grabbe.

[1835]

(Saragossa. Saal im Schloß.)

König, Hofstaat. Rodrigo, Gefolge.

Rodrigo. Herr, mich verwirft Chimene,
Ich fürchte meine Thräne,
Drum such' ich auf des Ruhmes Bahnen:
Hier bring ich Dir die ersten Fahnen.
König. Hast viel geärndtet, blut'ger Schnitter!
Cid von heut' an, und Erster meiner Ritter.
— Chimene, kann man nie verzeihen?
Chimene. Ich muß den Blick dem Todten weihen.
König. Du gabst dem Cid dein Liebeswort!
Chim. Bezahlt hat er's mit Vaters Mord!
König. Unfall war das, nicht böser Sinn.
Chim. Mir war's der schmerzlichste Gewinn!

Was Lieb und Treue,
Wo Vatergebein?
— Wehe, lebend zu seyn!

Die Ritter. Nicht störe, Held, dich Thränenflor
Cid, auch dem Grame sey Campeador!
Die Soldaten. Herr, warte, bis sie wird vernünftig,
Ist sie's nicht heut, wird sie es künftig.
Cid. Weib, mir mehr als du bist — die Leute haben recht — vernünftig! — Ich nehme mich zusammen. — Burgmüller!
Burgmüller. Sie rufen?

Cid. Componire mich so, daß ich aussehe, wie es einem mit Vernunft verliebten Feldherrn ziemt.

Burgmüller. Verliebte Vernunft wird Unvernunft, Ewr. Hochwohlgeboren!

König (Briefe erbrechend:) Campeador, es drohen neue Kriege!

Ritter und Soldaten. So blühen bald uns frische Stege!

Cid. Nichts mehr auf dieser Erde?
Was denn mit kahlem Ruhme?
(mit einem Blick auf Chimene:)
Wegfiel sie meine Blume!
— Und doch noch immer Etwas — Ja!
O treues Pferd, Babieca!
Du kannst nicht sprechen,
Verstehst mich doch,
Den Feind zu durchbrechen
Hilfst du mir noch.
(zu seinem Gefolg:)
Seht, wie der Mohren Säbel blinken,
Für eure Schwerter Siege daraus winken!
Chimene, Du an V a t e r l e i ch' gekettet,
Du liebst mich wieder, hab' ich's Vaterland gerettet!
(Alle ab, außer Chimene.)

Chim. Die prächtigen Säle
Wie werden sie still!
Wohin ich auch trete,
Der Sarg des Erschlagnen
Umnachtet mich.
— Rodrigo,
O Frühling!
Sie nennen ihn jetzt den Cid,
So nenn' ich dich nicht mit,
Dich Wald in meiner Seele!

— Wie viele Tag' einst **unsrer** Liebe? — Zähle!
Er kann die Menge nicht berechen,
Ich seh' ihn sich den Kopf zerbrechen.

Correktor. Es muß berechnen heißen, das „n" fehlt in berechen.

Chim. Stören Sie mich nicht in meiner Arie. Denn, lieber Herr Rellstab, das ist eine eigne Suppe. Ich spiele zu meinem nicht garantirten Benefiz.

Rellstab. Singen Sie in's Teufel's Namen weiter!

Chim. Hu — wie Deine Hand nun raucht,
In Gormaz Blut ist sie getaucht.

2.
(Schlachtfeld bei Toledo.)

Krieger. Zwei Mohrenkönige. Gott ist Gott
Und Mahomet ist sein Prophet,
Und dieses ist sein Gebet.

(Sie hauen in das castilische Heer.)

Castilisches Heer (auch einhauend.)
Und diese Eisen unser Fluch!
— Wehe, sie siegen —
Hol's der Teufel,
Es ist sonder Zweifel.
Flieht!
Denn uns noch zu wehren — —?
Womit?
           (Cid zu Pferde.)
Der Cid!

Cid. Schließt Euch zusammen!

Soldaten (thun's.) Das heißt, uns zum Tode ver=
                              dammen!

Cid. Werdet ein Keil,
Dem Feinde ein Pfeil!
Dorthin!

Zwei Adjutanten. Ist er bei Sinn?
Dort stehn die Mohrenkönige
Umfunkelt von Leibwachten.

Cid. Darauf sollt Ihr gar nicht achten.
Man zwingt die Menge nur durch Wenige.

(Kampf. Die Mohren werden geschlagen, so daß sie etwas schwärzer werden, wie Mauren oder Mohren gewöhnlich sind.)

Das Heer. Hoch unser Held
Auf diesem Siegesfeld. —

Cid. Haltet das Maul und verfolgt den Feind, sonst laß' ich, sobald das Pulver erfunden seyn wird, den zehnten Mann von Euch erschießen.

Das Heer. Das Pulver erfunden?
Noch zweihundert Jahre,
Zuvor noch unsre Todtenbahre,
Schrecklich!

Cid. Vorwärts, den Feind verfolgt. Esel, begreift doch, daß ihr Esel seyd. Seyd ihr vor 200 Jahren auf der Todtenbahre, könnt ihr Rindvieh das Ende dieses Zeitraums ja nicht erlebt haben. — Chimene — Sie ist eigentlich nicht hübscher als 300 000 000 andere. Aber ich wurde mit ihr bekannt, kuckt' ihr in's Auge, sah ihren Busen, vergaß ihre lange Nase, hatte noch allerlei Gesinnungen und dergestalt wuchs die Liebe, so daß ich ihretwillen hier die Mohren todtschlage.

(Ja keine Verwandlung. Zwei Todtengräber gehen nur über das Schlachtfeld und Bauernjungen kommen an. Großer Marsch.)

Erster Todtengräber (eine Leiche untersuchend:) Hat dieser Donnerwetter was? So'n Ring am Finger?

Zweiter Todtengräber. Nein.

Erster Todtengr. So kann er zum Teufel gehen.

Zweiter Todtengr. Ist schon bei ihm.

Erster Bauerjunge. Conrad, stiehl!

Zweiter Bauerjunge. Was denn?

Erster Bauerjunge. Den Ring, welchen die beiden alten Kerle übersehen haben.

Beide Bauerjungen (nachdem der Ring von ihnen gestohlen:)

Es ist die höchste der Ideen
Kann man auf so ein Schlachtfeld gehen,
Und find't nicht nur die Leute todt,
Nein, auch so was für's täglich Brod.

3.

(Baumgarten, (nicht der Dresdner Schriftsteller,) vor Chimenens Schloß.)

Cid. In der stillen Mitternacht
Wo nur Schmerz und Liebe wacht,
Steh' ich hier;
Chimene!

Chimene (am Fenster:) In der dunkeln Mitternacht,
Wo mein tiefster Schmerz erwacht,
Wer nahet mir?

Cid. Vielleicht belauscht uns hier
Feindselig Ohr,
Eröffne nur —

Chim. Entdecke dich!
Wer bist du, sprich!

Cid. Verwaisete Chimene,
Du kennest mich!

Chim. Ja dich, der meinem Namen sein Haupt,
Der meinen Vater mir geraubt!

Cid. Die Ehre that's, nicht ich!
Chim. Entferne dich, unheilbar ist mein Schmerz.
Cid. So schenke mir dein Herz,
Ich will es heilen.
Chim. Ich kann es zwischen Rach' und Lieb' nicht
theilen.
Cid. Unendlich ist der Liebe Macht.
Chim. Rodrigo, gute Nacht.
(Cid entfernt sich, Chimene tritt in ihre Zimmer zurück.)

Ein Nachtwächter (kommt:) Heiliger Franziskus, was für Zeugs wird hier 1 Uhr Mitternacht gesprochen? „Unendlich ist der Diebe Macht!" Gotlob, ich bin behörnt.
(Er stößt in sein Horn. Seine Frau und das Publikum als ein vielhäuptiges Mannweib kommen.)

Frau. Was ist —?
Nachtwächter. Zwei Dtebe
Sprachen hier von Liebe.
Publikum. Er ist besoffen.
Nachtwächter.
Ihr habt's getroffen.

    Eine edle Frau zu haben
    Ist beste aller Gottesgaben.
    Welche Pracht,
    Besonders in der Nacht!
    Wo das Gefühl mit Weisheit einig,
    Da wird der Mensch sehr leicht vierbeinig.

Publikum.

Wie an dem hohen Himmelsbogen
Der Sterne Heer kommt angezogen!
Cid, soll man denken, führte sie,
Denn er führt alles — ich weiß nicht wie.

4.

Cid (in seinem Zelt:) Sie verwirft mich,
Doch sprach sie „Gute Nacht."
O diese gute Nacht,
Zwei Worte voll von Sternenpracht!
Wie weit sich der Nachthimmel dehnt,
Wie weit mein Herz sich sehnt!
Chimene, dich zerreißen,
Auf die Feinde schmeißen —
Dann dich wieder holen,
Und meinen Jammer Gott befohlen.

Rellstab. Herr Redakteur der eleganten Welt! Ich habe mich sammt meiner Correspondenz zu lang verzögert. Indeß fiel diesseit und jenseit der Spree zu vielerlei vor, so daß mein Bericht deßhalb zu groß wird, und er deßhalb zu seinem affectirten Aufbau Zeit erfordert. Da ist, um immer in flachen Witzeleien zu schwatzen, an dem Cid, große Oper, Akt 1, Scene 4, wo Cid in seinem Zelt sitzt, und ihm alle Gedanken, ohne Modulation, wild wie ein verliebtes Herz sie gebiert, durch den Kopf laufen, ist abscheulich.

Cid. Fürchte mich, ich bin gesund,
Halt's Maul, Du Hund!

Rellstab. Meinen Sie mich?

Cid. Was weiß ich?

Gubitz. Herr Rellstab, ich pflichte Ihnen ganz gehorsamst bei. Aber sachte.

(Zwei gefangene Mohrenkönige werden hereingebracht und knieen.)

Cid. Pfui!
Ich mag es nicht, dies Liegen;
Mir ist's genug, zu siegen.

(Die Mohrenkönige stehen wieder auf.)

Gubitz. Gut.

Rellstab (sacht mit einem bedeutenden Wink:) Die erste Violine geht falsch.

5.
(Chimenens Zimmer.)

Chimene (laut:) Der Cid, das Ungeheuer!
(für sich:)
Er bleibt mir ewig theuer!
(laut:)
Was?
Elendes Zeug!
Du Echo, schweig!
— — Er schreitet fort von Sieg zu Stegen,
O könnt ich mit ihm fliegen.

Rellstab. Ich hätte bald bei meinem verzögerten Bericht etwas vergessen, und zög're nicht, es jetzt zu erwähnen. Das Stück erinnert 1. an Ben Jonsons 2. an Tiecks Manier.

Chim. Gut, Dichter. —

Graf Platen (mit einer Nachtmütze, lang, unabgekürzt, etwa von 20 Ellen:) Abscheuliche Elision da.

Chim. Nun:

Die guten Dichter folgen der Natur
Und treffen gern die frei'ste Spur.

Platen. Was könnte man da noch nicht alles reimen? Nur, Cur, Hur', Fuhr, Ur, Muhr in Steiermark, Troubadour — — — Endlos — — — Ich verspar's für die nach meinem Tode von mir versprochenen Heldengedichte.

Chim. Wird Cid durch alle Feinde dringen,
So will ich ihm 'ne neue Arie fingen.

Burgmüller. Das geht so leicht nicht, ich muß erst den Text haben.

Chim. Text ist Textkäse, Bester. Machen Sie mir einige Flötentöne, dann ein Paar Donnerschläge, dann wieder Süßigkeiten und zuletzt den Finalschweif. Das kennen Sie ja aus tausend Opern. Flicken Sie auch einige Harfen und Vulkane hinein.

Burgmüller. Die spanische Canaille macht mir viel zu schaffen.

Chim. Still! ich muß weiter singen:
   Wie lustig ist's, ein Mädchen seyn,
   Heute Dein und morgen wieder mein!

Erster Sprecher aus der Zauberflöte.
   Weiber schwatzen, plaudern viel.

Chimene (wüthend:)
   Verwünscht sey das Zungenspiel.

Meierbeer. Nichts schöner als jene Decorationen und die Pirouetten, besonders von den todten Nonnen, die ich da hinter der Scene erblicke. „Marlbrough s'en va-t-en guerre" ist auch gut, fast so gut, wie mein späteres Vorbild dazu aus Robert, dem ekelhaften Teufel, wo es übersetzt heißt:
   „Das Glück ist nur Chimäre."

Rellstab. Will's mit dem Meierbeer und seinem Comödienrufe nicht mehr? Wird er sparsam? Ausgeschrieben?

Chim. Donnerwetter!

Friedrich v. Raumer (Historiker der Hohenstaufen, Kritiker und von sich selbst angezeigter Durchleser des corp. juris civil. et canon. und Trillionen anderer Dinge, binnen ein paar Wochen, wer's glaubt.) Ich laufe weg, das Weib ist ein Kerl.

Chim. Du!
   Hu!
   (sanft ab.)

Dr. Schiff. Es ist keine Handlung im Stück.

Chimene (kommt zurück:) Bald kommen zwei Juden schachern, da wird bis auf den Pfennig gehandelt, Jeremias!

Furchtbares Loos,
Der Beutel ist groß,
Das Geld ist klein!
Ein Bischen recensiren,
Den Balzac an der Nas' einführen,
Für 'nen Groschen mag es seyn
Der Bogen!

Cid hat meinen Vater todtgeschlagen. Doch die Aehnlichkeit hab' ich von ihm, ich vergesse die Heuochsen nie, kann sie auch schlachten oder ohrfeigen.

Chor. Bei Gelegenheit.

6.

(Bei Cadiz.)

(Furchtbarer Spektakel wie in der Ouverture der Gazza ladra. Jusuff kommt mit seinen Morabiten und Elephanten angerückt, wovon man nur einen einzigen halben Rüssel erblickt, weil die übrigen hinter der Scene beschäftigt.)

Jusuff. Arabien mein Heimathland. —
Rellstab. Das ist ein Plagiat aus Webers Oberon.
Jusuff. Desto besser!

Ihr schwarzen Helden aus der Wüste,
Hättet Ihr nicht Männerbrüste —

Der verfluchte Reim!
Generale tapfer, Musik hilft. Dort kommt der Cid, wir müssen über jenen Fluß, um ihm von Haus aus den Uebergang zu wehren. Musik, damit die Kerle ihre Feigheit überschreien.

(er stimmt an:)

Prinz Eugenius, der edle Ritter
Wollt' dem Kaiser wieder überliefern
Stadt und Festung Belgerad.
Drauf ließ er schlagen einen Brucken —

(Trompete.)

Die Morabiten (begeistert:) — einen Brucken!
Jusuff.

Worauf man konnt hinüberrucken
Wohl vor die Stadt.
Und als der Brucken war geschlagen,
So ließ er tüchtig foutragiren
Wohl an die 3,000,000 Mann —

Die Morabiten. Wohl an die 3,000,000 Mann!
Rellstab. Zu spontinisch.
Cid (kommt mit seinen Truppen, 21 Mann:) Schiebt hier zwölf Statisten vor, dort neun. Mehr kann ich nicht bezahlen. So. Die Bataille ist gewonnen.

(Jusuff und die Morabiten flüchten.)

Thut, als verfolget ihr sie, bleibt aber hinter den Coulissen. Ihr sollt euch gleich in Pferde verwandeln.

(Statisten versuchen's.)

7.

(Saal in Chimenens Schloß.)

Chimene (zu ihrer Zofe, der Stummen von Portici:) Warum sagst du nichts?
Fenella. Muß man, wie ich, Tanzbeine zeigen,
Hat man zu schweigen.

Chimene.
>Rodrigo!
>O!
>Himmel!
>Liebe!
>Triebe!

Rellstab. Das war ein Triller wie ein Rheinstrudel.

Gubitz (blöde.)   Da -capchen!

Chim. Ich bin nicht Albini.

Rellstab. Das Weib hat den Teufel im Leib.

Chim. Was ich im Leib habe, geht Keinem von Euch etwas an. Seh' ich denn aus wie schwanger?

Rellstab. Das könnt' ich nicht sagen!

Chim. Wollt' Ihnen, mein Herr, diese Erklärung auch rathen, denn ich habe mit dem Cid selten viel zu thun gehabt.

Burgmüller. Madam, ich kann nicht ewig wie eine Bildsäule hier meinen Taktschlägerstab halten und bitte, daß Sie fortsingen und sich nicht stören lassen.

Chim. Ich habe was Andres zu thun. Ich habe den Schnupfen.

Rellstab. Geehrtester Redakteur der eleganten Welt —

Chim. Nein, nun rück' ich doch wieder in's Feld.

>Wo umglänzt von Sonnenstrahlen
>Sich deines Schlosses Thürme malen,
>In Ebros heitren Fluthen,
>Cid, jene ersten Liebesgluthen!
>Kennst du der Laube zärtlich Grün,
>Das uns ein Liebesnetz nur schien?

Dr. Schiff (jedoch ohne den Strich durch's ff, weil man ihn sonst mit der gewöhnlichen Bezeichnung der Digesten verwechseln und für eine Pandektenstelle halten könnte:) Nun wird's schön!

Fr. v. Raumer. Das stimmt ganz überein mit dem von mir schön beschriebenen, aber leider von mir nicht gelesenen Buche Nr. 10002, Sect. 1, in der Vaticana.

(Die Hohenstaufen wandeln über die Scene, Raumer wird bange, Chimene wird heiter.)

Chim. Cid kämpft jetzt mit den Mohren,
Weh ihnen, daß sie sind geboren!
Wie dunkel rollen seine Augen,
Ich möchte Meere daraus saugen.

(zur Fenella:)

Komm!

Fenella. Bin beklomm' —

Chim. Warum?

Fenella. Weil ich's Maul nicht aufthun darf 4 Stunden lang, und ich, ein Weib!

Chimene.

Das ist 'was Schreckliches,
Und nichts Erkleckliches!

Gubitz (wird inflammirt und singt:)

Ich bin klein, doch dieß ist groß,
Wie wächst mein Geist, o seelig Loos!

Albini?

Albini. Doch kunterbuntes Zeug!

Cid. Ich komme hier zu Pferde —

Chimene (läuft weg:) Ein Pferd bin ich auch nicht!

Cid. Und Herr Albini, glauben Sie, daß bei ähnlichen Beleidigungen ich meine Geliebte entsetzlich rächen werde!

(Ab. Gubitz, Gruppe und Albini entfernen sich aus der Gesellschaft, bleiben indeß unter einander Gesellschafter.)

(Terrasse am Schloß des Königs.)

König. Die deutschen Recitative sind immer schwerfällig. Das thut die Härte der Sprache, die noch immer zischt, wie die Schwerter der Völkerwanderung im Kampf. Drum lass' ich das meinige hier aus.

Rellstab. Das dürfen Sie nicht, Sie beziehen 13,000 Thaler jährlicher Gage.

König. Das ist der Grund, weshalb ich mich nicht genire. — Was der Cid wohl macht? — Ich bin besorgt —

Nott' e giorno faticar —

Chimene (kommt ärgerlich:) Sie schaden dem Effect meines Singsangs. Sie legen was Brillantes ein, Herr von Haitzinger. Meine Rolle muß ohne Nebenbuhlerei als die erste brilliren.

König. Ich habe Ihnen noch nie etwas eingelegt.

Chim. Brillantes freilich nicht.

Ein Recensent.

Mir wird so wohl, mir wird so dumm
Als wär'n mir tausend Säu im Kopf herum.

8.

(Der Ort ist ungewiß, wie Volger's Geographie.)

Zwei Juden.

Erster. Der Cid ist ein guter Sänger. Kann man ihm aber borgen? Schauspieler —

Zweiter. Erhalten viel Gag'.

Erster. Zahlen schlecht.

Zweiter. Wollen wir ihm abkaufen seine Rollen?

Erster. Jaukuf, wir können sie ja nicht spielen. Es sind keine Lujedors drin.

(Zwei Diener tragen einen schweren, prächtigen Kasten, schön versiegelt und verschlossen herein. — Wenn die Bühne alle Rollen nicht besetzen [kann], nehme sie überall von den in dieser Darstellung nicht Beschäftigten die Schauspieler, welche sie will. Es ist nur ein Unterschied von 1 Nacht und 1 Tag. Die Darstellerin der Chimene spielt morgen doch in Weixls Nachtigall und Rabe die Philomele.)

Die Diener.

>   Brillianten,
>   Diamanten,
>   Rubinen,
>   Faschinen,
>   Teller von Gold —

Die Juden. Von Gold?
Die Diener. Auch feinen Sold
Hat Cid in diese Kist' gelegt
Und schickt sie euch als Unterpfand;
Damit ihr ihm

(sie übergeben dem Juden eine Quittung)

Dieß Geld auslegt
Zu tausend Prozent —

Zweiter Jude (das Geld bezahlend.) Dies zeigt Opernverstand.

Erster.

>   Mend=
>   elchen,
>   welchen?

Rellstab. Diese Reime, diesseits der Spree, sind doch zu toll. Das Mendelchen abzubrechen:

>   Mend=
>   elchen. —?

Erster Jude. Still, Spontini kommt.

Rellstab. Teufel, ich habe gegen ihn geschimpft und bin doch bange vor ihm.

Gubitz. Wäre ich nicht weggelaufen, wollt' ich Ihnen was sagen.

Erster Jude. Nun machen wir die Kiste auf.

Mendelchen. Es ist ein saubres Siegel drauf —
Ach könnt' ich dünne Waden so zusiegeln,
Wie keck' wollt ich den Kopf
In Weiberaugen mir bespiegeln.

Erster. Wir müssen's doch aufmachen, Tropf!

(Sie machen den Koffer auf.)

'S ist Sand!

(Er wird vor Schrecken eine Dame.)

Mendelchen. O Vaterland

   Wer's nicht kennt, das Mendelchen in Pirmunt
   Das ist ein echtig lumpig Hund.

Wolfram. Meine Sachen sind doch natürlicher als die von Burgmüller. Bei diesen weiß man kaum, wohin sie wollen, sie scheinen nichts wie Stich auf's jetzige dumme Opernzeug —

Chimene (eilt vor:) Ich verbitte mir den Stich: mein Mann ist längst ersticht.

   Ach aufgeschnürter, wackeliger Busen,
   Wie nützest du den Musen!
   Zwei Töchter soll die Kunst auch frei'n.
   Was werden alle Recensenten schrei'n!

von Raumer. Gesticht, statt gestochen, ist ein Sprachfehler.

Chim. Ich fand ihn in einem sibirischen Manuscript, Sie großer Geist, Sie.

von Raumer. Weiß wohl.

Chim. Drum will ich Ihre Hohenstaufen
Auch nicht kaufen,
Denn in Tinte ersaufen
Schlimmer als in's Wasser laufen.
Wenn Sie etwas von Hammer, Schlosser kennen,
Muß Ihnen das Gewissen brennen,

(zutraulich:)

So daß man einen Theetopf —
Erheitzen könnt' auf Ihrem Kopf!
(Sie versinkt. Donner und Hagel. Der Blitz bleibt aus, weil der Theatermeister ihn nicht hergeschellt.)

Cid (rückt an, einen Statisten hinter sich, und deutet auf ihn:)
Mit diesem Heere, du Betrübte,
In den Tiefen Geliebte,
Gewann ich die Bataille!

Chimene (kommt zurück mit einem Regenbogen:)
Du mördrische Canaille!

von Platen. Wie ein kräftiger Reim die Sache veredelt.

Chim. Wie tönen die Kanonen —

Gubitz, von Platen und die ganze Sippschaft, am lautesten Raumer (schwer kritisirend:) W i r haben das Pulver nicht erfunden, Cid selbst sagt ja, daß das noch nicht geschehen ist.

Chimene (zu Raumer:)
Du Schriftler, der der Zeit nachläuft
Damit er zeitig schaale Waar' verkauft —

hast du bei der Lectüre des corpus juris canonici seine Kanonen vergessen? Warte, Kant soll dich am Kanthaken packen. Der sagt: Raum und Zeit gibt es nicht, es sind nur die Formen, durch welche wir die Dinge aufschauen, also du 0,7210 des Gibbon! sind mir 30,000 Jahre vorwärts oder rückwärts ganz egal, ich habe sie alle in der Hand. Da!

(Cid erhält eine mörderliche Ohrfeige.)

Cid (großes Duett.) War die auf mich gemeint?
Chim. Ich glaub's, da es so scheint.
Cid. Da Luder haft du auch was in die Rippen!
Chim. O das ist kein Ambrosianippen!
Duett. Wie ist doch so gropf und weit
Die Gewalt der Zärtlichkeit.

Rellstab. Gropf?
Cid. Ja. So schreibt unser großer Fritz auch, wenn er einem Geck die Thüre weif't und darum ist's recht. Denn erst komm ich, dann Friedrich, und dann — — Sie noch lange nicht.

Chimene, ein Kuß
Auf Ohrfeigen.

Chim.

Welcher Genuß
Sich versöhnlich zu zeigen.
Deine Weste ist nicht wohlgepufft;
Gut aussehn muß der Mann, jemehr er Schuft!
(Sie pufft ihm die Weste auf.)

Cid. Ich muß wieder in's Feld!
Chim. Nicht um die Welt!
Cid. Ich muß.
Chimene (weint einen Augenblick.)
Ne schauderhafte Nuß!
Hör Cid, du vermachst mir, ehe du abreisest und crepirst, doch wohl vorher all dein Vermögen?
Cid. Welches?
Chim. Dein Gut und Geld.
Cid. Auf der Stelle
(geht ab.)

Chimene (sehr froh:)

„Wenn man will zum Mädchen gehen,
Sey man froh und wohlgemuth. —"

Herr Rellstab, was stören Sie mich?

Rellstab. Ich? Was thu' ich denn?

Chim. Ich sehe zwei Journalläuse auf Ihrem Kopfe, welche die Elegante genug beschmutzen werden. Knicken Sie sie todt! Sie meinen, ich dürfte nicht singen: „Wenn man will zum Mädchen gehen", weil ich selbst ein Mädchen wäre, und dann wär das wieder aus Wenzel Müller.

Rellstab. Ich habe keine Gründe zu zweifeln, daß Sie ein Mädchen sind.

Chim. Das vermuthete ich mit Recht von Ihnen. Uebrigens bin ich mehr als ein Mädchen, ich bin 'ne Göttin. Nicht wahr, Herr Gubitz?

Gubitz. Herr Albini?

Albini. Herr Ellrich?

Ellrich. Dr. Schi —? Bitte um Verzeihung, Herr Schi —, daß ich Ihren berühmten Namen nicht ausspreche.

(Chimene geht ab. Ein Maikäfer, der die heurige dramatische Kunst verachtet, folgt ihr über die Bühne. Großes Gesumse begleitet ihn.)

---

8 b
oder Bäh wegen der Schaafe.

(Weites Schlachtfeld mit praktikabeln Fenstern am Himmel. Rechts vom Zuschauer Cid zu Schaaf, links eine Million Gegner.)

Cid. Dies ist ein schreckensvoller Tag!
Wenn nur das Schaaf die Feinde mag!
Haha!
(Das Schaaf beginnt die Millionen aufzufressen)
Solch feige Memmen hab' ich nie geseh'n!
Was sind sie?

Schaaf. Herr Cid, es sind neuere Dichter.

Cid. Das Gelichter!

Schaaf. Jetzt kommt die
　　　　 Cavallerie!
Cid. Nur Vögel, Stieglitze —

Hätt'st du der Frau ein Kind gemacht,
Sie hätte sich nicht umgebracht.
Hätt'st du's nicht ekelhaft beschrieen,
So hätt' ich's schweigend dir verziehen.

Schaaf (nachdem es Alles aufgefressen:) Ich bin satt.
Cid. Das ist viel, Herr Schaaf.
　　　　(Galoppirt mit dem Schaafe ab.)

9.

Chimene (im Schlafzimmer sich vor dem Spiegel auskleidend:)
Ich bin die glücklichste der Frauen,
Halbnackt laff' ich vom Volke mich beschauen;
Ich bin die häßlichste nicht!
　Rellstab. Reminiscenz!
　Chim. Pestilenz!
　　　　(singt weiter vor'm Spiegel:)
Sich auszukleiden,
An sich selbst sich weiden,
Delikat!
Welch ein Busen!
Alle Musen
Haben nicht so'n Euter,
Wer ist der Ochs und wird nicht heiter?
— Ach Cid, wie thätst Du mich betrüben,
Doch jetzt will ich Dich wieder lieben.
　Ein Bote (tritt ein und läuft weg:) Er ist todt!
　Chim. Schwernoth!

— Nun zieh' ich auf seine Güter,
Walte da als ein Gebieter,
Lese Rellstab und Gubitzchen,
Die eleganten und Gesellschaftswitzchen.
Wehe, wehe,
Ich vergehe,
Sein Geist!

Cids Geist (zwischendurch bengalisches Feuer.) Guten Abend!

Chim. Was der Tamtam rumort!

Cids Geist. Von Herold wird so was geschmort.

Chim. Wie befinden Sie sich?

Cids Geist. Unverbesserlich!

Chim. Das glaub' ich.

Cids Geist. Daß das Wetter bis in den Juni hinein so abscheulich bleibt!

Chim. Das kommt davon, weil der Comet noch immer nicht kommt, ungeachtet der Astronomie!

Cids Geist. Im Himmel geht's auch durcheinander, und das Unglück ist, ich kann nicht wieder, und du kannst gar nicht hinein. Peter hat den Schlüssel verloren.

Chim. So geh'n wir in die Hölle,
Immer warme Stelle.

Cids Geist. Geliebtes Fräulein, der Teufel nimmt Niemand mehr auf, er hat so viele zu braten, daß er alles nöthige Holz nicht mehr bezahlen kann.

Chim. Wie starben Sie?

Cids Geist (Arie.) Bei Xeres war's, wo meine Größe,
Sich zeigt in ihrer ganzen Blöße!

Chim. Pfui!
Mein Kutscher!

Cids Geist. Oui,
Meinst du mich?

Chim. Ach was, den Henrich!

Cids Geist. Der Entrich!

— Bei Xeres standen 1⅓ Mohren
All wider Spanien verschworen
Doch — was ein Operntext doch kann!
Ich hatte Billionen Mann.
(Cids Geist und Chimene wiederholen in einem Duo die beiden letzten Verse. Eine Katze wird auf die Bühne wegen Elektrisirung des Publikums geworfen; läuft aber wieder fort, wird gerufen, kommt natürlicherweise nicht.)

Chim. Fahre fort
Mit dem Rapport.

Cids Geist.
Als nun die Mohren fürchterlich eindrangen
Und mir das Heer zum Weichen zwangen —

Chim. Das littest Du?

Cids Geist. Dumme Kuh,
Sie hatten beßre Decorationen!

Chim. In denen mag der Sieg oft wohnen.

Cids Geist. Hör' weiter.
Da ließ ich, um zu hemmen das Verzagen,
Mich todtschlagen —
Nun konnten Wunden mich nicht mehr verletzen,
Ich ließ daher auf einen Gaul mich setzen,
Ward in den Feind hineingejagt,
Und dieser ward total geschlagt!

Chim. Geschlagt?

Cids Geist. Wie gesagt,
in irgend einer Singspielübersetzung aus dem Französischen.

Chim. Das Finale, Musikanten!
(Es beginnt.)

Cids Geist. Schon kommen die Trabanten:
Elephanten,
Ungeheuer,
Possenfeuer,
Dumme Statisten —

Chim. Sind auch Christen!
— Ich heirathe dich.
Cids Geist. Wie glücklich war ich.

(Ballet.)

Chorus.

Laßt uns furchtbar schrecklich dazu singen,
Damit den Beifall wir erzwingen.

(Der Vorhang fällt.)

Burgmüller. Gottlob, daß die Sache zu Ende ist.
Publikum. Chimene heraus, Cid heraus!
(Der Vorhang geht in die Höhe. Chimene in einer Saloppe, Cid im Mantel, erscheinen, und machen, daß sie wieder davon kommen.)

Publikum. Bravo!

Lieber H[err]

Provinzial[...]

Zu deinem [crossed out] der F[...]

bringst du

vom Pro[...]

Töchter. Auch

müssen [...]

Mir ist es

Handschrift?
des Autors.
Zu dieser Zeichnung. — Hand-
schrift der von Ihnen ein-
gesandten französischen Abels?

Copie.

Cujas! Aufsatz überarbeitet. Mir
aufs-ten umgeschrieben.

Volk (anders sieht.)

Mir ist es furchtbar mit ihn
in Verbindung, weil sich dort
für
selbst sich spinnen an.

sind, wo der

?

über.

Zurrufen. — Wird

von der Wache nicht

gesehen Wird?

Armin.

sehr überall. Wir

müssen.

Volk (unter sich:)

freundlich mit den

Die Hermannsschlacht.

Drama.

[1836.]

Eingang.

1.

(Der teutoburger Wald. Berghöhe zwischen Aliso und Detmold.)

(Eine Manipel ersteigt sie.)

Manipelführer. Die Heerstraße gehalten!

Ein Soldat. Wer sieht sie unter dem Schneegewirr und Baumgeschling? Das ist ein Marsch: oft gleitet man mehr zurück, als man vorwärts kommt. — Ach, Heißhunger! Ich setze mich. Ein Stückchen Brod —

Manipelführer. Kennst du den Inhalt dieses Schreibens vom Präfecten des Niederrheins an den Proconsul Varus?

Der Soldat. Wie sollt' ich?

Manipelführer. Ich kenn' ihn auch nicht, und muß dennoch den Brief überbringen, ohne zu murren und müde zu thun.

(Er zieht eine Liste hervor:)

„Lucius Cassius Vero, aus Ariminum, dreißig Jahre Soldat." Bist du's?

Vero. Wär' ich ein anderer!

Manipelführer. Commilitonen, wie straft man Ungehorsam des Legionars?

Ein Veteran. Mit dem Tode durch Ruthenhiebe seiner Gefährten.

Manipelführer (löscht in der Liste:) So ist's.

Vero. Er löscht meinen Namen, bald werden mein Rücken und mein Leben auch ausgelöscht.

Der Veteran. Nicht unruhig. Wir hauen aus allen Kräften, lassen einen alten Freund nicht lang zappeln, machen's mit ihm kurz ab. Sey ein Römer, halt' dich grade!

(Er entblößt dem Vero den Rücken, und es wird gegeißelt.)

Vero. Götter!

Der Veteran. Nicht geschrieen. Du stirbst eines ehrenvollen Todes. Paff' auf!

(Vero stürzt und verröchelt.)

Weg ist er zu den andren.

Manipelführer. — Geknirsch in den Bäumen?

Der Veteran. Windbrüche. Ich kenne sie aus der Zeit des Drusus, als wir den Elbstrom überschreiten wollten, und jenseits durch die vor ihm niedersinkenden Fichtengehölze das Riesenweib erschien.

Manipelführer. Posse.

Der Veteran. Das soll mir lieb seyn.

Manipelführer. — — Was wollte das Traumgebild?

Der Veteran. Es winkte mit langen Leichenfingern zurück, Nebelstreifen und Frost kamen über unser Heer, der Feldherr schwieg, ließ aber bald abzieh'n, und starb kurz darauf am kalten Fieber, wie man sagte.

Manipelführer. Dort zwei Cherusker. Fangt sie!

(Der eine Cherusker wird ergriffen, der andere entwischt.)

Weshalb treibst du dich in der beschneiten Wildniß umher, just da wir marschiren?

Der Cherusker. Thut ihr nicht Gleiches?

Manipelführer. Wir haben Marschbefehl. Was guckst du uns an von Kopf bis Fuß?

Ein Soldat. Beim Mavors, jetzt sieht er gar nach meinem gestern in den Sträuchen zerrissenen Knopfloch.

Der Cherusker (nachdem er gehustet hat:) Man besieht seine Leute doch erst. — Ich habe Frau und Kind in meinem Kotten. Die dürfen nicht frieren, darum such' ich Fallholz und Reisig für sie. Und das ist Nothbefehl.

Manipelführer. Wie weit noch bis zum Lager des Quintilius?

Der Cherusker. Was wollt ihr da?

Manipelführer. Hund, kümmert's dich?

Der Cherusker (für sich:) Man darf auch nicht mehr fragen. — Einen Quintilius kenn' ich nicht.

Manipelführer. So kennst du ihn unter seinem andren Titel und Namen: Proconsul Varus.

Der Cherusker. Fahraus! Ja, der hauf't hoch an der Grotenburg in der Wohnung uns'res Fürsten, in den unter Wimpern von Eichen und Buchen umschauenden Hünenringen.

(Lauernd:)

Mein Landesherr wird wohl dort seyn und dich gut empfangen?

Manipelführer. So viel ich weiß, ist er noch abwesend, als unser Agent im Norden.

Der Cherusker (für sich:) Nun betrügt er sie alle, oder nie trieb ich meinen Grauschimmel Nachts auf des Nachbars Weide. — Sich bei den Fremden anstellen und von ihnen verschicken lassen? Ein Fürst? Glaub's der Teufel! Ich thät's nicht und bin ein armer Bauer.

Manipelführer. Führ' uns zu den Ringen. Hier dein Lohn.

Der Cherusker. Doch nicht Giftiges? Ne, es klappert wie gutes Silber.

(In sich:)

Hinführen muß ich sie, ich nahm den Lohn dafür. Aber die Wege sollen sie nicht kennen und wiederfinden lernen und geleitete ich sie neunzigmal hin und her.

(Laut:)

Folgt mir, wenn's beliebt.

(Er marschirt mit der Manipel abwechselnd bergauf und bergunter.)

Manipelführer. Noch nicht da?

Der Cherusker. Nur noch 'nen Katzensprung.

Mehrere Soldaten. Jupiter, so sprachen unsre früheren Boten auch, und ein Katzensprung begriff jedesmal ein paar Meilen.

Manipelführer. Eure Katzen haben lange Pfoten.

Der Cherusker. Je nachdem. Zerrt man sie, bis sie die Krallen ausrecken, dann ist nicht gut bei ihnen wohnen. — Rechts!

Manipelführer. Abseit?

Der Cherusker. Das Luder von Weg dreht sich nicht anders. Wir müssen nach. — Was die Raben und Eulen früh Abends schreien, und jener Wald wird schwarz von Dohlen. Auf den Gehöften bellen auch die Hunde, ganz zur ungewohnten Zeit. Nächstens viel Aas.

Ein altes Weib (hinkt an einer Krücke vorbei:) Guten Abend, liebe Männchen.

Der Cherusker. Antwortet Ihr nicht, sonst hat Sie uns. Die triefäugige Hexe aus Lippspring ist's. Uns die Schwindsucht an den Hals zu zaubern, ist der so leicht, als äß' ich einen Topf Grütze. — Ueber dieß Gewässer — behutsam auf seinem Windeise. Weiter, lustig! Hier wieder zurück über die Verlebecke, so nennt man nämlich den scilicet, wie ihr bei jeder Gelegenheit sagt, oder über den Bach, wie wir sagen.

Manipelführer. Enden deine Zickzacke nicht bald, so —

Der Cherusker. Sie enden. Hier stehen wir vor der Grotenburg mit ihren schneeglänzenden Waldungen.

Wie mitten darunter die Hünenringe dampfen und sieden! Die Fürstin läßt all zu gut kochen und braten für euch Spitzbuben. Sie sollt' es Landeskindern geben. — Doch — wer weiß, wie es da oben eigentlich steht und hergeht. — Hingeführt hab' ich euch. Wie ihr hinaufkommt, sorgt selbst.

(Entwischt.)

Manipelführer. Ein Lump! — Axtträger, lüftet den Weg durch das dichte Holz.

(Zwei Axtträger treten vor und hauen Bahn.)

Erster. Laß deinen Ellbogen aus meiner Seite.
Zweiter. Schau' links um.
Erster. In die Nacht?
Zweiter. Siehst du nicht neben dir den großen, struppigten Wolf?
Erster. Ha — Gespenst —
Zweiter. Das Beil nach ihm!

(Er wirft es. Ein Cherusker geht vorüber und verschwindet im Gebüsch.)

Manipelführer. Was stört euch in der Arbeit? Was schritt da vorbei?

Stimme aus dem Walde. Ein Wehrwolf und Wehrmanne!

Manipelführer (bezwingt seinen Schauder:) Haut weiter und bekümmert euch nur um euer Geschäft.

2.

(Der große Hünenring an der Grotenburg. Hermanns Wohnung darin. Weiter Hausflur. Mittag.)

Thusnelda. Die Völker.*) Essenszeit.
(Das Volk kommt, und setzt sich an den langen Speisetisch. Sie auch.)

Großmagd. Die Suppe —
Thusnelda. Nicht sonderlich, wie ich schmecke, und die Portionen recht spärlich. Meine Leute sollen arbeiten, aber auch tüchtig essen.
Haushofmeister. Beginnen wir.
(Er nimmt seine Bärenfellmütze ab, die Knechte und Jungen folgen seinem Beispiel, auch die Mägde thun andächtig, aller Augen sind indeß immer auf die dampfende Suppe gerichtet; Thusnelda beobachtet.)

Schweinejunge bete!
Thusnelda. Warum betet bei eurem Tisch stets der Jüngste? Ich wollte dich schon oft darum fragen, Alter. Andere Sorgen machten es mich vergessen.
Haushofmeister. Ja — nein — Wenn ich's wüßte — — Es ist uralte Sitte, Fürstin, und du weißt: „was die Alten sungen, pfeifen die Jungen." — Doch — vielleicht — es fällt mir was ein: er muß wahrscheinlich sein Geplapper machen, weil er der Jüngste ist, und noch keine Zeit gehabt hat, so viel zu sündigen als wir Uebrigen.
Der Schweinejunge (ist aufgestanden, hat mit frommer Geberde Unverständliches hingemurmelt, setzt sich eiligst und ißt:) Ich bin fertig.
Das Gesinde. Wodan gelobt!

---

*) So nennt man in einem bedeutenden Theil Westphalens auf den Meierhöfen noch jetzt Knechte, Mägde, Beisassen und Einlieger.

Thusnelda. Daß dich, das Schüſſelgeklirr! Sie hauen in den Braten als hätten ſie einen Feind vor ſich auf den Tellern! — Die Speiſe behagt. Was kann der Hausfrau lieber ſeyn?

Ein Pförtner (kommt:) Der welſche Oberfeldherr läßt ſich melden.

Thusnelda (ſinkt in Gedanken:) — wohl kann der Hausfrau etwas lieber ſeyn als Schüſſelgeklirr: das Vaterland und der Gemahl. — Hermann, den Tag, wo wir im grünen Laubgegitter des Buchenhains nach langem heimlichen Sehnen uns begegneten, und mehr zitterten, erbleichten und erröteten als die bunt durch die Blätter ſpielenden Strahlen der Morgenſonne, — muß ich ihn vergeſſen? — Damals vermuthete ich in dem Geliebten auch Deutſchlands Befreier und du warſt Roms Scl — —

(Laut:)

Wer ſpricht? Wer wagt's ihn zu verläumden? Ein Sclav, ein römiſcher Speichellecker war, iſt und wird er nun und nimmer! Da unten läg' er ja am Fuße dieſer ſeiner Grotenburg zerſchmettert von ſeinem berghohen Fall! — Und wär's doch möglich?

Der Pförtner. Herrin?

Thusnelda. Ach, ich vergaß. Laß den Römer ein.

(Pförtner ab. Pauſe.)

Varus (eintretend:) Gruß, Fürſtin.

Thusnelda. Dank, Proconſul. Nimm Platz.

Varus. Unter dem Geſinde?

Thusnelda. Sitz' ich nicht auch darunter? Mein Geſinde ehrt mich, ich ehr' es wieder. So gleichen Herren und Diener ſich aus.

Varus. Ländlich, ſittlich, doch italiſch iſt's nicht.

(Er ſetzt ſich.)

Thusnelda. Speise mit: Linsen, Erbsen und Wildschweinsbraten.

Varus. Die Hülsenfrüchte scheinen trefflich. Mein Gaumen ist nur noch zu wenig daran gewöhnt. Aber der Braten wird um so ansprechender, kräftiger und delicater seyn —

(Er ißt, und nießt gleich darauf:)

Castor und Pollux, das beißt in die Zunge, und stinkt in die Nase!

Thusnelda. Der Eber ist ranzig. Wir lassen ihn mit Vorsatz so werden. Er erhält dadurch einen eigenthümlicheren, schärferen Geschmack.

Varus. De gustibus non est disputandum. Ich bin satt.

Thusnelda (zum Gesinde:) Seyd ihr es auch?

Das Gesinde. Ja.

Thusnelda (mißtrauisch:) Lügt nicht. Eßt noch.

Das Gesinde. Wir können nicht mehr.

Thusnelda. Räumt ab, Mägde. — Knechte, wo habt ihr eure Augen? Müssen euch die Pferde mit den ihrigen suchen? Dort blicken sie hungernd und durstend über die leeren Krippen auf die Tenne. Pfui, wer speis't selbst, und versäumt sein angebundenes Vieh?

Knechte (beschämt, die Pferde fütternd und tränkend:) Die hat die Augen überall.

Einer. Mir wird's grün und gelb vor den meinigen, wenn ich die ihrigen so blau auffunkeln sehe.

Varus. Hohe Frau, wie beklag' ich dich wegen des Getriebs, in welchem du dich bewegen mußt. Wie leicht dir, dich an Roms gebildetere Sitten zu gewöhnen. Gar Livia, die Kaisergemahlin, sehnt sich nach dir.

Thusnelda. Sie kann ja hierherkommen. Was klirrt?

(Zu einer Magd:)

Das Salzfaß zerbrochen? Wer einmal etwas zerbricht, macht immer Stücke — Fort aus meinem Dienst. Heule nicht, es geht nicht anders. Nimm diesen goldnen Ring mit.

Varus. Du bist so hart als mild.

Thusnelda. Kann man in Cheruska anders? Um uns: die rauhe, karge Natur voll Sand und Wald, die uns zwingt, das Geringste zu beachten, damit wir einen mäßigen Wohlstand bewahren. In uns: das Herz, welches auch starr und streng seyn sollte, und doch oft weichliche Gefühle nicht zu unterdrücken vermag. In eurem Süden soll's besser seyn.

Varus. Wie ich dir schon gesagt habe, du würdest bald unter duftenden Olivenhainen die von Regen und Frost schauernden Wälder des Nordens verachten.

Thusnelda. Sind sie verächtlich, weshalb kommt ihr so weit her, sie zu erobern.

Varus. Darüber zu reden, ist hier nicht Ort noch Zeit. Nur dieß will ich dir vorläufig andeuten: wir mußten hier einige eurer Lande einstweilen besetzen, weil von Osten her germanische und slavische Völkerstämme einzubrechen drohen, denen ihr nicht hättet widerstehen können.

Thusnelda. Nu — Wo ist mein Mann?

Varus. Er spürt den Harz aus und kehrt bald heim.

Thusnelda (wird finster, lehnt den Kopf auf die rechte Hand und ihre linke spielt mit einigen Brosaamen:) Ei, wollt ihr wohl so liegen, wie ich will, oder seyd ihr tapferer und widerspenstiger als freie Männer?

Varus. Plötzlich ernst?

Thusnelda. Ich wüßte nicht. Ich spiele nur mit Krumen.

(Für sich:)

„Er spürt den Harz aus!" Ward er ein Hühnerhund und schnuppert für dieß Volk?

Varus (steht auf:) Wie ich sehe, stör' ich dich.

Thusnelda. Du thust es nicht im Mindesten. Daß ich eben an meinen abwesenden Gatten dachte, verzeihst du wohl.

Varus. — Bist du römisch gesinnt? So echt, wie dein Gemahl?

Thusnelda. Mich wundert die Frage. Wie sollt' und müßt' ich nicht? Ich bin nur Hermanns Hausfrau, er ist der Eurige, und was er denkt und thut, muß mir Gesetz seyn.

(Sie geräth in eine augenblickliche Aufwallung:)

Doch hütet euch vor unsern Blondköpfen. Es versteckt sich viel dahinter.

Varus. Wie fein du dich zur Zielscheibe deines Scherzes machst. So lang dein Haupt unter den Blondköpfen glänzt, bin ich sicher. — Lebe wohl.

(Ab.)

Thusnelda. Ich heuchelte Freundlichkeit, und mache mir nun Vorwürfe. Still ihr Nachkläffer im Busen! — Wodan, strafe mich, erlöse nur das Land um dessentwillen ich log — Meine Berge mit den prächtigen Waldkämmen wollen sie niedertreten, unsre braven Burschen sollen in ihren Schlachtlinien dienen und verbluten. — Ich leid's nicht, und giebt Hermann die Schmach zu, werd' ich der Kämpfer: Ich!

3.

(Das Bruch bei Detmold.*) Der Prätor sitzt auf erhöhtem Sitz. Etwas tiefer neben ihm ein Schreiber. Vor ihnen processirende Cherusker.)

Prätor. Ein Kohlenbecken unter meine Füße. Das schneit und gefriert hier noch im März. Wir müssen nächstens ein Forum bauen mit Dach und Ofen.

Schreiber. Mich wundert nur, daß deine Milde das nicht längst geschehen ließ. Holz, Sandsteine, und sonstige Materialien finden sich dahier in Menge, Bauern, Pferde und Spanndienste in Ueberfluß.

Prätor. Eröffne die Sitzung.

Schreiber (liest in seinem Album und ruft dann:) Erneste Klopp contra Kater major.

Prätor (sieht auch in's Album.) Katermeier heißt der Mann.

Schreiber. Thut nichts, Herr. Es kommt bei dem Volk wenig auf den Namen an. Es ist doch Vieh. Scheeren wir es so viel wie möglich über einen Kamm.

Prätor. Was that dir Katermeier?

Die Klopp. Gott, ach Gott!

Prätor. Heraus mit der Sache und laß die Götter weg.

Die Klopp. Er machte mir das vierte Kind und gab mir keinen Heller.

Prätor. Du arme Hure.

Schreiber. Vorsichtig. Eine Hure scheint sie noch nicht. Die großen Lehrer Capito und Labeo streiten sich zwar über manche Rechtscontroverse —

Prätor. Ja, auch über des Kaisers Bart.

Schreiber. ,— jedoch sind sie darin eins, daß viel, multum, fünfundzwanzigtausend bedeute, indem Cäsar

---

*) Detmold oder Thietmelle heißt Volksgerichtsstätte.

in seinen Commentarien die Stärke seines Heeres in Gallien so bezeichnet, und dieses Heer nur aus jener Anzahl bestand. Die Klägerin sieht aber nicht aus, als ob sie schon durch fünfundzwanzigtausendmaliges Unterliegen zu der Vielheit gediehen sey, welche der Begriff von einer Hure erfodert. Sie ist bloß eine Geschwächte, vulgo stu —

Prätor. Halt die Hand vor deinen übergelehrten Mund: „**Kurzab und ohne Erläuterung des Wie und Warum**" heißt der Kappzaum für Germanen, denn je mehr du bei ihnen erläuterst und belehrst, je störriger werden sie.

(Zur Klopp:)

Du überlieferst deine vier Kinder dem Staat. Der Verklagte erhält 5000 Sestertien für sein wohlerworbenes Vierkinderrecht —

Schreiber. Jus quatuor liberorum, versteht ihr?

Katermeier. Eher als den Rechtsspruch hätt' ich den Einsturz des Himmels vermuthet. — Wo empfang' ich das Geld?

Schreiber. Bei dem Quästor, nach Vorweisung dieses Zettels.

Katermeier. Gut.

(Beiseit:)

Hunde sind's doch. Sie wedelten sonst nicht so mit einem Schwanz von trügerischem Edelmuth.

Schreiber. Warte. Die Sporteln wird man von der Summe abzieh'n. Sie sind in dem Schein bemerkt.

Katermeier (für sich:) — Dacht' ich's nicht? — Ich gehe nach Haus und nicht zu dem rechenmeisterischen Quästor. Der specifikaßt (wie sie sagen) mir soviel Gebühren, daß ich auf die fünftausend Sestertien noch sechstausend zugeben muß. --- Stinchen, siehst du? Du hättest es entweder nicht von mir leiden oder mich doch nicht verklagen sollen!

Die Klopp. Du hätteſt es mir nicht anthun ſollen! Ich lege dir unſre Kinder vor deine Schwelle.

Katermeier. Das thu. Ich will den kleinen Plagen ſchon vorſichtig aus dem Wege geh'n.

(Ab.)

Die Klopp. Und ihr Spitzbuben, Landesverläufer, Katzenverkäufer, Links= und Rechtsverdreher, wer be= zahlt meine Unſchuld? Er hat ſie, fort iſt er, und ich muß hungern!

Schreiber. Gerichtsdiener, ſtopft der Perſon den Rachen.

Die Klopp. Rachen? Mund haſt du zu ſagen. Doch Rachen! O hätt' ich den, und dich Federfuchſer unter meinen Zähnen, du ſollteſt bald merken, wie du zu mauſern anfingſt!

Prätor. Höre nicht auf ohnmächtige Wuth. Ver= zeih' ihr.

(Zu Gerichtsdienern:)

Führt ſie fort und peitſcht ſie an der Gerichtsmark für ihr freches Maul zum Abſchied.

Volk. Sie durchpeitſchen? Sie iſt eine Freie!

(Die Gerichtsdiener haben ihr die Arme auf dem Rücken zuſammen= gebunden und halten ihr den Mund zu.)

Schreiber. Mit Erlaubniß, ihr Herren, ſie ward jetzt eine Gebundene.

(Die Klopp wird abgeführt.)

Dietrich, Kläger, einerſeits, contra **Rammshagel**, andrerſeits. Kläger, trag' deine Beſchwerde vor.

Dietrich. Ich lieh' ihm zehn Goldſtücke eures Ge= prägs —

Schreiber. Ein mutuum?

Dietrich. Dumm war's.

Schreiber. Lernt Latein und erwägt, daß wir nur aus Nachſicht euer Idiom gebrauchen.

Prätor (zum Schreiber:) Den leichtzüngigen Galliern brachten wir innerhalb zehn Jahren unsre Sprache bei, diese hartmäuligen Germanen zwingen uns die ihrige auf.

Schreiber. Mit den Wölfen heulen, so lange man sie noch nicht ganz im Jagdnetz hat.

(Wieder zu Dietrich:)

Warum, wozu, auf welche Art und Weise liehest du ihm das Geld?

Dietrich. Zu Stapelage, im Wirthshaus. Ich schoß es ihm vor zum Knöcheln.

Prätor. Abgemacht. Beklagter ist frei. Spielschuld gilt nicht.

Dietrich. Hölle und Himmel, die ist ja eine Ehrenschuld.

Schreiber (zum Prätor:) Was mögen die Buben unter Ehre verstehen?

Rammshagel. Dietrich, ich zahle dir nach einem halben Jahr. Ich kann nicht eher. Mein ältester Junge starb vorige Woche, und die Aerzte oder Quacksalber kosteten mir Geld über Geld, haben ihn auch auf ewig geheilt, in die kühle Erde. Gut. Ihn schmerzt nichts mehr. Er hat's besser als sein überlebender Vater. — Hättest mich nicht bei denen verklagen sollen.

Dietrich. Da sie weit herkommen —

Rammshagel. Meintest du es wäre viel daran? Pah, sie suchten nicht vierhundert Meilen von Haus, hätten sie etwas daheim. — Schenk' mir ein paar Monde Frist; meine letzte Milchkuh erhältst du morgen auf Abschlag. Ich und die meinen können uns gut mit Wasser behelfen.

Dietrich. Alte Haut, behalte deine Kuh für dein Weib und deine Kinder. Ich schicke euch morgen eine zweite.

Schreiber. Der Ehebruch! Betheiligte, vor.

Eingang.

Volk. Schrecklich! Wo die Geschworenen?

Schreiber. Eorum haud necessitas. Hic acta!

Volk. Was pfeift der Gelbschnabel wieder? Wär's Gutes, wir verständen es.

(Dumpfe Stimmen:)

Fürst, Hermann, warum bist du fern von uns und lässest uns verloren und allein? Kehre zurück: wir haben Fürsten nöthig!

Schreiber. Silentium! — Amelung, sprich.

Amelung. Jenes Weib ist seit zehn Jahren meine Frau. Vorgestern erfahr' ich zufällig, doch um so mehr zu meinem Entsetzen, daß es schon vor sechs Jahren die Ehe brach.

Prätor. Ist das alles? — Ehebruch und dergleichen dummes Zeug verjährt in fünf Jahren. Hättest du den Mund gehalten, man wüßte nichts von deinen Hörnern.

Schreiber. Ja, Amelung: si tacuisses philosophus mansisses!

Volk. Ehebruch verjährt? Was wird alt?

Prätor. Eure Kehlen schwerlich, wenn sie so unverschämt schreien. Seht neben mir die Arznei für Halsübel: Lictorenbeile.

Schreiber. Ach — der Hermann!

(Hermann kommt.)

Das Volk (stürzt ihm zu Füßen:) Herrscher und Gebieter!

Hermann. Wir Deutschen sind gelehrig. Schon Kniebeugen euch angewöhnt? Steht auf oder es setzt Fußtritte. Ich bin ein Fürst, und mag kein Häuptling kriechender Sclaven seyn.

(Zum Prätor:)

Verzeihe, Lucius Curio. Dergleichen euch so plump und bis in's Uebertriebene nachgeahmte Gebräuche duld' ich nicht, so lang' man sie ohne eure Zierlichkeit und euren angeborenen Anstand ausübt. Ihr be=

schenktet uns mit der Freiheit, — ach, hättet ihr uns zugleich eure Bildung im selben Maaße mittheilen können.

Prätor (beiseit:) Er ist doch ein Schwachkopf.

Hermann. Wo ist der Proconsul?

Prätor. Er lagert, wie gewöhnlich, an deinen Hünenringen. — Was bringst du uns Neues von deiner Kundschaftsreise an die Weser und den hercynischen Wald?

Hermann. Verdächtige Kriegsrüstungen überall. Wir müssen mit gewaffneter Faust anfragen, was sie bedeuten.

Volk. Wie freundlich thut er mit dem Ausländer, und uns, die wir nach seinen Blicken dürsten, beachtet er kaum.

Ein alter Cherusker. Haltet das Maul. Er hat was vor, oder ich kenne keine von weißen Zähnen mit Gewalt im Gebiß gehaltene Unterlippe.

Prätor. Das heutige Gericht ist aus.

Volk. Fürst, wann richtest du?

Prätor. Der Pöbel fragt und thut äußerst frech.

Hermann. Wie du siehst: gegen mich. Er will noch immer nicht recht sich romanisiren lassen und betrachtet mich als einen Ueberläufer. Ihr habt kräftigere Maaßregeln als bisher gegen ihn zu ergreifen, oder ihr setzt euch selbst und seine euch getreuen Herrscher den größten Gefahren aus.

Prätor. Noch strengere Maaßregeln? Das hält schwer. Doch wir werden auch dergleichen wohl noch auffinden, Freund.

Hermann (für sich:) Schön, tretet nur den Wurm, je ärger je besser, unter dem Schmerz wächst er zur Riesenschlange, und umringelt und zerquetscht euch aus jeder Schlucht, von jeder Höhe, jedem Baum unserer Gebirge.

Prätor. Uebrigens fürchte gar nichts. Dich umschaart ja Varus mit den drei trefflichsten Legionen

Roms, und hundertfunfzigtausend aus euren Gauen nebenbei.

Hermann (für sich:) Wir Deutschen „nebenbei!" Na — —! Paß' auf!

(Laut:)

Seyd vorsichtig. Der Germane ist voller Hinterhalt wie seine Wälder.

Prätor. Das weiß ich. Das versteckte Wesen der Waldungen, ihr magisches Blätterrauschen gewöhnen ihn daran. Er hat indeß noch nicht so viel Vorsicht und Erfahrung als das Wildpret in ihnen —

Hermann. Bist du auch schon so was von Jäger?

Prätor (überhört die Frage:) Pah, der Germane ist noch Barbar, niedriger fast als seine Thiere.

Hermann. Ich auch?

Prätor (erst bestürzt, dann sammelt er sich:) Du wardst lange in Rom unter den Prätorianern gebildet und exercirt. Du wurdest eine Ausnahme, und Ausnahmen schätzt man so mehr, je seltner sie sind.

Hermann. Eine Ausnahme also. — Komm mit, Freund.

Prätor. Ich habe noch einige Geschäfte. Leb' wohl bis nächstens — Scriba!

Der Schreiber. Herr?

Prätor. Revidire diese Protocolle. Mach' aus Groschen Thaler. Verstehst du? Dein Antheil soll dir nicht fehlen. Wir kennen uns.

Schreiber. Scio.

4.

(Haus im oberen Hünenring. Zimmer. Thusnelda und Thumelico.)

Thumelico. Mutter!

Thusnelda. Was begehrst du, mein Junge?

Thumelico. Ein kleines Butterbrod, nicht größer als meine Hand.

Thusnelda. Ein großes, ein ganz großes sollst du haben! Iß, trink' und freue dich des Augenblicks ehe die schweren Jahre kommen. Hol's dir in der Küche.

(Thumelico eilt fort. Hermann tritt ein. Thusnelda zittert und wird gluthroth.)

Hermann. Mein Land bleibt auch im Winter das Land der Rose, wie die Barden es benennen. Deine Wangen bezeugen es. — Du wendest dich ab und hältst die Hand vor die Augen?

Thusnelda. Deine neue römische Ritterrüstung blendet.

Hermann. Auch diesen Siegelring sandte mir der Kaiser.

Thusnelda. Wehe, Weh! Der erste im heißen Süden geschmiedete Ring, der dich, mich, den ganzen Norden an Italien kettet.

Hermann. Thränen? Pfui.

Thusnelda. Freilich, ein Vaterlandsverräther ist der Thräne nicht werth. Wer aber kann sie zurückhalten?

Hermann. Weine aus. Ich setze mich so lang bis du fertig bist.

Thusnelda. Du! Erniedrigt durch diese goldnen Schuppen zu einem Goldkäfer! Bist du ein echter Held in Eisen, oder ein augustischer Schmetterling in bunten Flügeldecken?

Hermann. Fürstin und Frau, kennst du Fürsten und Männer?

Thusnelda. Einst wähnt' ich allerlei davon. Es waren Träume.

Hermann. Weiberlist ist unergründlich, sagt man. Glaubst du, die Männer hätten vom Mutter- oder Vaterwitz nicht auch etwas? — Was ist besser, Knecht oder freier Herr?

Thusnelda. Was willst du sagen?

Hermann. Gesetzt, ich hätte die Römer und dich getäuscht, Stahl gewetzt, während du Zwirn gefädelt haft. Sie hätten sich umsonst gefreut, du hättest dich umsonst geängstet?

Thusnelda. Herr, Erretter, Hermann! Jetzt begreif' ich alles, ich umarme dich! Die Freude ist's, die meine Arme beflügelt, und nun stürz' ich vor Reue dir zu Füßen! Ich Unglückliche, trag' mir meine Vorwürfe nicht nach! 'S ist Landessitte, eine Beleidigung nicht zu vergessen.

Hermann. Daß du mir aus Liebe zum Vaterlande bös wardst, deshalb sey ruhig. Und höre: erst führ' ich die Welschen zum Harz, sich eine Portion Köpfe daran zu zerbrechen, mir auch Gelegenheit zu geben, daß ich mit den Harzern ein Bündniß schließe, und des weiteren. Ich kann, da der Abzug dahin gleich vor sich geht, jetzt nicht mehr sagen.

Thusnelda. Weil du nicht willst.

Hermann. Welcher Zweifel — ich sage dir ja das Beste und Gefährlichste! — Während der Zeit, daß sie von hier fern sind, läßt du ihre Heerstraßen verderben, nur ja nicht die den Cheruskern rechts und links bekannten Wald- und Seitenwege, und bei Zertrümmerung der Heerstraßen läßt du Verhacke machen, und sagst, das wären Einrichtungen zum künftigen neu erfundenen, vom Proconsul befohlenen Straßenbau. Alle Mannschaft, die im Lande streitfähig ist, sammelst du, indem du sie zu diesem Geschäft beorderst. Dein Vater, der (erlaub' mir es so mild als möglich auszudrücken), dem Feinde ergebene Segest, wird sicher zu dir kommen und anfragen, du wirst klug seyn und feinen Argwohn ihm zu benehmen wissen. Wie? überlaff' ich dir.

Thusnelda. Du übergibst mir schwere Aufträge.

Hermann. Vollführe sie, es wird weder uns, noch unsren spät'sten Enkeln schaden. Nicht von Feinden

gefesselt, frei und groß werden wir, sie und Deutsch=
land. Die Verantwortung für d i e s e Sünde über=
nehm' ich mit Freude, sollt' ich auch ewig dafür in der
Hölle büßen.

Thusnelda. Held, ich werde nach Kräften deine Ge=
bote erfüllen.

Hermann. Neldchen, lebe wohl.

(ab.)

5.

(Fuß der Grotenburg. Die 18., 19. und 20ste Legion in Marsch=
ordnung. Kriegsmusik.)

Varus (geht durch die Reihen:) Dein Schwert.

Legionar. Hier.

Varus. Die Klinge hat Rost.

Legionar. Eingefressenes Blut. Weiß nicht mehr, aus welchem Gefecht. Es ist nicht abzuwaschen.

Varus. Zeig' mir die Brust. Sie athmet schwer. — Viele Wunden. Doch das Hemd ist grob und schlecht.

Legionar. Es ward mir so geliefert.

Varus. Es wurden mir schönere Proben gezeigt.

(Zu zwei Lictoren:)

Verhaftet die betreffenden Lieferanten — Jene drei, die da von fern ängstlich meiner Musterung zusehen, sind es — und beschlagt ihr Vermögen.

(Er geht weiter:)

Deine off'ne Narbe an der linken Schläfe? Weshalb brauchst du keinen Wundarzt, Alter?

Zweiter Legionar. Bleibe sie lieber frisch und offen, als daß die Aerzte sie flicken und verfumfeien. Ich empfing sie jenes Morgens, als der göttliche Julius am

Rubicon zauderte und fann, und wir lange unter den Pfeilen der gegenüberstehenden Pompejaner auf seinen Entschluß warten mußten.

Varus (greift einen Augenblick grüßend an seinen Helm:) Alle Ehre deiner Narbe. Sie ist eins der Kommata der Weltgeschichte.

(Zu einem dritten Legionar:)

Was beugst du dein Haupt?

Dritter Legionar. Actium.

Varus (für sich:) Es wäre ein endloses Geschäft weiter zu fragen. Fast all diese beeis'ten Häupter tragen in Narben die Schriftzüge ihrer Siege. Und diese Heroen mit Knochen aus Erz und Haaren von Silber muß ich gegen das nordische Gepack und sein abscheuliches Clima verwenden? — Achtzehnte, Neunzehnte, Zwanzigste, ihr drei ersten Kriegsdiamanten des Reichs, wetteifert nur unter einander, und Germanien ist unser.

Ein Quästor (kommt:) Die Bundestruppen sind gemustert und gezählt. Siebenzigtausend Mann.

Varus. Das Fußvolk?

Quästor. Buntes Gemengsel. Der eine trägt Hirschgeweih oder Auerhahnsfedern und dergleichen auf dem Kopf, der andere hat in einem Knoten zusammengeschnürtes Kopfhaar, dem dritten weht es lose wie Mähnen um die Schläfen, der vierte hat einen verrosteten Kessel so aufgestülpt, daß man sein geistreiches Gesicht kaum sieht, und die übrige Uniform besteht aus Röcken von Luchs-, Bär-, Elenthiers-Fellen und ich weiß kaum, was sonst noch alles, immer quer und toll durcheinander.

Varus. Die Reiterei?

Quästor. Der kann man ihren Aufputz und ihre Wildheit verzeihen. Unsere Turmen sind Flederwische gegen diese bergauf und bergunter fliegenden Schaaren. Jeden Augenblick glaubt man, das Volk bräche den

Hals, und es kümmert sich im rasendsten Galopp höchstens um die Kinnketten seiner Gäule.

Varus. Diese Reiterei hat sogleich der unsrigen sich anzuschließen.

(Der Quästor ab. Hermann kommt.)

Du zögertest lang.

Hermann. Ich grüßte erst mit ein paar Worten zu Hause. Dann macht' ich noch diese Wegcharte nach dem Harz, schickte weit umher nach Hülfe, selbst bis zu den auf ihren im Meer bebenden Ländern wohnenden Chauken. Meine Nachbarn: die Marsen und Bructerer sind natürlich nicht die letzten, die ich einlud. Von dem Rhein kommen uns auch die Ubier und die tapferen tenctrischen Reiter zu Hülfe. Kurz, bald ist mehr als halb Deutschland da, um euch seinen übermüthigen Rest überwinden zu helfen.

Varus. Dein Eifer für die gute Sache verdient alles Lob. Wie sehr beförderst du dadurch in diesen Landen die Humanität und Civilisation.

Hermann (für sich:) Humanität? Ein Lateiner und Eroberer hat doch prächtige Ausdrücke für Tyrannei. Civilisation? Das lautet schon richtiger, denn ich will euch civilisiren und bei uns einbürgern, fest, sicher, drei Fuß tief in die Erde und Hügel von acht Fuß darüber. Oder noch besser, euer Fleisch den Raben, eure Knochen dem Regen, daß sie gebleicht werden wie das beste Garn!

Römische Soldaten. Donnert's?

Hermann. Nein. Mein Stallknecht brummt, weil er einen Verweis bekommen hat, daß er den Sattelriemen nachlässig zuknöpfte.

Varus. Schone er künftig seiner ungeheuren Lunge. Brummfliegen tödtet man leicht unversehens. — — Vorwärts, marsch!

Eingang.

Hermann (blickt auf die an der Spitze des Heeres marschirenden Römer:) Die gleißenden Schurken! Wie sie unsren edlen Boden mit fremdem Waffenprunk beflecken!

(Er sieht sich um:)

Deutschland, verlaß mich nicht mit deinen Fluren, Bergen, Thälern und Männern. Ich kämpfe ja nur deinethalb: die Feinde sollen deine Waldungen nicht zum Schiffsbau zerschlagen, dir deine Herrlichkeit, deinen Söhnen ihr Blut und ihre Freiheit nicht nehmen! Du mit ewigem Grün prangender Rhein, du donnernde Donau, du, meine Weser, und du leuchtende Elbe, die ihr alle in so vielen Schlachten uns zur Seite war't, helfende, blitzende unendliche Schwerter, — ihr solltet speichelleckend fluthen unter dem Brückengekett des Römers? Nein, wir sind dankbar, und werden euch erlösen.

Varus. Was ist dir, mein Lieber?

Hermann. Mein Bester, mich drücken meine Halbstiefeln. Sie sind eben aus Rom bezogen, indeß wird mein Fuß sie bald ausweiten.

Varus. Gabst du deinen Hülfsvölkern gute Anführer?

Hermann. Es hält schwer einen guten Hauptmann zu finden, doch gab ich ihnen die besten Befehlshaber, welche ich auftreiben konnte.

Varus. Ist deine Gegenwart bei den Bundsgenossen nöthig?

Hermann. Dann und wann, wenn ich was von Unordnung unter ihnen erfahre, oder sie inspicire. Im Uebrigen werden sie stets den Fußtapfen der Legionen folgen, wie Hühnerhunde der Fährte.

Varus. Du hast den Horatius Flaccus schlecht studirt, sonst würdest du solch gemeines Gleichniß nicht gebrauchen. — — Zur Sache: ich schicke zu den Hülfs=

truppen noch einige Kriegstribunen, um ihre Bewegungen dem römischen Kriegsbrauch genau anzupassen.

Hermann (für sich:) Befehlshaber und Spione zugleich, heißt das.

Varus. Und du, Wegkundiger, der du deinen braven Völkern nicht nöthig bist, bleibst in der Regel bei mir, sowohl um uns deine Charte an Ort und Stelle zu erläutern, als mir überhaupt Aufschluß über die Landstriche, welche wir betreten, und deren Bewohner zu geben.

Hermann (für sich:) Ueberschlauer Fuchs, du! Da macht er mich zur Geißel! — Na, ich will euch peitschen!

Varus. Also: führ' uns wider die Aufrührer.

Hermann (indem er, Varus und das Gefolge die Pferde besteigen, für sich:) Schnell geht's in Rom. Die Harzleute sind schon Aufrührer, ehe sie Unterthanen waren.

(Laut:)

Du befiehlst. Ich gehorche. Ich leit' euch hin und zurück zu großen Siegs= und Todesschlachten!

Varus. Mir lieb!

Hermann. Mir auch!

6.

(Oberer Hünenring. Eine Stube. Thusnelda und Thumelico.)

Thusnelda. Einen Kuß, Junge! Noch einen und noch tausende — ich werde nicht satt.

Thumelico. Deine Küsse thun weh.

Thusnelda. Kind, ich bin zu froh. Nicht wahr, nun wirst du zehntausend Jahr alt, wie deines Vaters Lorbeerkranz, welcher ewig jugendlich und frisch die befreiten Völker umgrünen, beschatten und bei Freiheits=kämpfen umsäuseln wird?

Thumelico. Ja, Mutter, wenn's geht werd' ich gern so alt.

Ein Knecht (tritt ein:) Herzog Segest.

Thusnelda. Meinen Sohn in sein Zimmer. Mein Vater braucht nicht anzufragen, um einzutreten.

Segest (kommt:) Guten Morgen.

Thusnelda. Setze dich.

Segest. Die Hand an der Stirn?

Thusnelda. Du war'st lange nicht hier.

Segest. Darüber denkst du schmerzlich nach?

Thusnelda. —— Wie trifft's, daß du heut kommst, just da er fern ist.

Segest. Ich kenne keinen Er. Wen meinst du?

Thusnelda. Meinen Gemahl.

Segest. Es trifft sich wie damals als ich fern von jener Falkenburg war, er dich daraus entführte, und den Namen meiner Veste als echter Raubvogel bethätigte, der dem Greis das Köstlichste, die Tochter, und ihr Herz entriß.

Thusnelda. Vater, ich bitte! Vergangenheit ist böse Asche. Stäube die Funken nicht auf, welche Jahre lang unter ihr fortglimmen können. — Er liebte mich, ich ihn. Du gabst deine Einwilligung, und brachst dein Wort als du merktest, er wolle nur dein Schwiegersohn, nicht dein Knecht seyn.

Segest. Er beleidigte mich.

Thusnelda. Nie. Oder kann er dazu, wenn er unter dem Volk größer ward als du? Dacht' er daran? Thats nicht sein angeborenes hehres Wesen?

Segest. Laßen wir das Hehre gut seyn. Meistens besteht es aus nichts als glänzenden Kniffen. — Wo ist er jetzt.

Thusnelda. Wo er nicht seyn sollte: bei den Bestürmern des Harzes!

(Sie sinkt in einen Sessel.)

Segest (besorgt:) Liebe Tochter — — —

Thusnelda (sich erholend:) Du hast noch ein „lieb" für mich? Der Ton hat Kraft und mein Fieberanfall verfliegt. Ich habe in den letzten Tagen zu viel Wirrsaale erlebt, die Ernährung der Legionen, die Sorge —

Segest. Schon gut. Hüte dich vor dem Zugwind. Es ist März und gewiß hast du dich unvorsichtig erkältet.

(Für sich:)

— Das Gerücht von Hermanns Abfall ist falsch. Wie könnte er sonst unter meinen römischen Freunden marschiren?

Thusnelda. Hier bringt dir die Magd den Imbiß.

Segest. Du hattest ihn mir gleich, als ich kam, zu bieten, nicht hinterdrein, da ich gehe.

Thusnelda. Die Bestürzung — ich hatte dich geraume Zeit nicht gesehen — ich bekenne meinen Fehler.

Segest. Dadurch verbesserst du ihn nicht, machst ihn nur offenbarer. Lebe wohl.

(Er geht.)

Thusnelda (am Fenster:) Dießmal hat er mit seinem Vorwurf Recht! Ich handle so nachlässig gegen meine Gäste nicht wieder! — Wie er hinunterschreitet, die schweren Verschläge der Gehöfte fliegen vor seiner Hand auf wie eine Kette wilder Hühner vor der Armbrust des Jägers. Er ist mein Vater! Beide Augen gäb' ich, hielt' er mit uns, und nicht mit der urbs, wie sie das von Soldaten, Raub, Mord, List und Hohn sprühende Scheusal nennen!

7.

(Am südwestlichen Fuß des Harzes. Das Innere von Hermanns Zelt. Hermann und ein Chatte.)

Hermann. Was für Narrenspossen zeigst du mir?

Der Chatte. Kerbstöcke, welche dir, wenn du die deinigen dagegen hältst, beweisen werden, daß sie ineinander passen, und ich der bin, welcher ich war.

Hermann (sieht ihn scharf an:) Ich erinnere mich deiner, und ich kenne dich, ehrliche Haut. Du warst in meiner Nähe, als wir am Niederrhein gegen die Gallier fechten mußten. — Dein sicherster Kerbstock ist dein ehrliches Gesicht. — Was hast du zu melden?

Der Chatte. Laß mich zu Athem kommen. Drei Tage und drei Nächte lief ich zu dir, und vergaß Essen, Trinken und Schlaf.

Hermann. Deine Hand.

Der Chatte. Die Gnade! Himmel, wer ist glücklicher als ich?

Hermann. Vielleicht ein Fürst, dem solche Bauern dienen.

Der Chatte. — Ja, was ich zu berichten habe: deine heimlichen Aufforderungen fanden in jedem Ohr einen fruchtbaren Boden und donnerndes Trommelfell, von der Werra, Fulda stürmen alle Waffenfähigen heran. Wir halten kaum die Kinder zurück. He, das thun die unmäßigen Steuern, der Hochmuth und die Gewaltthätigkeiten der Eindringlinge! Sie wollten erobern, uns das Blut auspressen, hätten's auch thun können, wären sie sachter zu Werk gegangen, doch nun kriegen sie mit deiner Hülfe alle tausend Schwerenoth.

Hermann. Sey du auch sachter. — Wie stark seyd ihr?

Der Chatte. Sechstausend Mann zu Pferd, zwölftausend zu Fuß.

Hermann. Wo steht ihr?

Der Chatte. Zwischen den Quellen der Lippe und Ems.

Hermann. Eile dahin zurück, rathe Geduld —

Der Chatte. Mit der hält's schwer.

Hermann. Sie soll nur ein paar Tage dauern. Wer siegen will, muß auch zu lauern und zu warten wissen. Dann aber, wann das teutoburger Waldgebirg vor Kriegs- und Waffenlärm aufbrüllt, wie ein ungeheurer aus Gebirgen gegliedmaaßter Auerstier, mit den rauschenden Mähnen seiner Forsten; — merkt ihr dann, daß die Legionen stiller werden, so brecht auf aus eurem Standlager und sperrt den Ueberbleibseln die Flucht.

Der Chatte. Nimm's nicht übel: abgenagte Knochen mögen wir so wenig als deine Cherusker. Wir sind früher, und bevor die Forsten vom Geschrei der Römer still werden, zu deiner Hülfe da, der Chatte will auch ein Blatt von eurem Siegeskranz, mit dem du bloß dich und deine Cherusker zu schmücken gedenkst.

(Ab.)

Hermann. D i e Eifersucht lass' ich mir gefallen.

Varus (hinter der Scene:) Halt. Gefolg, warte.

(Er tritt ein:)

Bin ich nicht raschen Entschlusses?

Hermann. Ich verstehe dich nicht.

Varus. Bei diesem gegen alle Berechnung zu früh eingebrochenem Thauwetter erstürmen wir den jetzt so schlüpfrigen Harz nicht. Leg' deinen Harnisch an. Wir brechen auf und zieh'n wieder nach Cheruska, zu deiner Grotenburg.

Hermann. Immerhin wär' ein letzter Versuch gegen den Harz rathsam, schon wegen des Berichts nach Rom.

Varus. O zu dem Bericht hab' ich meine gewandten Schreiber, sie machen auf ihrem Papier Gold aus Blei, aus einer verunglückten Unternehmung den herrlichsten Sieg. — Unnützes Römerblut soll jene Klippen nicht schmücken.

Hermann (für sich:) Heg's auf! Es wird eine ewige goldne Krone meines Landes!

Varus (während Hermann sich die Rüstung anlegt:) Ich verschiebe den Angriff bis zum Sommer. Da werden meine Legionen dich lehren, wie Südländer die Hitze aushalten, ohne flau zu werden.

Hermann. Wir Nordländer sind mehr an Sturm, Regen und Schnee gewöhnt.

Varus. Bist du fertig mit deinem Anzug?

Hermann. Nur diese Spange noch —

Varus. Weshalb läßt du dich nicht von deinen Dienern ankleiden?

Hermann. Ich habe nicht gern fremde Fäuste am Leib. — Knecht!

(Ein Knecht tritt ein:)

Wir reisen nach Haus. — Sattle. —

Der Knecht. Ist schon geschehen. Ich hörte von der Abreise. Die Gäule steh'n bereit.

Hermann. So führe sie vor die Zeltthür.

Varus. Das geht bei euch geschwind.

Hermann. Meine Kerle haben Heimweh.

Varus. An der Schwäche leidet ihr noch?

Hermann. Wir haben noch nicht die Welt erobert, um überall heimisch zu seyn, wie ihr.

Varus. Wir marschiren mit ein paar Gewaltmärschen zurück über die Weser zu deinen Hünenringen. Du bleibst berathend in meiner Nähe — doch deine Cherusker und überhaupt sämmtliche germanische Bundsgenossen haben sich außerhalb der Heerstraße, zur Seite meiner Krieger zu halten. Sie mögen auf den Höhen rechter Hand mitmarschiren.

Hermann. Dann inspicir' ich sie bisweilen, ab und zu.

Varus. Das verbiet' ich dir.

Hermann. Nur ihr Herrscher, der ihre Sprache und Sitten kennt, kann jene Horden zügeln. Laß mich dann und wann sie ordnen, oder ich melde dein mißtrauisches, unverzeihliches Betragen gegen mich, welches unsrem gemeinsamen Unternehmen bis jetzt schon viel geschadet hat, dem Kaiser.

Varus (lächelnd:) Das wäre!

Hermann. Genügt dir das nicht, so meld' ich's nicht allein dem dahinkränkelnden Schatten des Octavianus Augustus, sondern auch seinem adoptirten Sohn und Nachfolger — Wie heißt er doch? Ein Packet Briefe, welches meine Freunde an ihn absenden werden, liegt schon seit längerer Zeit bereit.

Varus (Schrecken und Schauder unterdrückend:) Schäme dich. Wie so leicht vergißt du die erhabensten Namen! Unter ihnen den Namen eines Mannes, welcher die siegsgewaltige Hand auf Rhätiens Gebirge legte —

Hermann (beiseit:) — dergestalt, daß alle Thäler Blutkessel wurden, und die Wittwen und Waisen die um seine Finger gekrümmten prächtig von Thränen schimmernden Triumphringe —

Varus. Tiberius heißt der Held und Erbe! Reite meinetwegen dann und wann zu deinem Pöbel, komm indeß stets bald zurück, und unterlaß deine unnützen Schreibereien, die man im Capitol doch nur als Lappalien behandeln, oder gar, mit meinen officiellen Gegenberichten verglichen, an dem Autor bestrafen würde. — Sitzen wir auf.

Hermann. Wie du befiehlst.

Erster Tag.

(Morgen. Die Legionen in Marsch. Varus und Hermann zu Pferde vor ihnen. Die deutschen Hülfstruppen rechts auf den Bergen.)

Varus. Da blitzt?

Hermann. Die Weser.

Varus. Jüngst trug ihr Rücken noch die mächtigsten Eisblöcke. Jetzt ist alles aufgelös't.

Hermann. Es lös't sich bei uns Manches, ehe man daran denkt. Das Wetter ist hier zu Lande launisch.

(Er sieht den Varus starr und trüb an.)

Varus. Du bist ersichtlich nicht wohl.

Hermann. Ein unbedeutender Fieberschauer. Die Luft ist zu regnigt und naßkalt.

Varus. Der Feldarzt!

Der Feldarzt (tritt vor:) Ich bin allemal derjenige, welcher in deiner Nähe harrt, Herr! und freue mich unendlich, wenn ich jetzt Gelegenheit gefunden haben soll, an dir meine Kunst zu practiciren und dir meinen guten Willen zu zeigen.

Varus. Curire den Herrn da.

Feldarzt. Was fehlt ihm?

Varus. Sclav, weiß ich's? Siehe zu.

Feldarzt. Ja so. — — Er leidet offenbar an Magenbeschwerden und ist zu vollblütig. Ein Clystier und ein Aderlaß werden ihn bald restauriren —

(Zu Hermann:)

Erlaube mir, deinen Puls zu fühlen. — Sehr stark — 150 Schläge in der Minute. Meine Lanzette soll ihn besänftigen.

(Er zieht sein Besteck heraus.)

Hermann. Pfuscher, hüte dich vor der meinigen, dieser hier.

(Er rüttelt seine Streitaxt:)

Ich habe mich erholt.

Varus. So schnell und stark, daß der Sclav davon läuft.

Hermann. Weswegen nennst du ihn Sclav, und zwar mit einer gewissen Geringschätzung?

Varus. Musikanten, Mimen, Astrologen, Astronomen, Mediciner, und andere Land- und Leutebetrüger sind bei uns nur Sclaven.

Hermann. Und einen dieser saubern Herren berufst du, daß er mich heile?

Varus. Ich dachte, man thut des Guten nicht zuviel. Nützt der Kerl nicht, so schadet er doch auch nicht.

Hermann. Freilich, ja. Ich danke dir.

(Für sich:)

Fast hätte ich geglaubt, er wäre aus echter Freundschaft so besorgt um mich gewesen, und ich wäre fast empfindsam geworden. Doch ihm saß wohl nur im Kopf, daß er an mir einen guten Wegweiser verlieren möge.

(Laut:)

Die Truppen sind eingeschifft. Unzählige Boote tanzen auf den Wellen. Treten wir in das unserige.

(Während des Einsteigens für sich:)

Bin ich Charon?

Varus. Die Weser hat fast die Größe des Tiberstroms.

Hermann. Ihr Busen hat noch kein Rom aufgesäugt, sonst mein' ich unmaaßgeblich, daß sie viermal so breit ist als euer Fluß.

Varus. Holla, das Boot stürzt um!

Hermann. Wir sind in der Mitte des Waßer, — da reißt es, — aber nicht bang: es reißt nicht ab wie ein Zwirnfaden, die Schiffer müssen nur mächtiger rudern.

Varus. Außer der Zwirn-, Garn- und Leinewandfabrication habt ihr wohl wenig Manufacturen im Lande?

Hermann (hört nicht auf den Spott:) Wir sind am Ufer. — Steigen wir aus.

Ein Vexillar. Beim Pluto, gibts denn in dieser Gegend keinen besseren Weg für uns als just diesen? Bald schwellende Bäche, bald klebrigter Sand, regentriefende Wälder und morastige Wiesen? Die Germanen oben auf den Bergen haben's zehnmal so gut als wir.

Zweiter Vexillar. Frag' den Hermann. Er reitet dem Varus zur Linken und flüstert immer in sein Ohr, als wär' er sein Orakel! Guck, da hat er ihm wieder was Angenehmes gesagt: der Proconsul lächelt.

Erster Vexillar. Er sollte dem glatten Ohrwurm weniger trauen.

Varus. Der Scherz, den du mir erzählst, ist allerliebst. Er bezeugt, welche Naivität auch unter Naturmenschen, woraus doch meistentheils dein Volk besteht, wohnen kann. Er wäre was für Theokrit, für unseren feineren, ausgebildeteren Virgil freilich nicht. — Wie? — Fürst, links so weit mein Auge blickt, niederbrennende Dörfer und daraus eilende Einwohner?

Hermann. Die Memmen sind bang vor der Ankunft unsres Heers, und haben aus Angst die Kohlen zu löschen vergessen.

Varus. Alle Bergkuppen hinter uns, vor uns, um uns, werden lebendig!

Hermann. Von den Flüchtlingen.

Varus. Flüchtlinge? In Waffen?

Hermann. Gönn' ihnen die. Sie retteten das Beste was sie hatten, ihren letzten Schutz und ihre letzte Wehr.

Varus. Dein Hülfsvolk weicht zu ihnen!

Hermann. Es will sie verjagen.

Varus. Ohne meinen Befehl?

Hermann. Der Deutsche thut des Guten gern zuviel, auch unangefragt.

Varus. Der Germane ist noch viel zu dumm, als daß er nicht anfragen müßte, eh' er etwas beginnt. Hole die Leute sofort von den Bergen zurück, und ich will ihnen dießmal ihren Subordinationsfehler verzeihen.

Hermann. Quintilius Varus, das Verzeihen ist an uns, das heißt: an meinen Landsleuten und an mir! (Er sprengt auf die zur rechten Hand liegende Dörenschlucht, welche von Deutschen wimmelt)

Werden wir endlich eine Faust und sind wir nicht mehr die listig vom Feinde auseinandergestückelten Fingerchen? — Marsen, Cherusker, Bructerer, ihr Nationen alle, die ich um mich sehe — Heil uns, es gibt noch genug Brüder und Genossen in des Vaterlandes weiten Auen! — — Ihr breitschulterigen Enkel der Cimbern, Ambronen und Teutonen, vergaßet ihr so leicht und so lange die Gefilde von Aquä Sextiä und Verona? Soll das Blut eurer Großeltern ungerächt ewig dort die Aecker düngen? Rüttelte mein Ahn, der Teutobach, vor Freude an seinen Ketten, als ihn Marius durch die Straßen der Tiberstadt führte, wie ein wildes Thier, das man dem Pöbel zu seinem Zeitvertreib zeigt? Würd's mir und euch nicht bald eben so oder gar noch schlimmer ergehen? — Schämt euch vor meinem Pferde. Ihr zaudert und überlegt. Es schäumt bereits vor Zorn!

Ein alter Cherusker. Drück auch dem Vieh nicht so hart die Sporen in den Balg. Das Luder fühlt wie ein anderer Mensch.

Hermann. Er ist da, der Tag der Rache und Roms Siegestraum ist aus! Ihr, meine Unterthanen, leidet keine Willkühr von mir, eurem angeborenen Herrscher, und duckt euch nun unter fremde Tyrannei? Pfui!

Viele Cherusker. Er wird wieder unser!

Hermann. War's immer! Welch ein Dummbart wär' ich, wollt' ich was seyn ohne mein Volk? Kein Joch, und wär' es sterngeschmückt oder wetterleuchtend, wie der Himmelsbogen, soll fortan uns niederzwängen oder einschüchtern. Jene Ratten da unten sind in der Falle unsrer Thäler und Gebirge. Und hinter ihnen die Männer des Harzes, welche sie selbst aufstöberten, hier auf der Höhe wir, Cherusker, Bructerer, Marsen, Tencterer und viele andre edle Stämme — gegenüber blitzen von der Elbe die blutlechzenden Speere unserer Verbündeten, und dort im Mittag regen sich auf den Hügeln schon die vorschnellen chattischen Reiter, um den Rest der systematisirten, einexercirten, betitulirten Raubhorden, wenn wir etwas davon entlassen sollten, mit Schwertern in vernichtenden Empfang zu nehmen. Nur der Gewaltige, welcher über Böhmen seinen Herrscherstab gelegt hat, bleibt trotz allem Freiheitsschrei taub, und nur aus Eifersucht auf mich. Marbod, kämst du nur, ich begnügte mich gern mit der zweiten Stelle. Doch kämpfen wir mit doppelter Kraft, so haben wir allein Ehre!

Ingomar. Wär'st du nicht mein Neffe, und schickte es sich für einen Oheim, sein Schwesterkind zu loben, ich sagte: Junge, du hast es klüger eingerichtet als ich gethan hätte.

Ein Alter. Aber, aber —

Hermann. Was haft du auf der Zunge?

Der Alte. Du haft den Kaiser jahrelang getäuscht und betrogen!

Hermann. Betrog er uns nicht auch? Ich gebrauchte gleiche Waffen gegen gleiche. Macht ihr mit eurem Messer es anders, wenn euch ein Bär mit seinen Zähnen packt?

Der Alte. Ein Kaiser und ein Bär ist ein Unterschied. Ich sage nichts. Nur dieses: besser und ehrlicher ist auch besser und ehrlicher, als —

Hermann. Halt's Maul mit deinen kleinlichen Bedenklichkeiten. Geh' in deine Rotte!

(Der Alte entfernt sich. Hermann faßt an seinen Panzer:)

Erz der Cäsaren, unter die Füße!

(Er löst die Spangen:)

Kerker, springe auf!

(Er zertritt die Rüstung:)

Tyranneneis! Ich fror nur zu lang in dir!

(Sein Schwert wegwerfend:)

Fort meuchelmörderischer Dolch, ich will ein deutsches Schwert, breit und hell und dreimal so lang als dieser Scorpionsstachel! — O hätt' ich meinen Hermelin und meine alten Waffen.

Ein grauer Knecht. Hier ist alles, Mantel, Schild und Degen.

Hermann. Was?! — Arnold mein alter, treuer Bursch, wie kommt das?

Arnold. Das kommt so: als du abfielst und von uns gingest, dacht' ich, er kehrt schon wieder, wird unter dem fremden Volk schon zur Besinnung gelangen, — er hat mir seine Kleidung und seine Waffen anvertraut, um sie zu putzen, und bei seiner Abreise zwar vergessen nach ihnen zu fragen, ich aber will jeden

Morgen daran bürsten und glätten wie sonst, er könnte jeden Nachmittag zurück seyn und sich hinein stecken wollen.

Hermann. Daß du dich fleißig gequält hast, sieht man. Der Schild ist abgeschabt als wär' er zehntausendmal umgeschruppt, und der Hermelin hat fußlange Zasern. — — Graukopf werde nicht böse über meinen Scherz. Du hast es gut gemeint. Fürerst nimm diese Rolle Gold, und meine Liebe.

Arnold. Wenn du erlaubst, so theil' ich das alles mit meinen Gefährten.

Hermann. Das sey. Nächstens mehr.

(Sich den Mantel umlegend:)

Ha, wie warm werd' ich!

(Schild und Speer ergreifend:)

Rom, sieh zu, wie wir Germanen zu siegen oder zu fallen wissen!

Die Deutschen (untereinander:) Auch in unsren Kleidern wieder? Nun ist er auch in unsren Seelen. Hoch Hermann!

(Sie stoßen in ihre Stierhörner.)

Hermann. Bin ich in euren Seelen, braucht ihr das nicht auszublasen. Behaltet's lieber bei euch, so bleib' ich einheimischer.

Aber kommt der Feind, so wird Musik beim Kampf nicht schaden. Und er naht.

Varus. Verrätherei, die schwärzeste Verrätherei! Links, rechts, hinten, vorn, überall empörte Germanen! — Legat, wie sind wir von dem Hermann betrogen!

Eggius. Du vielleicht, ich nicht, denn ich hatte nichts mit ihm zu schaffen, und that nur, was du gebotest. Indeß dein Irrthum kann den Besten treffen. Ich zähle jetzt achtzig Jahre, werde auch noch immer, ungeachtet meiner Erfahrungen, Tag für Tag mehr überlistet und getäuscht.

Varus. Ueber den Bach hier und dann bergauf! Sturm! Du voraus mit deiner Legion.

Eggius. Neunzehnte! 'Nen Keil gebildet! Vorwärts!

Hermann. Reiterei der Marsen, eil' entgegen, wehr' ihnen den Uebergang über die Werre.

(Die marsischen Reiter galoppiren herunter, werden aber zurück geworfen. Hermann zu den wieder ankommenden Marsen:)

Schön! Ihr wißt, das man euch wie alles Gute für die günstige Gelegenheit sparen, und nicht unnütz verquackeln muß. — Ihr solltet die Römer zurückweisen und statt dessen holt ihr sie her.

Der Marsenhäuptling. Ehre deinen Befehlen. Doch das Unmögliche vermochten wir gegen die Uebermacht nicht zu leisten. — Hör' und siehe, was wir können: Marsen, der Cheruskerfürst hat uns beleidigt und verkannt, rächen wir's durch Heldentod.

(Er stürzt mit den Marsen unter die Römer und fällt mit seinen Leuten nach einem heftigen Gefecht.)

Hermann (hat ihnen nachgesehen, und faßt an seine Augen:) Das regnet, — man wird ganz naß —

(Laut:)

Cheruskas Reiterei!

(Diese Reiterei sprengt heran:)

Was sollen jene elenden welschen Turmen und Krippenreiter um das feindliche Heer stolziren?

Ein cheruskischer Reiter. Sie sitzen zu Pferd als wären Katzen auf Hunde gebunden.

Hermann. Lehrt sie den Tod, und fangt ihre schönen Hengste und Stuten.

(Die cheruskische Reiterei sprengt hinunter, zerstreut die Turmen, von deren Mitgliedern indeß sich viele hinter die Legionen flüchten, und kehrt mit gefangenen Pferden zurück.)

Ein rückkehrender Cherusker. Kein Gott!

Zweiter. Bei Gott nicht!

Erster. Rettet das Volk noch einige der besten Stücke seines Gethiers!

Zweiter. Was erwischtest du?

Erster. Diesen Rappen, mit zwei weißen Flecken an jedem Fuß, die ihn zieren möchten, wären sie nicht ungleicher Größe.

Zweiter. Ich erbeutete gar nichts.

Erster. So brauchst du dich auch nicht um eine schlechte Beute zu ärgern.

Eggius (rückt mit der neunzehnten Legion herauf:) Besser Schritt gehalten!

Hermann (beiseit:) Stirn, bleib' mir kalt! Es wird ungeheure Gefahr!

(Laut, zu seiner Vorhut:)

Sacht! Weicht nicht zu geschwind! Beim Weichen ist man nie zu langsam!

(Thusnelda, in einem Wagen, dessen braune Renner sie selbst lenkt, erscheint auf der Höhe.)

Das deutsche Heer (sich umblickend:) Eine Walkyre über uns!

Hermann. Viel Besseres: mein Weib, bei mir in der Stunde der Gefahr! — — Und fürchtest du nicht vor den römischen Geschossen?

Thusnelda. Du bist ja mit mir unter ihnen. — Ich bring' euch Speis' und Trank und zwanzig tausend Mann. — Laß das zürnende Rütteln an meinem Wagen. Die Speichen könnten leicht auseinandergehen. Zu Haus ist alles, ungeachtet meiner Abwesenheit in Ordnung.

Hermann. Kein Zorn, nur Freude rüttelt an dem Wagen.

Thusnelda. Nimm dieses Tuch und trockne deine Stirn, du bist erhitzt. Das darf ein Feldherr nicht seyn, wie ich glaube.

Hermann. Zu Zeiten wohl!

Ingomar. Neffe —

Hermann. Oheim?

Ingomar. Deine Frau ist kein Weib.

Hermann. Alle Wetter, was denn?

Ingomar. Kann's nicht recht sagen. Doch gegen ihre Stirn tausch' ich nicht die Sonne, nicht den Blitz gegen ihr Lächeln, und ihren Muth und Verstand betreffend —

Thusnelda. Schon zuviel, Oheim.

Ingomar. Nun spricht sie gar mit mir!

Hermann. Werde nicht verliebt, Alter, und mache mich nicht eifersüchtig.

Ingomar. Wie ihre Augen durch das Heer rollen! Wer das aushält, hat statt des Herzens noch weniger als einen Kiesel im Leibe, denn selbst der Kiesel sprühte Funken! — Ich will, Ihr zu Ehren, Feindesleichen machen und mich darunter zerstreuen.

Hermann. Warte bis daß die vorderste Neunzehnte an jene schmale Wegstelle kommt und ihre alte vierschrötige Tactik dünn und einfach machen muß.

Ingomar. Mit dem Warten gewann ich mein Lebtag noch keinen Pfennig. — Trabanten folgt mir!

Hermann. Bergunter ist er. Wenn da nur nicht schon die Sigambrer sich in seine Seiten schwenkten, und seine Nachhut mordeten.

Thusnelda. Sind die Sigambrer nicht Deutsche?

Hermann. Dermalen Römlinge. Blätterabfall der Eiche, die in Europas Mitte prangt. Sie kann viel entbehren und bleibt stark.

Thusnelda. Das sage nicht. Man muß haushälterisch seyn, und sey man überreich.

Erster Tag. 363

Ingomar (aus der Tiefe:) Kerle, seyd ihr toll? Laßt euch abschlachten wie das liebe Vieh?

Ingomars Trabanten. Wehren wir uns nicht noch im Sinken?

Einer der Trabanten (verwundet im Todeskrampf:) Bengel, den ich am Kragen habe, Specht, der du weither flogst, du fliegst nicht so weit zurück!

(Er stürzt mit einem erdrosselten Römer zur Erde, und stirbt gleich darauf selbst.)

Hermann. Ihr Reitertrupps der Tencterer rettet Ingomar und die Trümmer seiner Schaaren, der Gedanke an euren Rhein dabei nicht zu vergessen!

Die Tencterer. Der Rhein!

(Sie stürmen hinunter und bringen nach einer Pause Ingomar und zwei seiner Trabanten herauf.)

Hermann. Umgesehen: rechts und links nisten sich Veliten ins Buschwerk — — Bructerer, jetzt beweis't, daß ihr abgefeimte Wilddiebe seyd, und mir manches Stück wegschosset — ihr kennt hier jeden Baum und jeden Schleichweg —

Die Bructerer. Herr?

Hermann. Thut's nicht wieder, und säubert heute das Holz von den zweibeinigen Ebern in Menschengestalt.

Der Häuptling der Bructerer (pfeift mehrmals durch die Finger:) Tuwith!

Erster Bructerer. Die Zeichen! — Ich muß auf jenen Anstand.

Zweiter. Ich in dieses Gesträuch.

Dritter. Wir müssen hinter jene Lerchtannen.

(Der Anführer pfeift noch einmal mit hellerem Ton.)

Die Bructerer. Ha, nun dran und drauf!

(Die Bructerer verbreiten sich im Walde. Bald darauf stürzt der Rest der Veliten blutend aus ihm zu den Legionen.)

Hermann. — — Oheim, wo sind deine übrigen Trabanten?

Ingomar. Schaust du endlich nach mir um?

Hermann. Ich hatte bislang nach was anderem zu sehen.

Ingomar. Meine Leute liegen unten, sind auch nicht gefangen worden, vielmehr gottlob! auf ehrliche Art mausetodt.

Hermann. Opfere künftig deinem unüberlegten Muth nicht tapfere Männer!

Ingomar. Unüberlegt? Schrie und schreit der greise Eggius nicht schon an diesen Höhen? Hielt ich ihn nicht auf und macht' ich ihn nicht verdutzt?

Hermann. Damit er, über deine Niederlage ermuntert, nun desto trotziger den Berg ersteigt? — Da thut er's schon.

Ingomar (um den sich neue Waghälse gesammelt haben:) Das halte ein Verräther aus! Stürzen wir ihm entgegen, das Heer uns nach, und mein Hals der erste, welcher auf's Spiel gesetzt wird!

Hermann (zu seinem Heer, welches sich in Bewegung setzen will:) Wer ohne meinen Befehl den Fuß bewegt, dem tanzt der Kopf vom Rumpf!

(Den Ingomar vom Pferde reißend:)

Und du, alter Fas'ler, geh' künftig zu ebener Erde, daß man weniger dich sieht und hört, und du dein edles Roß nicht zu Thorensprüngen mißbrauchst.

Ingomar. Das deinem Mutterbruder?

Hermann. Allgemeine Blutsverwandtschaft, nicht Mutterbruderei gilt in der Schlacht!

Ingomar. Zuweilen sagst du ein wahres Wort, aber den Schimpf, den du mir angethan, vergess' ich in meinem Leben nicht. Du sollst sehen!

Hermann. Vergiß die vermeintliche Beleidigung nur so lange, bis wir den Feind vernichtet haben. Dann

Erster Tag.

will ich deine Rache erwarten. — — Du schläfst Thus=
nelda?

Thusnelda (senkt ihr Haupt noch tiefer, blickt ihn bedeutungs=
voll an, und schließt die Augenlieder fester als zuvor.)

Hermann. Ich verstehe.

(Laut:)

Die Fürstin, welche euch im Kampfe Lebensmittel
brachte, schläft im Vertrauen auf eure Waffen — Wer
stritte nicht für ihren Schlaf und ihren Schutz?

Die Deutschen. Wir alle!

Eggius (vornan mit der neunzehnten Legion, Varus aus der
Mitte der achtzehnten sein ganzes Heer leitend, hinten die zwanzigste:)
Fünffingerige Manipelzeichen, weis't dorthin auf die
Höhe, und den Adler, der bis heute alle Berge über=
flügelte, auch auf sie getragen!

Hermann. Dicht und dichter drängen sie sich mit
ihren todten Vögeln heran! Meine Leute, nur getrost,
und schaut auf: da über euch steigen unsre **leben-
digen** Adler empor, schütteln Regen und Unwetter
von ihren Fittigen, uns zum Heil, dem nicht daran
gewöhnten Feinde zum Verderb, und zucken von Nord
nach Süd und von Süd nach Nord, wie die grimmig
bewegten, die Welt durchrollenden Augenwimpern des
Wodan!

Eggius (fast auf der Höhe:) Sturm!

Hermann. Wind heißt es!

(Er wirft seinen Wurfspieß und einer der vordersten Römer stürzt
von demselben durchbohrt zur Erde. Die Legionare starren einen
Augenblick.)

Ingomar. Den haft du nied= und nagelfest gemacht.
Er macht sich nicht los, wie sehr er sich auch um den
Speer windet.

Eggius. Was ist das für ein Zaudern wegen eines
einzigen Gefallenen? Vor!

Hermann. Wir stehen hier an Deutschlands Pforten. — Sey'n wir wackre Riegel. — Brechen die Römer durch und erreichen ihre siebenthürmige Feste Aliso, dort hinter uns, so sammeln sie sich da von neuem, erwarten Hülfe vom Rhein, uns zum zweitenmal zu unterdrücken!

Ein Cherusker (zu einem anderen:) Bartold!

Bartold. Fritze, zupfe mir nicht den Ermel entzwei. Er ist schon mehr als mürb, und ein neuer kostet Geld.

Fritze. Tauschen wir uns um.

Bartold. Schmachtlappen, bleibe mir meilenweit vom Leib.

Fritze. Höre doch. — Laß mich an deine Stelle in die vorderste Reihe. — Bei'm Leinweben hab' ich mich hager gesponnen. —

Bartold. Wahr, Hemdsfaden!

Fritze. Du dagegen bist vierschrötig vom Pflugtreiben, und ich kann mich mit dem Rücken auf deine Brust stützen, trifft mich vorn ein Puff. Denn ich möchte auch gern einen von den Advocatenknechten auf meinen Spieß laufen lassen, um meiner Frau davon zu erzählen.

Bartold. Was hast du in dem dicken Schnappsack?

Fritze. Brod, Wurst, Speck, Schinken und geräuchert Fleisch.

Bartold. Gib mir ab.

Fritze. Nimm.

Bartold (essend:) Teufel, deine Frau will dich fett füttern. So wie dich mästet man kaum ein Schwein.

Fritze. Friß mir nur nicht auch den Schnappsack auf. Den muß ich ihr zurückbringen, oder —

Bartold. — das Weib haut dir hinter die Ohren.

(Er hat den Schnappsack so ziemlich geleert:)

Tritt nun vor, und verlaß dich auf mich.

Eggius. Wir sind auf der Spitze!

Hermann. Und müßt wieder hinunter oder euch den Weg über Leichen von Fürsten und Völkern bahnen!

(Zu seinem Heer:)

Jetzt greift an, ihr alle! Vorn, zu den Seiten, und horcht! in dem Feinderücken kommen die Harzer an, und grüßen uns mit ihrer lustigen Bergmusik!

Das Heer. Heil dir, alter Blocksberg, und deinen Söhnen!

(Es stürzt auf die Römer.)

Varus. Die zwanzigste hat sich gegen die Wilden vom Harze zu wenden!

Eggius. Wir aber fassen diese Berge bei ihren Schöpfen, wie ihre Bewohner bei ihren Haarbüscheln.

(Allgemeiner Kampf um die Höhe der Dörenschlucht.)

Hermann. Deutschland!

Einige in seinem Heer. Er spricht oft davon. Wo liegt das Deutschland eigentlich?

Einer. Bei Engern, wie ich glaube, oder irgendwo im cölnischen Sauerlande.

Zweiter. Ach was! es ist chattisches Gebiet.

Hermann. Und kennst du deinen Namen nicht, mein Volk?

Stimmen. O ja, Herr — wir sind Marsen, Cherusker, wir — wir Bructerer, Tencterer —

Hermann. Schlagen wir jetzt und immer nur gemeinsam zu und die verschiedenen Namen schaden nicht.

(Für sich:)

Ich muß mit geringeren aber näheren Mitteln wirken.

(Laut:)

Grüttemeier, deine beiden schwarzen Ochsen — denkst du noch an sie?

Grüttemeier (Thränen in den Augen:) Ja wohl, mein Vater empfahl sie mir im Sterben.

Hermann. Eine Manipel stürmte in dein Haus, schlachtete, briet und fraß sie, und gab dir nichts ab!

Grüttemeier. Abgeben? Was von dem Fraß übrig blieb, traten sie mit den Füßen, oder schmissen's an die Wand. Ich hätte auch nichts davon essen mögen.

Viele Deutsche. Wie dem, ging's uns!

Eggius (sehr laut:) Rom!

Hermann (noch lauter:) Alle übrigen von den Römern gestohlenen und liederlich verschwelgten Gottesgaben: Linsen, Kohl, Erbsen und große Bohnen! Widersteht, auf daß ihre Fäuste nicht zum zweitenmal in eure Töpfe greifen!

Varus. Legat, wie lange währt's, daß du die Höhe ganz in der Gewalt hast? Man wird hier ungeduldig.

Eggius (für sich:) Das glaub' ich. Ich und meine Leute sind's schon längst.

(Er ruft dem Varus zu:)

Man hat hier zuviel mit Linsen, Erbsen und verdammt saurem Kohl zu thun! — Doch ich wag's drauf von Neuem, und will, wenn ich gewinne, in Rom der Ceres einen Tempel weihen, als Beschützerin der Hülsenfrüchte! Drum Göttin der Getraide, wende dich ab von deinen germanischen Anbetern, und hilf mir!

Hermann. Ziegen, Schaafe, Hühner, Tauben, Hechte, Forellen, alles was sie ergreifen konnten, nahmen euch die Schufte, ohne zu bezahlen. Kerbt ihnen mindestens die Rechnungen in's Gesicht, zum Andenken bei ihrem Abzug!

Eggius. Der Kaiser!

Hermann. Denkt der in seinem Namen gestohlenen Runkelrüben, und seiner Sachwalter, Advokaten, und, schlimmer als beide, seiner Gesetze und Richter!

Die Deutschen. Ha!

(Sie stürzen mit einem furchtbaren Anprall auf die Römer.)

Eggius (zu einem Unterlegaten, leise:) Sag' dem Proconsul, wir erzwängen dermalen nichts mehr. Ich müßte umwenden und er möchte mit seiner unversehrten Achtzehnten es auch thun. Die Zwanzigste wird es schon gethan haben, da sie genug mit den ihr im Rücken hervorbrechenden Harzkerlen zu schaffen hat.

(Der Unterlegat ab. Eggius laut:)

Das war, ein Sieg —, ein höchst glorreicher Angriff, Krieger! Ihr überwandet die Natur und die Menschen! Indeß, es dunkelt, ruhen wir bis morgen in einem Nachtlager, und machen wir dann beim Tagslicht den Aufrührern das Garaus!

(Die Römer ziehen bergunter zurück.)

Thusnelda. Er schlägt sie in die Flucht! O Ich! Was bin ich? Siegesfreude!

Hermann. Ihnen nach! Stoßt sie, daß sie über einander purzeln wie Kraut und Rüben!

Varus. Ruhig, Eggius. Die Achtzehnte nimmt euch in ihre Zwischenräume auf, und wird euch zu decken wissen.

(Die neunzehnte Legion marschirt durch die Lücken der en echiquier aufgestellten achtzehnten, und diese steht plötzlich statt ihrer in Schlachtordnung vor den Deutschen.)

Hermann. Laßt euch nicht durch Kriegskünsteleien verblüffen. Hinunter und noch tiefer müssen sie doch!

(Er greift mit der Reiterei die achtzehnte an, wird jedoch abgewiesen. Die neunzehnte Legion rückt so unter dem Schutze der achtzehnten, mit derselben in das Thal, und wirft die Lagerwälle auf.)

Hermann. Stört sie bei ihrem Nestermachen!

Varus (unter heftiger Gegenwehr seiner Truppen:) Heut geht's noch nicht!

Hermann. Es ist auch noch nicht aller Tage Abend!

(Zu seinen Leuten:)

Vergeudet euer Blut nicht, laßt sie bauen, sie müssen doch bald aufbrechen oder verhungern. Einer vom Harz meldet mir eben, daß seine wackeren Cameraden ihnen allen Proviant genommen. Umstellen wir sie nur mit Beobachtungsposten, und feiern wir oben auf unsren Gebirgen unter Feuer und Meth seit langen Jahren unsren ersten freien Jubel wieder, wie ringsum unsre Bundsgenossen auch thuu. Die Fortsetzung des Blutbades folgt morgen.

(Er stellt Posten aus und begibt sich mit seinen Heerhaufen auf die Höhen der Dörenschlucht und der umliegenden Berge.)

Wo ist meine Gemahlin?

Einer seines Gefolges. Sie hat sich entfernt, — der Anblick des Kampfes hätte sie zu heftig erschüttert, sagte sie, — auf dem Siegesfelde sähe sie dich wieder.

Hermann (für sich:) Das kann noch lange währen — —

Erſte Nacht.

1.

(Varus ſteht auf ſeinem Lagerwall. Eggius neben ihm.)

Varus. Setzen wir uns, Präfect.
Eggius. In den Koth?
Varus. Warum nicht?

(Für ſich:)

Sind wir nicht bald feines Gleichen? Doch, ich hoffe noch —

(Beide ſetzen ſich.)

Eggius. Mein Waffenträger erhält morgen früh viel zu putzen.
Varus. Syrien iſt ein ſchönes Land.
Eggius. Wie kommſt du auf Syrien?
Varus. Ich war dort ſechszehn Jahre Statthalter, bis Pontius Pilatus mich ablöſ'te. Auch die Juden dort ſind ſo übel nicht.
Eggius. Laß uns lieber von den Germanen reden.
Varus. Dieſe haben wir nahe genug. Sprechen wir eher von jenen glücklicheren Zonen. Das Meer ſpült da leiſer an den Küſten, als hier der ewige Regen auf die Thäler herniederrauſcht.
Eggius. Ich war nie da.

Varus. Wie alt bist du?

Eggius. Ich hab's dir schon gesagt: achtzig Jahre.

Varus. —— Und mußt nun mit mir untergehn? —

Eggius. Na, so weit ist's noch nicht. — Wär's? Desto besser. Ich lebe mir selbst schon zu lang. Was hat man endlich von all den Plagen? Ein bischen Schlaf. Der Tod wird erquickender seyn. Man braucht dabei nicht aufzusteh'n und sich die Augen zu reiben.

Varus. Wie sie auf den Bergen brüllen!

Eggius. Unsre Geschichtschreiber und Dichter nennen das Bardiete.

Varus. Ich wollte, sie säßen hier, und müßten in Wind und Regen das Bardengeheul anhören.

Eggius. Heda! Da sprengt Jemand auf die porta decumana.

Varus. Sey ohne Sorge. Die ist gut bewacht.

Hermann. Was gleißt der fremde Adler durch Deutschlands Nacht? Senner, hilf!

(Er sprengt mit seinem Senner über die römischen Wälle, entreißt der neunzehnten Legion ihren aufgepflanzten Adler und jagt zurück.)

Da Gaul, zerstampf' den rothen Schuft!

Varus. Der Adlerträger und die Adlerwacht deiner Neunzehnten werden sofort erdrosselt. Besorg's.

Eggius. Ich werde die Henker befehligen.

Erste Nacht.

2.

(Die Höhen der Dörenschlucht. Das deutsche Heer auf ihnen gelagert. Große Feuer. Das Volk sitzt auf Holzblöcken um sie herum, singt, würfelt und trinkt, trotz des starken Regenwetters. Strohbündel behufs des Uebernachtens werden herbeigeschleppt.)

Viele. Towitt,
Tohu,
Rom's Leichenvögel singen!

(Zwei Cherusker liegen an einem Feuer und würfeln.)

Erster (schürt das Feuer:) Das knistert und prustet. Kriegt's Feuer auch den Schnupfen?

Zweiter. Wirf!

Erster. Neun! Gut stehen sie!

Zweiter (wirft:) Zehn! Besser sind sie! Bezahle.

Erster. Ich habe keinen Pfennig bei mir. Du bekommst meine Kuh.

Zweiter. Gut.

Erster. Fahren wir fort. Ich setze meine Wiese.

Zweiter. Ich meinen Brink.

(Sie würfeln.)

Die Wiese ist mein.

Erster. Donner und Wetter, jetzt wag' ich Haus und Hof!

Zweiter. Auch ich mein Gehöfte. — Ich habe gewonnen.

Erster. Du betrogst mich vor zwanzig Jahren mit einem Scheffel Mehl. Es war eine Metze Sand hineingemengt.

Zweiter. Laß diese alte, lügnerische Geschichte. — Hören wir auf mit dem Spiel?

Erster. Glaubst du, mich hätte ein toller Huud gebissen? Ich habe verloren und muß wieder gewinnen!

Zweiter. Du hast ja nichts mehr einzusetzen.

Erster. Weib und Kind!

Zweiter. Wohl. Ich setze alles, was ich bisher von dir gewonnen habe, dagegen. — — Ich bin im Glück, sie sind mein.

Erster. Nun — o heil'ge Freiheit verlaß mich nicht — setz' ich mich!

Zweiter. Ich mich gleichfalls. — — Da! du hast verloren und bist mir leibeigen sammt deiner Familie. Ihr sollt es aber nicht schlecht bei mir haben.

Erster. Wenn die Metze Sand nicht in dem Scheffel gewesen wäre, glaubt' ich dir.

Zweiter. Dein Schicksal thut mir leid. Indeß Spielschuld erläßt man nicht, sonst rächt sie sich an dem Verächter und man gewinnt nie wieder.

Erster. Aber mein Heerdienst?

Zweiter. Den mußt du so gut erst leisten wie ich. —

(Viele Bructerer, Tencterer, an einem anderen Feuer. Hinter den Tencterern ihre angebundenen Pferde.)

Ein Tencterer. Da Gaul sauf'! Die Bestie macht mir Durst, so behaglich schlürft sie den ganzen Trank= eimer aus.

(Er setzt sich zu den Uebrigen:)

Meth!

(Sie wälzen ihm eine Tonne Meth vor.)

Schön. Wenn ich mit der fertig bin, werd' ich's mit mir gewiß seyn. — Habt ihr denn keine Becher oder Gläser?

Ein Bructerer. O ihr feinen Rheinländer, nippt ihr schon aus den winzigen römischen Geschirren? — Wir denken, je frischer vom Faß, je besser im Hals. Leg' dich vor's Spundloch. Du sollst spüren, wie's dir dar= aus zu Kopf steigt.

Der Tencterer (schlürft aus dem Spundloch:) Ich spür' und spüre und möchte bis auf den Grund spüren, doch das geht nicht.

(Er liegt besinnungslos da.)

Erste Nacht.

Hermann (ist aufgetreten und übersieht das Lager. Zu den Knechten:) Mehr Wasser in's Meth gemischt. Die Kerle sind mir sonst morgen früh alle schlaftrunken.

Ein Knecht. Herr, das Wasser merken sie —

Hermann. Ach was, haben sie nur ein nasses Maul, kommt's ihnen auf die Güte des Getränks nicht an.

(Knechte ab.)

Hier zechen oder gar schlafen kann ich nicht. Ich will mich an diese alte Rüster von Eiche lehnen und so die Nacht durchwachen. — Sollte mir das Wagstück gelingen? Noch haben wir sie nur zurückgeschlagen, nicht überwunden. — — — Wie der Sturm in den Aesten heult, und die Wolken hin und her über den Wald jagen, wilde gespenstische Reiter mit wilden Gesichtern! — Ah, da auf einen Augenblick der Mond, aber wie trübroth, und weg ist er wieder — Verlören wir, sie rotteten ganz Deutschland aus, und machten es zur Colonie. Man kennt sie. — Es wird still. Die Leute senken die Häupter und schlafen ein.

(Nach langer Pause:)

Schon ist es weit über Mitternacht, und will noch der Morgen nicht kommen? Er wird blutig werden, aber ich hab' ihn immer lieber, als diese wüste Stille, worin ich unter Tausenden vielleicht allein nur für sie alle sorge und denke — —

Zweiter Tag.

(Hermann ist an der Eiche eingeschlummert. Sein ganzes Heer, außer den aufgestellten Posten liegt im tiefsten Schlaf. Es stürmt und regnet stark.)

Hermann (im Traum:) Nein, Präfectus Prätorio, solche sclavische Ehrenbezeugungen mach' ich ihm nicht.

(Es stürmt und regnet stärker:)

Nein, nein, und schreist du auch tausendmal lauter als Sturm und Regen. Er ist nur ein erwählter Kaiser, doch ich bin ein geborener Fürst. Ich grüß' ihn, wenn er vorübergeht, meine Kniee beug' ich nicht.

(Ein Windstoß macht die ganze Eiche knarren und zittern. Hermann erwacht:)

Wo war ich? In meinen Jugendtagen? im Palatium? wo ich so oft mit dem Präfectus Prätorio über die Hofgebräuche stritt? Dank dir alte Eiche, du hast mich zur rechten Zeit geweckt, denn der Tag beginnt zu dämmern und im Römerlager rauscht's schon, als schaarten sich Gewaffnete zum Ausrücken. Deine Blätter sollen von jetzt an Deutschlands Zeichen seyn.

(Es kräht ein Hahn:)

Auf, auf, die Hähne wünschen einander schon aus der Nähe und Ferne guten Morgen!

Zweiter Tag.

Ein Cherusker (der neben einem anderen zu seinen Füßen schläft, erwachend:) Ermuntre dich, der Feldherr ruft!

Der andere Cherusker (schlaftrunken und sich auf die andere Seite drehend:) Laß mich zufrieden. Ich habe heute keine Lust, alte Vettel.

Erster Cherusker. Bei Gott, der meint, er läge bei —
(Er rüttelt ihn aus Leibeskräften:)
Du bist ja nicht zu Hause!

Zweiter Cherusker (erwacht:) Das spür' ich. Ich bin durchgeregnet bis auf's Hemd.

Erster. Es wird bald im Kampf trocknen. Das ganze Heer ist schon in Bewegung, und hier kommen unsre Rottenführer.

Hermann. Horcht, die Ravensberger und die Harzer sind bereits wach, und jagen sie mit Hörnerklang aus der Ruhe. Unsre Pflicht ist, daß wir das aufgescheuchte Wildpret nicht entwischen lassen.

(Die achtzehnte Legion will vorauf aus dem Lager marschiren.)

Hermann (eilt ihr mit Truppen entgegen:) Halt!

Varus (in der Mitte der Achtzehnten, welche stutzt:) Laßt ihr euch schon von Feinden gebieten? Heut sind wir im Vortheil, weil wir im Thal mit dem Feinde auf gleichem Grund und Boden stehen —

Ein Legionär (für sich:) Hätten wir gestern auch nur nicht mit ihm auf seinen Bergen angebunden.

Varus. Speerträger brecht vor, ihr leichten Truppen und ihr Principes entfaltet euch zu beiden Seiten, Triarier seyd die Nachhut. — Wir wollen nach Süden zu hinausmarschiren.

Der Legionar (für sich:) Weil wir müssen.

Varus. Wehe dem, der uns hindert! —

(Die Legion bricht in der befohlenen Ordnung aus dem Lager und die Deutschen müssen weichen. Varus zu der Legion:)

So! euch fehlte nur der schickliche Platz, jetzt habt ihr euch entfaltet, ein Adlergefieder!

Hermann. Daran soll in diesen Thälern schon gerupft werden.

(Die neunzehnte und zwanzigste Legion folgen dichtgedrängt der achtzehnten auf dem Fuß.)

Ein Soldat der zwanzigsten Legion. Was fehlt der neunzehnten, sie marschirt ja mit gesenkten Köpfen vor uns her?

Einer seiner Cameraden. Sie, die immer gegen uns so gern vornehm thun wollte, schämt sich heut. — Bemerkst du nicht, daß ihr der Adler fehlt?

Erster Soldat. Wo ist er denn?

Zweiter. Du hast fest geschlafen. Die Reiter des Cheruskatyrannen sprengten ja die ganze Nacht um unser Lager und schrieen: „einen Vogel hat der Fürst gefangen, sein Pferd hat ihn in den Dreck gestampft!"

Hermann. Helft doch unserer armen Retlage! Sie wollen den Bach überschreiten, und so klein er ist, wehrt er sich und schwillt ganz ärgerlich auf!

(Kampf. Unter vielem Verlust erzwingt Varus den Uebergang über die Retlage.)

Ihr drei Reiter, eilt zu den Ravensbergern, daß sie mit ihren Spießen besser den Feind in die Fersen stoßen! Sagt ihnen, wir wären an seinem Kopf!

Varus. Verzaget nicht! Noch bricht die Sonne durch die Wolken, noch gibt es Sieg und Tod, und zu erwürgende Germanen!

Hermann. Laßt ihnen keine Ruhe!

Eggius. Proconsul —

Varus. Was ist dir?

Eggius. Gib mir die Hand. — Ich bestelle Quartier, du wirst bald nachkommen. Denn durch all diese Schluchten und Waldungen gelangst du nicht nach Haus.

(Er stürzt sich in sein Schwert.)

Varus. Die Memme! Auf d i e Art kann man in der That leicht seinen Pflichten gegen Kaiser und Reich, so wie jeder Lebenslast entwischen. Reißt ihm Rüstung und Kleider ab, und werft den alten Ausreißer nackt beiseit.

(Zu einem Kriegstribun:)

Verfüge dich zur Neunzehnten und übernimm statt seiner den Befehl bei ihr.

(Der Kriegstribun reitet zur Neunzehnten.)

Hermann. Sie helfen uns! Sie tödten sich schon selbst. — Sturm und Sturm und unermüdlich!

(Die Legionen kommen unter beständigem Handgemenge bis auf das Bruch bei Detmold.)

Varus. Haltet!

Hermann. Hier ist die Stätte, wo sie über euch richteten, schalteten und sportulirten, nach Belieben! Vergelten wir's ihnen auf dem nämlichen Fleck, das Schwert in der Faust.

Varus. Weis't sie kaltblütig ab.

(Für sich:)

Bei jedem Schritt merk' ich, daß der Eggius, wenn auch nicht rechtlich, doch klüger gehandelt hat als ich dachte. Ich werde wohl bald mit meinen Kriegern seinem Beispiel folgen müssen. Es ist seit gestern früh keine Brodkrume mehr im Heere und die Tapfren fechten, und sagen nichts davon. Sollte das nicht die härteste Brust erschüttern?

Der Schreiber (kommt mit einem Bündel Acten:) Hoher Herr, nimm dir einen Augenblick Zeit. Hier ist der Schreibstift. Unterzeichne und legalisire dieß Document.

Varus. Jetzt? Siehst du nicht die Spieße und Pfeile, welche uns umfliegen?

Schreiber. Nein, die Legalisation der Acten ist zu dringend.

Varus. Die feigen Schreibfüchse sind vor einer mangelnden Vidimation ihrer Acten banger als vor ihrem Leben?

Schreiber. Nämlich: das Document begreift eine Verschreibung über verschiedene dahier gelegene Ländereien, welche du dem Quintus Acerba schenktest, und die er vor einigen Tagen dem Marcus Manius verkauft hat. Letzterer, der bereits zwanzigtausend Sestertien auf die Güter bezahlt hat, ersucht mich, bei den eingetretenen bewandten Umständen, unter welchen das Land leicht an die Cherusker verloren gehen könnte, ihm diesen Kaufcontract abschriftlich mitzutheilen, damit er, wenn er hier sein Eigenthum verliert, in Rom aus irgend einem Rechtsgrund Regreß gegen den Gegner ergreifen kann, der auch mir in dolo zu sehn scheint.

Varus. Die Triarier sollen zwar stets als die letzten und besten im Kampf aufgespart werden, doch kehren wir die Ordnung um, brauchen wir sie einmal als die vordersten. Cäsar kehrte auch oft eine Regel um und siegte. — Triarier der drei Legionen, vereinigt euch und stürzt dem Feind auf den Hals mit gefällten Speeren!

Schreiber. Meine Sache ist dringend, denn der Marcus Manius —

Varus. Hat dich wohl gut bezahlt?

Schreiber. Ich bitte, unterzeichne!

Varus. Schafft mir den gelbhaarigen Federhelden fort!

Schreiber (indem er abgeführt wird:) Ich habe das meinige gethan!

(Die Triarier haben Hermann zum Weichen gebracht.)

Varus. Ach, etwas Luft!

(Angriffe der Harzer und anderer deutschen Völker im Rücken und zur linken Seite der Römer.)

Neunzehnte, verdien' dir einen neuen Adler! Stoßt Hermanns Bei=Kläffer zu Boden! — — Setzen wir uns in Detmold fest.

Ein Legat. Das geht nicht, Proconsul. Der Ort ist abgebrannt, wie alle übrigen Flecken, Dörfer und Weiler umher.

Varus. Ich bin müde. Erfrischt euch mit dem Wasser dieses Baches, Soldaten, und schlagt das zweite Nachtlager auf. Zwar steht die Sonne noch ziemlich hoch am Himmel, doch wir haben heut genug gethan und morgen einen schweren Gang vor uns.

Hermann. Alle Himmel, sie gönnen uns nicht das Wasser mehr! Wie sie sich an das Flüßchen legen! Ueberschüttet sie mit Pfeilen, sonst saufen sie es rein aus.

Varus. Trinkt euch satt, Kinder, und schüttelt ihre armseeligen hölzernen Pfeile von den Helmen, wie ich diese Regentropfen davon schüttle.

(Er blickt sich um und sieht die übrigen mit dem Aufwerfen der Lagerwälle beschäftigten Krieger.)

Die dürfen auch nicht dursten! Bringt ihnen Wasser —

(Viele der Soldaten nehmen, ohngeachtet aller Gefahr und obgleich manche mit den unbedeckten, pfeilgetroffenen Köpfen verwundet oder todt in den Fluß stürzen, ihre Helme ab, füllen sie mit Wasser und bringen es ihren am Lager arbeitenden Cameraden.)

Ein Veteran. Dank dir für den Labetrunk! — Jetzt will ich weiter arbeiten —

(Er will mit dem Spaten auf den Wall noch Erdschollen werfen:)

Ich kann nicht mehr. Die anderen werden's auch nicht besser machen. Zwei Tagelang nur Hunger, Durst und Kampf. Das spürt man allmälig. Nicht?

(Er sinkt nieder und stirbt. Viele seiner Mitarbeiter fallen eben so.)

Varus. Hört auf, und laßt den Wall so, wie er jetzt ist. Er hat nur die halbe Höhe, doch statt daß ihr bei seinem völligen Aufbau sterbt, wollen wir wagen, auch hinter halben Wällen zu ruhen und uns nöthigenfalls zu vertheidigen. — Der Feind ist auch matt, und wir dürfen uns schmeicheln: er ward es nicht ohne unsre Schuld. Auf allen Ecken zieht er sich zurück.

Zweite Nacht.

1.

Varus (sitzt wieder auf dem Lagerwall. Er ringt die Hände:) Wir kommen nicht durch! Lebte Eggius noch, so hätt' ich Jemand, dem ich meinen Schmerz klagen könnte. So lang das Rad der Welt in seinen Axen sich dreht, wird man sagen, die Feigheit und Dummheit des Varus verlor dem Augustus seine besten Legionen, — und ich sage, ich war ein zu weit vorgeschobener Posten, habe oft deshalb nach Rom geschrieben, fand aber kein Gehör. Sie wähnen dort, Germaniens Forsten ließen durch Polizei sich so leicht zwingen, wie die rechtwinklig sich durchschneidenden Straßen der Städte Italiens. Oh, sie kennen kein Gebüsch und das Ungeziefer unter ihm!

Der Schreiber (kommt:) Jetzt, Herr, wo du Zeit hast, bist du wohl so gütig —

Varus. Schweig von deinen Vidimationen für Manius und Consorten. — Setz' dich zu mir, laß uns ein bischen mit einander plaudern.

(Für sich:)

Er ist immer einer der Gebildeteren im Heer, und womit nimmt man nicht vorlieb, wenn man in Noth ist und sich vor Sorge kaum zu lassen weiß? — Setze dich!

Schreiber. Ich thu' es, und wenn ich mich dessen erfreche, ist's deine Schuld, Feldherr, denn du hast's geboten.

Varus. Was hält'st du von diesem Rückzug?

Schreiber. Was du befiehlst.

Varus. Kommen wir wohl durch die Hohlwege und Waldungen, welche sich vor uns befinden?

Schreiber. Das wirst du wissen. Darauf versteh' ich mich nicht.

Varus (rüttelt ihn:) Kerl, bist du ein seelenloses Unthier?

Schreiber. Ich kenne ein bischen vom Gesetz und von den Buchstaben, welche es bilden, sonst aber schreib' ich hin, was man mir dictirt und weiß oft nicht was.

Varus. Lebe wohl, Glücklicher.

(Der Schreiber geht.)

Dergleichen Maschinen sind besser daran, als ihre Werkmeister.

2.

(Hermanns Zelt. Hermann und die Herzoge der Engerer, Ravensberger, Harzer u. a. m.)

Hermann. Dank' euch, ihr habt mit euren Völkern brav geholfen und gekämpft, und erfreut mich jetzt durch euren Besuch. Treiben wir es morgen so weiter, so sind die Legionen todt oder fallen Abends den Chatten als Gefangene lebendig in die Hände.

Der Herzog des Harzes. Die Chatten sollen wenig von ihnen und ihren Knochen abbekommen.

Hermann. Dann müssen wir früh auf seyn; die Chatten sind gewaltig gierig nach Beute und nach Ruhm, und lauern schon im Südwest. — Hier ist fast alles versammelt, was Deutschland Edles und Großes hat! Soll denn immer erst eine Noth wie die jetzige es bewirken, daß wir uns vereinen? Wär's nicht besser, wir thäten es von selbst, und lebten auch im Frieden unter einem gemeinschaftlichen Oberhaupt?

Der Herzog der Engerer. So daß du uns der Knoten im Haar oder eine Art König würdest?

Hermann. Nein, Jeden, den ihr wählt, erkenn' ich als meinen Herrn.

Der ravensberger Herzog. Du weißt recht gut, daß man dich wählen würde.

Hermann. Lassen wir es gut seyn. Seyen wir Freunde und kämpfen wir vom nächsten Sonnenaufgang an mit dem Feinde wie gestern und heut. Das Andere und Klügere bleibt ohnehin nicht aus, —

(für sich:)

nach Jahrtausenden, wenn wir und unsre Urenkel todt sind, ist's da.

— Vertheilt euch rings um die Römer mit euren Schaaren und seyd des zeitigen Aufbruchs gewärtig. Gute Nacht!

Dritter Tag.

1.

(Früh morgens. Lager des Varus.)

Varus. Auf!

(Die Legionen erheben sich.)

Da bleiben Tausende liegen! Weckt sie!

Ein Legionar. Es geht nicht. Sie sind vor all dem Drangsal über Nacht gestorben.

Varus. Es sieht darnach aus. — — Rücken wir vor. Südwestlich durch die Bergschluchten — Das schlacker= wettert!

(Die Römer rücken aus und marschiren vorwärts.)

Hermann. Ingomar!

(Ingomar schweigt.)

Setz' dich wieder zu Pferd und störe sie mit den An= hängern, welche du wieder erhalten hast, wie du willst. — Sie kommen jetzt in unser rechtes Waldrevier und seine beschwerlichen und verworrenen Wege. Da ist für dich zu thun, aber für offne Schlachten taugst du nicht so sehr, als du gestern glaubtest.

Ingomar. Die Beleidigung, Neffe, welche du mir angethan hast, ist, wie gesagt, da, und nicht abzuändern, ob du auch sie mit Liebkosungen vertuschen willst. — Doch dein Befehl, daß ich die Römer wieder angreifen soll, ist das vernünftigste Wort, welches seit zehn Jahren über deine Lippen kam.

(Er steigt zu Pferd und deutet mit seinem Speer auf die Legionen:)

Folgt dem Winke dieser langen Fingerspitze!

Varus. Stets ruhig weiter, und bekümmert euch um nichts. Es sind nur Bremsen.

Ingomar (zu seinen Leuten:) Haltet! — Mein Pferd hat sein Hufeisen verloren.

Ein Deutscher. Die Welschen kommen unter der Zeit, ehe das gefunden und wieder angeschmiedet wird, weiter.

Ingomar. Mein Brandfuchs ist mir lieber als Millionen Welsche.

Wigand, der Schmidt. Hier ist ein Stück von dem Hufeisen.

Ingomar. Flick's dem Thier an. Wenn es nur etwas unter den Hufen fühlt, ist es zufrieden. Was und wieviel ist ihm gleichgültig. Darauf versteht's sich nicht. — Bist fertig?

Wigand. Ja.

Ingomar. Nun soll sie alle der Teufel holen! Angegriffen, als wären sie nichts Gutes!

Hermann (aus der Ferne:) Fällt auch allerwärts die Bäume und werft sie ihnen vor die Füße! Hier ist der alte Kriegs-, Wehr- und Wahrweg! Macht den stolzen Namen Ehre! Und den Fluß, in dem sie da verbluten, tauf' ich um: statt Berlebecke heißt er künftig Knochen- und Blutbach.

2.

(Die Falkenburg. Großes Zimmer. Segest und seine Knechte.)

Segest. Eßt!

Die Knechte. Wir mögen nicht.

Segest. Was ist euch? Was murrt ihr?

Knechte. Vielerlei. Roms Sclaven wollen wir nicht länger seyn.

Segest. Das sollt ihr seyn und bleiben, und meine Diener dazu!

Knechte. Wir dienen keinen Fürsten, der bei den Welschen selbst ein Knecht und Kratzfuß ist.

Einer. Von jetzt an fechten wir zusammen mit Hermann und mit unsren Nachbarn und stellst du dich auch dreißigmal dagegen auf den Kopf.

Segest. Hunde!

Knechte. Sieh' zu, welcher deiner sogenannten Hunde dir morgen die Stiefel wichst!

(Sie gehen ab.)

Segest. Mir wird's öde zu Sinn, als würde mein Kopf trocken wie unsre sandige Senne, doch ohne von ihren wilden Pferden belebt und aufgestäubt zu seyn. — Handelte ich denn unrecht oder unklug, als ich mich aus wohl begründetem Haß gegen Hermann den Römern in die Hände warf? — Ich will sehen, was die nun einem verlassenen Greise, wie ich bin, dafür bieten. — Haus meiner Väter, lebe einstweilen wohl. Ich steige hinunter, doch komm' ich wieder hinauf, werd' ich dich neu auszuschmücken wissen, das Blut meiner treulosen Knechte nicht dabei zu vergessen.

(Er steigt die Falkenburg hinunter und begegnet Varus:)

Meine Leute haben mich verlassen, ich bleib' euch treu, und biet' euch auch fernerhin meinen Arm an.

Dritter Tag.

Varus. Der wird mir wenig helfen, alter Grauschimmel. Du hätteſt deine Leute beſſer in Zucht halten ſollen. Geh' du mir aus dem Wege — Ich traue keinem Germanen mehr, ſie lügen und trügen mit offenſter Stirn, und haben's deſto weiter hinter den Ohren und Bergen. Platz, ſag' ich, Schwächling und Heuchler zugleich!

(Er ſtürzt ihn zur Erde, und Segeſt verröchelt unter den über ihn marſchirenden Legionen.)

Segeſt (im Sterben:) Das mein Lohn?

Varus. Münze für Verrath. Wer ſeine Landsleute an Fremde verräth, wird's zuletzt mit den Fremden nicht beſſer machen, beſonders im Cheruskawald.

Hermann. Da fiel was großes. Wer iſt's?

Ein Deutſcher aus Hermanns nächſter Umgebung. Segeſt, dein Schwiegervater.

Hermann. Schweigt davon.

Varus. Der Weg vor uns wird ſteil. —

(Für ſich:)

Was ſeh' ich? Seine Höhe bedeckt ſich mit Wolken feindlicher Krieger!

Hermann (jauchzend:) Die Chatten, ſie ſind da! Sie kommen uns in hellen Haufen entgegen über Thal und Berg! Nun Varus! ſiehe zu wie du dich hinaus windeſt.

Varus. Weiter, weiter! Es gilt eu'r Alles!

Die Vortruppen der Chatten (ſtürzen ihm von der Höhe der Landſtraße entgegen.) Zurück!

Ingomar (im Rücken der weichenden Römer, mit Harzern, Ravensbergern pp. und ſeinen eigenen Kriegern:) Zurück!

Hermann (mit ſeinem Heere von Weſt, und viele Bundsgenoſſen von der Weſer und Elbe von Oſt auf die Römer losſtürzend:) Beiſeit!

Varus (kann ein Lächeln nicht unterdrücken:) Zeus, wo soll man bleiben! Vorn und hinten heißt es zurück, und zu beiden Seiten heißt es beiseit. — Ah, schlagen wir uns rechts, da oben auf die breite Bergkuppe, welche alle Wege der Umgegend beherrscht.

Hermann. Sie drehen sich nach dem Windfeld zu, besetzen wir es, und fortan heißt es Winfeld, weil wir darauf nicht Wind machen, sondern da gewinnen werden.

Varus. Dahinauf!

(Gewaltige Gegenwehr der Deutschen unter Hermann auf dem Winfeld und Angriffe auf die Römer allerorts.)

Es geht dießmal nicht. Erholen und stärken wir uns heute Nacht, um Morgen den Aufgang zu erzwingen.

Ein Quästor. Ja, wenn man uns in diesem Thal schlafen läßt, und die Leute was zu essen und zu trinken hätten.

Varus. Auch ich habe weder Schlaf, noch einen Bissen zu verzehren. Damit mögen sie sich trösten. — Ein ordentliches Lager können wir in den schmalen Schluchten nicht aufschlagen, hätten wir auch noch die kräftigsten Hände. Ersparen wir uns die Mühe, und lagern wir auf der freien Erde. Die eine Hälfte des Heers um die andere, soll sich alle zwei Stunden ablösen, damit sie während der Nacht sich wechselweise beschützen.

Hermann. Lebendig sollt ihr auf uns'rer Erde nicht mehr liegen. Stehen sollt ihr, wie reifes Aehrenfeld, bis ihr gemähet hinfallt

(sein Schwert schwingend)

unter unsren Sicheln!

(Zu seinen Truppen:)

Gebt dem Bundsgenossen die Signale und greifen

wir mit ihnen ringsum die ganze Nacht die Flücht=
linge an.

(Hörner, Pauken, Kriegsgeschrei der Deutschen und allgemeiner
Kampf.)

Varus. Bei bewandten Umständen hat die zweite Abtheilung des Heers, welcher ich das Niederlegen er= laubte, sich wieder zu erheben und in den Reihen mit zu kämpfen.

Ein Römer (aufstehend:) Säßen wir nur erst im Acheron, so wäre alles aus, mindestens wüßte man end= lich, wie man daran wäre.

Dritte Nacht.

(Fortwährende Schlacht mit abwechselndem Glück. Doch füllen sich die vom Feind gemachten Lücken der deutschen Heerhaufen immer mit neuen Ankömmlingen, während die Legionen, ohne Hülfe von außen, mehr und mehr zusammenschmelzen.)

Varus (sprengt in's Gemetzel:) Unser Leben wird hier feil, verkaufen wir es theurer an den Feind als es werth ist, tausend seiner unzähligen Köpfe für jeden der unsrigen!

Ein Legat. Mäßige dich, Proconsul! So schrecklich wild war'st du nie!

Varus. Was? Hab' ich mich seit dem Tage, wo wir von dem Harz zurückzogen, nicht genug gemäßigt, trotz des Unwetters, des Verrathes, des Empörers und des Unheils, welches er uns gestiftet hat. Du, weiser Rathgeber, würdest bei einem Nadelstich aufschreien, aber diese Dinge stoßen etwas tiefer in die Brust als Nadeln. — Oh! vergelt' ich's ihnen, wie ich kann! — Wer mich lieb hat, kommt zu mir und haut mit mir ein!

(Wüthendes Nachtgefecht.)

Hermann. Haltet sie ganz ruhig in dieser Bergklemme fest und laßt sie nicht entwischen!

Varus. Auf die Stimme zu! Sie ist die des niederträchtigen Rädelsführers! Schießt zuvörderst all' eure

Pfeile nach der Gegend, woher sie kam. Wären die Fabeln von den Göttern, ihrer Gerechtigkeit und ihrer Macht wahr, so würden die Parzen einen Pfeil mitten durch's Dunkel auf sein schuldiges Haupt leiten.

Hermann (aufschreiend:) Alle Hölle, was ist das? Meine Stirn!

Varus. Traf's den glatten heuchlerischen Schandfleck?

Deutsche (mit Fackeln um Hermann:) Herr, wie du blutest! Dein Antlitz ist roth überströmt.

Hermann (hat sich gefaßt und sich selbst verbunden:) Macht die Fackeln aus, oder wollt ihr den Römern zu einem zweiten Schuß leuchten?

(Sie löschen die Fackeln. Er springt vom Pferde.)

Nun laßt sie schießen. Es wird über meinen Kopf weggehen. — Beruhigt euch, der Streifschuß ist nicht gefährlich. Wunden gehören zur Schlacht. Man muß darauf gefaßt seyn.

Varus. Faßt frischen Muth, Soldaten, der Verräther ist todt!

Hermann. Wenn ich es bin, den er so schilt, so zweifl' ich, Cameraden. Der Morgen graut. Bei dessen Licht und dem des heutigen Tages wollen wir ihm beweisen, daß ich lebe, und daß er verdirbt.

Der Tag bricht an.

Varus (für sich überlegend:) Es geht nicht anders. Ich muß über das Windfeld in's Freie. Hermann, der bald fechtend, bald lauernd, darauf sich lehnt, ist mein gefährlichster Gegner und er muß zuerst vernichtet oder weggetrieben werden. Denn, rück' ich vorwärts auf die Chatten, so stürzt er mir rechts in die Flanke und zerreißt uns die Rippen, wende ich mich links auf seine Bundsgenossen, so stürmt er mir nach, vereint sich mit Ingomar, und faßt uns von hinten. Wie aber befeur' ich meine müden Krieger zu dem neuen Sturm? Ei was, ich thue gleichgültig, als müßt es so seyn. Es sind Legionare, und sie kennen auch im Unglück Ordnung und Befehl.

(Zu einem Kriegstribun:)

Gebiete der zwanzigsten, daß sie durch jenes Gestrüpp und Holz den Hermann umgeht, und von oben her seinen Leuten in die wüsten Haare fällt, indeß ich mit aller Macht ihn hier hinauf und der Legion unter die Schwerter treibe. —— Er hat mich grad' auf dieselbe Weise auch umstrickt, und ich merke, man lernt von Niemand besser als vom Feinde. Er bringt's Einem ernstlicher und nachdrücklicher bei, als ein Orbilius oder sonst ein Schulmeister.

Der Kriegstribun. Aber Hermanns Bundsgenossen werden uns von allen Ecken folgen und beunruhigen.

Varus. Das lose Gesindel ist ein Beutel ohne Knopf, wenn wir Ihn davon trennen.

Der Kriegstribun. Ich gehorche.

Varus. Halt' einen Augenblick. Warum zittert deine Stimme?

Der Kriegstribun. Feldherr, unter dem ich schon in Syrien und Parthien zwanzig Jahre diente, sehen wir uns wieder? Oder nimmer?

Varus. Frage die Götter, welche uns in diesen Tagen so trefflich beschützen. Vielleicht lassen sie uns heut Abend von allen Lebensmühen ausruh'n.

Der Kriegstribun. Wie —?

Varus. Geh.

(Der Kriegstribun ab.)

Legionen, ewige Schande wälzt ihr über eure früher so glorreichen Namen, wenn ihr jetzt nicht eure Fehler von gestern und vorgestern durch neuen, ungedämpfteren Muth verbessert. Bedenkt: es sind nur feige, betrügerische Barbaren, mit denen wir streiten, nur vier-

Dritte Nacht.

hundert Schritt Höhe sind's bis zu jenem Blachfeld, unser Weg dahinter ist weite, freie Ebene. Tirilili! Trallera! Ihr Tubabläser und Cymbelschläger, Kriegsmusik, fröhliche!

Ein Soldat. Wie lustig der Feldherr wird.

Varus (hat die Bemerkung gehört, für sich:) Was lernt man nicht im Unglück? Gar Heiterkeit und Possenreißerei!

Hermann (auf dem Wind= oder wie er es benannt hat, Winfeld.) Links schallt es in den Eichen und Buchen wie von heraufsteigenden Tritten und wie aneinander klirrende Panzer. Die Narren wollen uns mit der zwanzigsten Legion umgehen, und kennen unser an das leiseste Waldesrauschen gewöhntes Ohr nicht.

(Zu einer Abtheilung seines Heers:)

Wirf sie hinunter! Ingomar empfängt sie auf den Spießen!

(Die zwanzigste Legion wird zurückgetrieben, und unten durch Ingomar und seine Truppen vernichtet.)

Ingomar (einen römischen Adler in der Hand, ersteigt die Bergfläche:) Ich wollte dir nur meine angebliche Schuld bezahlen, welche du mir vorgestern wegen meiner unregelmäßigen Angriffe vorwarfst. Hier ist die Summe in Gold, ein Adler mit der Inschrift: legio XX., als welche Legion nun nicht mehr ist.

Hermann. Oheim! Wie soll ich dir danken?

Ingomar. Mit einem offnen Zweikampf nach dem Krieg wegen der bewußten Beleidigung.

Hermann. So geh' fürerst wieder zu deinem Volk, vereinige dich mit allen Bundsgenossen da drüben und reißt den Römern, welche hier gegen mich heraufsteigen, so viel ihr könnt überall hinten an den eisernen Kragen! —

(Ingomar ab.)

Varus. Achtzehnte, Neunzehnte! Was Tod, was Leben? Firlefanzerei, von Philosophen als wichtig ausgeschrieen. Es ist alles Eins, nur meine Ehre nicht: folgt mir!

(Für sich:)

— Die zwanzigste ist hin! —

Hermann. Deutsche Reiterei, beweise den Römern, daß du das Lob verdienst, welches sie dir früher gaben. Schärf's ihnen ein mit Todeshieben. Fußvolk folg' ihr und ahme sie nach.

Varus. Die Lanzen vor! Laßt sie daran abblitzen. — Wer stürzt denn links und rechts, wie toll?

Ein Quästor. Der Rest deines Heers.

Der Schreiber. Proconsul, wolltest du nun diese Acte unterzeichnen — verzeihe — aber ganz unmaaßgeblich ist es jetzt die höchste Zeit.

Varus (sehr ruhig:) Lieber Freund, warte bis morgen. Dann will ich's thun, wenn ich kann.

(Für sich:)

Ich that, was ich konnte, ich bin besser als der Ruf, den mir die Nachwelt geben wird. Ich ward betrogen, — geschieht das nicht dem Besten oft am ersten?

Hermann (wieder zu Pferde:) Ergib dich! Du sollst gut behandelt werden.

Varus. Danke! Ich behandle mich lieber selbst.

(Er stürzt sich in sein Schwert und stirbt.)

Hermann. Noch im Tod ein Phrasenmacher. Lassen wir ihn liegen für unsre Geier und Raben.

(Ingomar, die Harzer, Ravensberger, Chatten u. a. m. ersteigen das Winfeld.)

Gebt mir die Hände! — Sie sind todt, die Unterdrücker; unsre Freiheit aber erhebt sich riesengroß über diese Berge und schaut freudetrunknen Blicks weithin

Dritte Nacht. 397

auf künftige Zeiten und Enkel! Nie wird man uns und diesen Tag vergessen, so lang noch was von deutscher Sprache klingt.

(Dietrich, Rammshagel und Erneste Klopp bringen den römischen Schreiber herauf.)

Der Schreiber. Ich begehre Recht und Untersuchung!

Dietrich und Rammshagel. Dein Recht war Unrecht.

Erneste Klopp (schlägt ihm in den Nacken:) Das war's!

Der Schreiber. Die wilde Katze muß mir immer im Heerlager nachgeschlichen seyn.

Die Klopp. Das konntest du dir denken seit deinem schändlichen Richterspruch! Nageln wir den krummnasigen Bengel bei seinen Ohren an die Eiche, und reißt ihm die Zunge aus, damit er nicht mehr krächzen kann!

(Es geschieht, und andre römische Schreiber und Advokaten werden von den übrigen Deutschen ebenso behandelt.)

Das Volk. Nun, Nattern, zischt! — Hihi, sie können nicht mehr.

Hermann (sieht sich um:) Ihr habt genug für eure Rachlust. Seyd klug, nehmt die noch lebenden Gefangenen zu euren Leibeigenen und statt sie ohne Nutzen zu quälen und zu tödten, laßt durch sie eure verwüsteten Felder bearbeiten. — Und ihr Fürsten, Herzoge und Völker, was meint ihr, wenn wir nun vorwärts gingen, die römischen Festungen am Rhein eroberten, und zuletzt in Rom selbst den Welttyrannen Gleiches mit Gleichem vergölten?

Viele im Volk. Was geht uns Rom an. Wir haben seine Soldaten und Schreiber jetzt vom Halse. Wir können nun ruhig nach Hause gehen und da bleiben.

Ein Herzog (für sich:) Ich müßt' ein Narr seyn, unter seinem Befehl einen weiteren Feldzug mitzumachen. Er reckt den Kopf doch schon zu hoch, und würde wohl uns alle nach der Eroberung Roms als Unterbediente behandeln.

Manche der übrigen Großen. Die Unternehmung ist zu weit aussehend. — Nicht?

Der Rest der Großen. Ja.

Hermann. Gut. Ihr wollt euch lieber angreifen laßen, als angreifen. Rom wird mit erneueten Kräften wiederkommen, und ob es siegt, oder nicht, unser Boden bleibt die wüste Schlachtbank, welche wir wo anders hin verlegen könnten.

Ein Bote (kommt:) Die Fürstin Thusnelda schickt mich: sie wünscht euch allen Glück zu eurem Sieg.

Hermann. Sie wollte selbst hieher auf das Siegs= feld kommen.

Bote. Sie sprach von dergleichen, murmelte aber: sie hätte einmal wo es nöthig gewesen, in der Schlacht Parade machen helfen, möcht's jetzt, wo es ohnehin gut gegangen wäre, nicht wieder thun, und sie erinnerte sich überhaupt eines solchen Versprechens nicht.

Hermann. Weibergedächtniß!

Bote. Sie lädt euch alle ein, bei ihr zu speisen und zu trinken. Auch ist schon für Hohe und Niedrige alles besorgt.

Hermann. Da Varus und seine Römer todt sind, und ihr nicht Lust habt den Sieg weiter zu verfolgen, so lad' ich euch zum Schmaus in meinen Hünenringen ein.

Alle. Es wird uns eine Ehre seyn!

Hermann (beiseit:) — Ach! —Wüßte das Palatium, daß diese sonst so tapfren Leute nur ein paar Meilen weit sehen, und lieber in der Nähe äßen und tränken, als es zu zertrümmern, so würd' es bei der Nachricht meines Siegs nicht so erbeben, als es mit seinem zähne= klappernden Herrn und Gestein thun wird.

Schluß.

(Rom. Palatium. Säulenhalle darin. Abend. Brennende Kerzen. Augustus schlummert im Hintergrund auf einem Polster. Tiberius und Livia im Vorgrund.)

Tiberius. Sprich leiser, Mutter, und schluchze nicht so laut. Laß uns still an seinen Schläfen wachen, — sie sind die müden Seiten einer Welt, die er lang beherrschte.

Livia. Und man sagt: ich hätte ihn vergiftet, damit du frühzeitiger den Thron bestiegst.

Tiberius. Nenne mir die Calumniatoren und sie sind erwürgt.

Livia. Ich ihn vergiften? Was hätt' ich davon? Doch alberne Jungen, und gelehrte noch dümmere Geschichtschreiber, welche nie aus der Stube gekommen sind, werden das Gerücht als Wahrheit annehmen und verbreiten. — Ich ihn vergiften? Du, mein Sohn, wirst mir ein strengerer und kargerer Herrscher seyn als er.

Tiberius. Du behält'st den Titel Augusta. Dein Witthum wird anständig seyn. Mit den Mühen deiner bisherigen Art von Mitregierung werd' ich dich künftig auch nicht plagen.

Livia (für sich:) Das dacht' ich!

Augustus (erwacht:) Wo ist Tiberius?

Tiberius. Er knie't zu deinen Füßen.

Livia. Gemahl, wie ist dir?

Augustus. Der nahe Tod streift die Welt von mir ab, als wäre sie mir mit ihren Sonnen und Sternen nur eine bunte Schlangenhaut. — Tiberius, steh' auf. Ich bedaure dich. Dir, meinem Thronerben, wird ein furchtbares Loos. Ich hatte viel Glück in meinem Leben, und konnte milde thun, weil alles noch in Gährung war, und ich nur nach Belieben zu mischen hatte. Nach meinem Tode werden alle niedergedrückten Patricier und Optimaten sich erheben und dir, den sie für einen Neuling anseh'n werden, das junge Kaiserthum streitig machen, um in den Wogen einer Republik ihre Vortheile zu erfischen. Halte mit dem Volk und dem Pöbel, nicht mit den Vornehmen und Reichen. Pöbel und Volk sind so gut von ihnen belästigt als wir Kaiser, und bilden unsre sicherste Hülfe.

Tiberius. Ich danke dir für deine Lehre. Ich will den hohen Häuptern schon auf den Kopf schlagen.

Augustus. Klatscht in die Hände! Hab' ich meine Rolle in allen Verhältnissen nicht gut gespielt? Livia, sey ruhig. Es tritt nur ein Schauspieler ab.

(Waffengerassel der Prätorianer draußen im Vorhof.)

Augustus. Welcher Lärm unter meiner germanischen Leibwacht stört mich an den Pforten des Todes?

Ein Hauptmann der Prätorianer (läßt sich anmelden und kommt nach erhaltener Erlaubniß in den Saal.) Herr, wir bitten um Entschuldigung. Nur Freude war's, die unsre Waffen so erschütterte. — Deine drei besten Legionen unter Varus sind nebst ihm ganz und gar von unsrem Hermann vertilgt, und ich bin von meinem Obersten befehligt, es dir zu melden. — Doch wenn uns diese Begebenheit auch lieb ist, zweifle nicht an unsrer Treue. Wir haben dir geschworen.

Augustus. Bei euch gilt noch ein Eid?
Der Hauptmann. Wir halten dran.
(Ab.)

Augustus (sich mühsam aufrichtend:) Varus, Varus, gib mir meine Legionen wieder!

Livia und Tiberius. Mäßige dich.

Augustus (sinkt wieder hin:) Ihr habt eben auf mein Ersuchen nicht in die Hände geklatscht, thut's jetzt gar nicht. Die drei Legionen waren die lebendigen kräftigsten Mauern des Reichs gegen das unermeßliche Germanien. Es wird nun bald seine Völker wie verwüstende Hagelwetter auf unsren Süden ausschütten.

Livia. Schone dich!

Augustus. Warum mich schonen? Ich sehe keinen Grund mehr unter mir, wenn mein Land untergeht.

(Mit brechender Stimme:)

Sechshundert und vierzig Jahre stand Rom als es unter Metellus und Papirius Carbo's Consulat zum erstenmal hörte, daß die Cimbrer in Waffen seyen, — wir vertilgten sie, — doch an Deutschland selbst bezwangen wir mehr als hundert Jahre umsonst, — weder der flüchtige Scythe noch der eben so leichtfertige Parther wehrten sich gleich den freien, wie ihre Eichen auf ihrem Boden eingewurzelten Germanen. — Ihr lächelt? Glaubt mir, Rom altert wie sein Gottesdienst. Es beginnt eine neue Zeit. Nicht bloß aus dem Norden, auch aus Osten nahet sie. Der Schilf des Jordans flüstert wunderbare Sagen. Herodes schreibt mir: drei Könige aus Aethiopien, Arabien und Indien hätten einen Stern gesehen, der ihnen mit Strahlen nach Bethlehem gewinkt haben soll. Sie sind dem Stern gefolgt, sind dort zusammengetroffen, und haben ein Kindlein gefunden, zwar nur in einer Krippe liegend, doch sammt seiner Mutter umleuchtet von nie geahntem Himmelsglanz. Man sagt dort schon: unsre Götterlehre sey Posse, und dieses Kind sey der rechte Sohn der rechten Gottheit.

Tiberius. Ich werde dem dortigen Präfecten Pontius Pilatus und dem Judenkönig Herodes aufgeben, daß sie dieses Kind sobald als möglich aus dem Wege räumen.

Augustus. Ihr macht's dadurch nur schlimmer. — Der Gedanke an seine Sendung ist im Volk und je mehr ihr das Kind verfolgt, so größer wird es. Jesus Christus nennt man den Wunderknaben.

(Er stirbt.)

Fragmente

aus:

Alexander der Große.

Christus.

[1835.]

Alexander der Große.

1.

Alexander. Phalangen haltet! Hier der Hellespont!
Jenseits der Perser unermeßnes Reich!
Die Phalangen.
Wonach sieht er sich um?
Alexander. Drei blut'ge Flecke rückwärts:
Dort Marathon, da Salamis, näher noch
Plataea! Und noch ein Bergesthor, das einst
Leonidas mit seinem Blut und Namen zierte,
Die Thermopylen!
— Und die Spartaner fehlen!
Feldherrn verschiedner Völker. Alle übrigen
Hellenen ersetzen sie mit Blut.
Alexander (deutet auf den Hellespont:) Den Faden
Durchschnitten, der da brausend Asien von
Europa trennt! Die Schiffe her! Wer aber kühn,
Der schwimmt, die Fluth zertrümmernd, durch,
Wie ich, mit Helm und Panzer.
Macedonier. Wird er Meergott?
Ihm nach!

2.

Thais. Held, je mehr das Blut Dich schmückt,
So mehr bin ich — du Gott! — beglückt!
Alexander. O Thais, Thais, Kön'ge sinken,
Wo deine Augen ihnen winken!
Thais. Augen, brecht auf: des Lichtes Thore!
Alexander (sieht in ihre Augen:)
Die himmlischen, die sel'gen Meteore!

3.

Alexander. Wenn ich dich liebe, Thais, glaub' ich,
Es ist die Welt mit all den brennenden
Gestirnen!
Thais. König, flammt' ich über'm Haupt
Dir doch, wie die da! Eine Flamme würd'
Der Himmel!

4.

Alexander. Siehst Du den Ost erröthen? Der
Ist meine Braut.
Thais. Und ich?
Alexander. Du bist ein Schimmer
Von seiner glüh'nden Wange.

5.

Alexander (sterbend:) Begrabt mich königlichst!

Ein Perser. Verlaß Dich drauf.

Alexander. Doch meine rechte Hand hängt ihr aus dem Sarge, weiß, nackt, wie sie ist. Sie hat die ganze Welt gefaßt, und nichts ist ihr geblieben. —

Christus.

1.

Maria. Gethsemane!
Endloses Weh!
Wüsten von Schmerzen,
Was in dem kleinen Herzen?

2.

Golgatha.

(Christus wird vom Kreuz genommen. Maria weint in die Wunden.)

Ein Israelit (kommt:) Das Heiligste im Tempel ist zerrissen!
Maria (die Nägelmale küssend:) So ist's!
Der Israelit. Die Gräber bersten!
Magdalena (tröstend:) Gottes Sohn zieht ein,
Die Hölle zu besuchen und den Tod!
Maria. Mir
So schmerzenvoll entrissen!
Soldat der römischen Leibwache (zu seinem Gefährten:)
Vide: Mater dolorosa!

Textkritischer Anhang

zum dritten Bande.

Erklärung der gebrauchten Siglen:

$\left.\begin{array}{c}B\\C^{III}\\C^{IV}\end{array}\right\} =$ siehe den textkritischen Anhang zum ersten Bande.

N = Napoleon oder die hundert Tage. Ein Drama in fünf Aufzügen von Grabbe. Frankfurt am Main, Joh. Christ. Hermann'sche Buchhandlung. G. F. Kettembeil. 1831 (in 8°; 322 Seiten + 1 Bl. „Nachträgliche Anzeige der Verlagshandlung").

Eine „Zweite Auflage" (in 16°) erschien ebendaselbst 1863; davon eine neue Titelauflage Prag, Tempsky, 1870.

HA = Hannibal. Tragödie von Grabbe. Düsseldorf, bei J. H. C. Schreiner. 1835 (in 8°; 174 Seiten + 1 Bl. „Berichtigungen" [von 7 Druckfehlern]).

HE = Die Hermannsschlacht. Drama von Grabbe. Grabbe's Leben, von Eduard Duller. Düsseldorf, bei J. H. C. Schreiner, 1838 (in 8°).

Dem Drama geht voran (S. 3—91): Grabbe von Eduard Duller, dann hebt eine neue Paginierung an: IV [Schutzblatt und Vorwort der Herausgeberin] und 140 Seiten + 1 Bl. „Berichtigungen" [zu Duller's ‚Grabbe'].

Napoleon.

Das Manuskript, welches als Druckvorlage gedient hat, befindet sich jetzt im Besitz von Paul Lindau, der die Güte gehabt hat, es mir zur Benutzung zu überlassen. Das Manuskript zählt 384 Seiten in Folio: bis zur zweiten Scene des IV. Aufzuges ist es Kopie, mit zahllosen eigenhändigen Korrekturen Grabbes, der Rest des IV. Aufzuges, wie fast der gesammte V. Aufzug sind eigenhändig. Im Folgenden ist dies Manuskript als O. M. bezeichnet.

S. 1 des O. M. ist das Titelblatt:

Napoleon
oder
die hundert Tage.
Ein Drama
in fünf Aufzügen.
Von
Grabbe.
Frankfurt am Main.
Joh. Christ. Hermann'sche Buchhandlung
G. F. Kettembeil.
1831.

Den von Grabbe hinter Aufzügen hineincorrigierten Punkt und das von ihm hineingeschriebene Von (statt von) hat Kettembeil in N nicht beachtet.

Auf S. 3 des O. M. steht, von Grabbe's Hand, folgendes

Vorwort.

Dieses Drama war vor den welthistorischen Ereignissen des Juli vorigen Jahres vollendet. Seitdem ist Manches eingetroffen, was in ihm vorausgesagt ist, — eben so viel aber auch nicht. Man halte also den Verfasser an keiner Stelle für einen Propheten ex post. Seine Krankheit und andere Zufälle ver=

hinderten die frühere Beendigung des Druckes und es können erforderlichen Falles ehrenwerthe Zeugen, welche das Stück vor dem erwähnten Zeitpunkt kannten, jedem Zweifelnden die Wahrheit obiger Angaben sofort beweisen.

Detmold, den 29ſten Januar 1831.

Der Verfaſſer.

Kettembeil scheint sich geweigert zu haben, dies Vorwort dem Stücke voranzustellen, worauf der Dichter (im Brief vom 25. Februar 1831) ihn bat: „Sollteſt Du nicht anhangsweiſe bemerken können (qua Buchhändler), das Stück wäre erweislich vor Juli 1830 geſchrieben?" Dementsprechend enthält denn das Schlussblatt von N folgende

Nachträgliche Anzeige der Verlagshandlung.

Zufällige äußere Umſtände haben das Erſcheinen des gegenwärtigen Stückes, deſſen Herausgabe wir ſchon in der Mitte des vorigen Jahres ankündigten und das auch bis dahin in der Hand des Verfaſſers vollendet war, bis jetzt aufgehalten; doch hoffen wir, daß daſſelbe nichts deſto weniger eine ebenſo befreundete Aufnahme im Publikum finden wird, wie die früheren Dichtungen unseres Verfaſſers, welche ſämmtlich ebenfalls in unſerem Verlage erſchienen.

[folgt Aufzählung der Titel und Preise.]

Frankfurt a. M. im März 1831.

J. Ch. Hermann'ſche Buchhandlung.

S. 7 Z. 18: N 11 ist das im O. M. stehende mit Netzen versehentlich ausgelassen. O III sind die beiden Worte aus dem O. M. ergänzt: Oscar Blumenthal besass das O. M. vor Paul Lindau.

S. 9 Z. 7: Das O. M. und ebenso N 14 lesen Gefreiter: es war aber Gemeiner zu korrigieren, da Grabbe an Kettembeil (am 12. Januar 1831) schreibt: „Soll Chaſſecoeur einmal kein Gefreiter ſeyn, ſo mach' ihn ſo weit es ſo heißt zum Gemeinen" (vgl. auch Brief an Kettembeil vom 26. Januar 1831). B und C III haben den Gefreiten beibehalten.

S. 33 Z. 13 u. 14: Im O. M. stand zwischen diesen beiden Zeilen folgende Dialogstelle:

Herzogin von Augouleme. Ich wiederhole: nicht alle Welt, nur die Religion kann Frankreich wieder zu dem alten glücklichen Lande machen.

König Ludwig. Frankreich verlor die Religion.

Herzogin von Augouleme. Sie verliert sich nicht. Sie wohnt im tiefsten Herzen und wird mit uns geboren.
König Ludwig. Dann Nichte, laß sie für sich selbst sorgen und sie wird schon durchdringen.

Grabbe hat diese Stelle mit zwei kräftigen Strichen durchkreuzt, da er sie vermuthlich als überflüssige Wiederholung empfand.

S. 59 Z. 20: N 108 liest nicht ganz zu vergessen: das O. M. hat richtig nicht ganz vergessen; B und C^{III} wiederholen den Druckfehler von N.

S. 72 Z. 7: Im O. M. hat Kettembeil den Esel mit schwarzer Tinte ausgemerzt und mit roter einen zahmen Gedankenstrich darübergesetzt. B und C^{III} wiederholen den Gedankenstrich von N 131.

S. 80 Z. 7: N 146 liest, wie das O. M., horchen auch auf: B und C^{III} haben Horchen hoch auf.

S. 85 Z. 9 und 10 v. u.: Zwischen diesen beiden Zeilen stand im O. M.:

Der Offizier. Als passendes Andenken für das bourbonische Faulthier.
Napoleon. Wie heißen Sie?
Adjutant. La doie.
Napoleon. Thut mir leid um Ihren lustigen Namen. — Fort, unberufener Schwätzer, fort auf hundert Lieues von Paris. Ich habe auch Könige in meiner Familie und lasse nicht über Könige spotten.

(Der angeredete Adjutant geht ab).

Von Grabbe Zeile für Zeile ausgestrichen, vermuthlich wegen des Widerspruchs mit Napoleons späterer Aeusserung (in der selben Scene) Seite 89 Z. 15 ff.

S. 89 Z. 25—27: An dieser Stelle (die Oesterreicherin bis Maitresse) hatte Kettembeil Anstoss genommen, worauf ihm Grabbe (am 12. Januar 1831) schrieb: ja, wo ich von der oesterr. Maitresse spreche, so viel stehen gelassen, dass man sie ahnt. Kettembeil strich aber die ganze Stelle im O. M. mit schwarzer Tinte aus und setzte mit rother Gedankenstriche darüber. N 163 weist denn auch 27 Gedankenstriche auf. Bei C^{III} ist die Lücke ergänzt.

S. 117 Z. 12: Kettembeil hat im O. M. Drecks mit Tinte ausgestrichen und Zeugs darübergeschrieben!! C^{III} wiederholt hier die Lesart von N 213.

S. 122 S. 15 v. u.: N hat den Druckfehler Dennoch, während im O. M. richtig Demnach steht. B und C^{III} wiederholen den Druckfehler von N.

S. 123 Z. 11/12: Kettembeil hat Nachtstuhl ausgestrichen und ein N nebst rothem Gedankenstrich darübergesetzt!! N 223 liest denn auch N — —. Schon C^III hat Grabbe's Lesart wiederhergestellt.

S. 135 Z. 3—2 v. u.: N 243 hat

und dennoch mit — und mit den —

Die beiden Gedankenstriche sind im O. M. von Grabbe selbst über den gestrichenen Worten angebracht, um der Censur zuvorzukommen. In unserm Text sind die gestrichenen Worte wiederhergestellt, ebenso an den beiden folgenden Stellen (S. 136).

S. 136 Z. 2—4: N 244 hat

Correspondenzen mit — — — —,

Auch diese Gedankenstriche rühren von Grabbe selbst her.

S. 136 Z. 10 ff.: N 244 liest: — man wird ihn vielleicht so — — und sich in solche Schaaffelle zu kleiden wissen.

Diese Aenderung seines ursprünglichen Textes hat ebenfalls Grabbe selbst vorgenommen.

S. 137 Z. 5 v. u.: N 247 hat, gegen das O. M., den Druckfehler entzückender. C^III wiederholt ihn, B hat ihn verbessert.

S. 153 Z. 12—14: Grabbe hatte zuerst geschrieben:

Blücher.

So können sie uns ja desto eher in den — — Melden Sie so etwas der Arrieregarde.

(Alle rücken weiter.)

Alsdann hat er diese drei Zeilen ausgestrichen und mit der Lesart unseres Textes die Scene beschlossen.

S. 155 Z. 8 v. u.: N 278 hat den Druckfehler ein Sechzehnender: C^III wiederholt ihn, B hat ihn verbessert.

S. 174 Z. 8: N liest dieses Haus, das O. M. jenes.

S. 179 Z. 2 v. u.: N hat andern, das O. M. aber anderen.

Barbarossa im Kyffhäuser.

Im Jahre 1831, am Gründonnerstag, hatte Ferdinand Freiligrath von Soest aus an seine Freundin L. Clostermeier in Detmold ein Packet mit 8 seiner Gedichte übersandt, mit den Worten: „Sie ließen mir sagen, daß Hr. Auditeur Grabbe die Güte haben wolle, einige Gedichte von mir mit einem Begleitschreiben an die Redaction des Morgenblatts zu versehen.

Textkritischer Anhang.

Ich bin deshalb so frei, Ihnen ... einige meiner jüngsten Versuche ... zuzustellen." (siehe W. Buchner, Ferd. Freiligrath. Ein Dichterleben. [Lahr 1882] Bd. I, S. 82.) Fräulein Clostermeier übergab die Gedichte an Grabbe. Unter denselben befand sich auch das Gedicht „Barbarossa's erstes Erwachen" (später gedruckt in der Sammlung ‚Kränze herausgegeben von M. Bachmann' [Rinteln 1834], sodann in Freiligrath's ‚Gedichten'). Am 17. Juli 1831 schrieb Grabbe an Freiligrath's Vermittlerin: „Wie Menschen verschieden sind, zeigt das tolle Ding von Barbarossa, das ich von meiner Hand beilege; es entstand heute, als ich Freiligraths Traum von Konradin und Friedrich las. Was geht uns jetzt Konradins, des Secundaners, Ermordung an? Freiligrath ist noch aus der Matthissonschen Schule" (siehe diesen Brief in unserm IV. Bande.) Dass das „tolle Ding von Barbarossa" unser ‚Barbarossa im Kyffhäuser' (die Ueberschrift rührt von mir her) gewesen, geht aus der weiteren, bei Buchner gedruckten Korrespondenz zwischen Freiligrath und Fräulein Clostermeier hervor. Am 25. September 1831 erkundigte sich Freiligrath nämlich bei der Freundin, wie Grabbe seine Gedichte aufgenommen habe? worauf sie am 27. Januar 1832 antwortete: „Ihre trefflichen, für das ‚Morgenblatt' bestimmten Dichtungen haben Grabbe ganz entzückt. Allein der Barbarossa wollte ihm bei seiner Wunderlichkeit nicht zusagen. Er hat sämtliche bei seiner Erholungsreise am 5. August von hier mit nach Frankfurt genommen und seinem Verleger Kettembeil mit den allerbesten Empfehlungen an den Hofrath Menzel, mit dem jener in näherer Verbindung steht, übergeben. Und nachdem er zurückgekehrt, hat er denselben im September nachgeforscht und erfahren, daß sie sich wirklich in Menzels Händen befinden ...
Mit Grabbe nenne ich Sie immer unsern Matthisson."

Grabbe's Gegenstück zu Freiligraths Gedicht ‚Barbarossa's erstes Erwachen' wurde zuerst, zwei Jahre nach des Dichters Tode, gedruckt in dem Taschenbuch ‚Rheinisches Odeon. Herausgegeben von Ignaz Hub, F. Freiligrath und A. Schnezler'. Zweiter Jahrgang. [Düsseldorf, bei J. H. C. Schreiner 1838] S. 439 f. Die Druckvorlage (4 Kleinoctavseiten) befindet sich jetzt auf der Königl. Bibliothek in Berlin. Es ist eine sorgsame Abschrift von der Hand der — 1833 Grabbe's Frau gewordenen — Lucie Clostermeier, eine Ueberschrift fehlt, dagegen hat sie die — im ersten Druck weggebliebene — Unterschrift darunter gesetzt:

„Den 17. Juli 1831
Grabbe."

Von Freiligrath's Hand steht auf der ersten Seite: „Von des Dichters Wittwe der Redaktion mitgetheilt."
Auf dieser Handschrift beruht unser Text.
Während der erste Druck im ‚Odeon' sehr korrekt war, ist der Abdruck C^{IV} S. 128—130, der nicht auf dem Odeon, sondern auf einem spätern Wiederdruck beruht, sehr inkorrekt: die Verszeile S. 185 Z. 14 unsres Textes ist ausgelassen; in der Z. 5 v. u. steht, völlig sinnlos, belehrt (statt bekehrt) u. s. w. — B hat die schöne Dichtung überhaupt der Aufnahme nicht wert gehalten.

Kosciuszko.

Die erste Erwähnung eines Dramas unter diesem Titel findet sich in Grabbe's Brief an Kettembeil vom 20. Juli 1831. Das Thema war ihm danach von seinem Verleger vorgeschlagen. Am 9. Juli 1832 schreibt er demselben, dass das Stück, über das er sich hier ausführlicher auslässt, in 4 bis 5 Monaten fertig sein würde. Indessen blieb es liegen. Erst in Düsseldorf, am 13. Januar 1835, erwähnt er des Stückes wieder im Briefe an Karl Immermann, indem er ihm „Etwas aus meinem Kosciuszko" übersendet. Dies an Immermann gesandte und von ihm an Grabbe zurückgegebene Bruchstück hat nun Dr. Robert Hallgarten, über 60 Jahre später, wiederentdeckt, u. z. im Nachlasse des 1898 in Frankfurt a. M. gestorbenen Schriftstellers Edward Hartenfels, mit dem Grabbe in Düsseldorf verkehrt und dem er es bei seiner Abreise geschenkt hatte. Das Bruchstück bestand aus dem Scenarium und der ersten und zweiten Scene des I. Aktes, und ist von Hallgarten im ‚Euphorion' VII. Band [Leipzig u. Wien 1900] S. 547—564 veröffentlicht worden. Das Scenarium ist von Hartenfels' Hand, die erste Scene von Schreiberhand (20 Seiten in 4°), die zweite Scene (10 Seiten in kleinem Format) von Grabbe's Hand geschrieben. Das Fragment ist in unserer Ausgabe zum erstenmal in Grabbe's Werke eingereiht.

S. 188 Z. 7 v. u.: „Russen auf Warschau".
In der Euphorion-Veröffentlichung lautet das erste Wort: Rußen, und der Herausgeber hat es, weil nicht deutlich lesbar, mit einem Fragezeichen versehen.

Hannibal.

Grabbe hat das Stück dreimal bearbeitet:
1. Die erste Bearbeitung, in Jamben, wurde noch in Detmold beendet und er nahm sie bei seiner Abreise nach

Frankfurt (4. Oktober 1834) nach dort mit. Eine Scene („Vor Rom") gelangte in der, von Duller redigierten Frankfurter Zeitschrift ‚Phoenix' (1835 Nr. 3) zum Abdruck. Ein eigenhändiges Manuskriptblatt, Seite 55/56, in Folio, befindet sich auf der Königl. Bibliothek in Berlin.

2. Das eigenhändige, leider lückenhafte Manuskript der zweiten, in Düsseldorf ausgeführten Bearbeitung, in Prosa, befindet sich im Besitz des Dr. Robert Hallgarten. Es trägt den Vermerk Beendigt 4. Februar 1835 Nachmittags gegen 4—5 Uhr. Grabbe berichtet darüber seinem Detmolder Freunde Petri (10. Februar 1835): „... Hannibal, der am 4ten dieses Abends 4½ Uhr geendet ist und zu meiner allervollsten Zufriedenheit... Jetzt da mein Manuskript unleserlicher ist, je poetischer es hie und da seyn mag, schreibe ich ihn selbst ab und corrigire dabei."

3. Erst das im Juni im Druck erschienene Stück stellt die dritte, endgültige Bearbeitung dar, wie Hallgarten nach der von ihm ausgeführten Vergleichung seines Manuskripts mit dem Druck feststellte (siehe seinen Aufsatz ‚Christian Dietrich Grabbe in Frankfurt' im ‚Wochenblatt der Frankfurter Zeitung' vom 22. November 1901).

Unser Text ist daher ein getreuer Wiederdruck von HA.

S. 203: Das Widmungs-Vorwort, HA 3, fehlt bei B und C III.

S. 232 Z. 9 v. u.: HA 57 liest

Und als er aus dem Lager ging

Der sinnstörende Druckfehler er (statt: ich) konnte aus Hallgarten's Manuskript geheilt werden: dort steht, nach einer gütigen Mitteilung des Besitzers an mich, richtig

Und als ich aus dem Lager ging

B und C III haben den Druckfehler stehen lassen.

S. 248 Z. 15 v. u.: HA 86 fehlt hinter selbst das Komma, ich habe es aus der Scene, die Grabbe seinem Freunde Petri, im Brief vom 9./10. März 1835 mittheilte ergänzt.

Aus dieser selben Scene (Hannibals Abschied von Italien) weiss Ziegler (‚Grabbes Leben und Charakter' S. 132) von Cynismen der ersten, Detmolder Bearbeitung zu berichten: „So erinnere ich mich, als Hannibal gezwungen war, Italien zu verlassen, hielt er einen Kriegsrath, und während nun seine Generale weise berathen, stellt er sich bei Seite und schlägt sein Wasser ab. ‚Wartet erst einmal,' sagt er verächtlich zu seiner Umgebung, ‚ich muss erst einmal pissen.'

Als er wirklich abreist, verrichtet er erst seine Nothdurft, indem er spricht: ‚das ist mein Denkmal, welches ich hinterlasse'. Wenn man Grabbe fragte, ob er denn dergleichen drucken lassen wolle, versetzte er: ‚allerdings! und keinen Buchstaben werde ich streichen'." Ich glaube, dass Grabbe hier seine Freunde nur hat mystificieren wollen, wie er das liebte.

Der Cid.

Grabbe's Originalhandschrift dieser für den Musiker Norbert Burgmüller in Düsseldorf entworfenen Parodie (vgl. Grabbe's Brief an Schreiner vom 20. Mai 1835) scheint verloren gegangen zu sein. Sie befand sich im Besitz des Dr. med. Wolfgang Müller (aus Königswinter), der sie von Burgmüller's Mutter erhalten hatte. Wolfgang Müller nahm davon 1837 eine Abschrift für Freiligrath, das Original lieh er einem Patienten und sah es nicht wieder. Die Abschrift befindet sich jetzt auf der Fürstl. Landesbibliothek zu Detmold (37 Seiten in gr. 8°).

Nach einer, von der Wolfgang Müller'schen vielfach abweichenden Handschrift, liess Arthur Mueller das Stück abdrucken in dem von ihm herausgegebenen ‚Modernen Reliquien' Erster Band (Berlin 1845) S. 151—185. Ueber die Herkunft seiner Druckvorlage äussert er sich nicht.

Der Scherz wurde wiedergedruckt C^{IV}, er fehlt B.

Unser Text giebt die Kopie-Handschrift der Detmolder Landesbibliothek (= DK) wieder, doch wurde der erste Druck (= MR) überall genau verglichen.

S. 300 Z. 8: DK fehlt nur (von mir aus MR eingefügt).

S. 301 Z. 9: MR liest ſchönſte.

S. 301 Z. 14 v. u.: MR liest Nah' ich mich hier.

S. 302 Z. 3: MR liest O (statt So).

S. 302 Z. 10 v. u.: MR liest ſchönſte (statt beſte).

S. 303 Z. 16—20: diese Zeilen fehlen MR.

S. 303 Z. 2 v. u.: MR liest leiſe (statt ſacht).

S. 303 Z. 1 v. u.: MR liest fehl (statt falſch).

S. 305 Z. 4 v. u.: Anspielung auf Schiff's Recension des ‚Barbarossa' im Gesellschafter.

S. 307 Z. 10: MR liest Mit der Armee wohl vor die Stadt.

S. 307 Z. 14: diese Zeile aus MR (sie fehlt DK).

S. 310 Z. 9/10: MR liest begierig (statt beſorgt).

S. 310 Z. 8 v. u.: MR liest führ'n (statt wär'n).

S. 310 Z. 5 v. u.: M liest gewalt'ger (statt guter).

S. 311 Z. 4 bis 9: diese Zeilen (von Wenn bis Philo=
mele) fehlen MR.

S. 312 Z. 16: die Worte in Pirmunt sind unserm Text
aus MR eingefügt, DK hat statt ihrer drei Gedankenpunkte.

S. 312 S. 18: DK liest faber und natürlicher, während
die gesperrten beiden Worte in MR fehlen.

S. 312 Z. 22 u. 23: MR liest
Es wird hier nichts gestickt!
Sie Wicht! —

Ueber die Ermordung des Schauspielers Stich vgl.
Grabbe's Brief an seine Eltern vom 14. Februar 1823.

S. 314 Z. 3: MR liest Racker (statt Luder).

S. 315 Z. 6: MR liest eine Reminiscenz aus Wenzel Müller.

S. 316 Z. 12: MR liest göttlichste (statt glücklichste).

S. 316 Z. 3 ff.: Anspielung auf den, am 29. December
1834 ausgeführten Selbstmord der Charlotte Stieglitz.

S. 319 Z. 3: DK liest wär, ich habe der Lesart von
MR den Vorzug gegeben.

S. 319 Z. 1 v. u.: MR hat hinter Bravo! noch Bravissimo!

Die Hermannsschlacht.

Von Herrn Dr. Robert Hallgarten in München freund-
lichst darauf aufmerksam gemacht, dass eine grosse Auto-
graphenhandlung in Leipzig eine vollständige eigenhändige
Handschrift der letzten Dichtung Grabbe's besitze, veranlasste
ich die betreffende Handlung, das Manuskript der Königl.
Bibliothek in Berlin zum Kauf anzubieten. Der Ankauf
wurde im Januar 1902 perfekt und so konnte ich Dank der
nicht genug zu rühmenden Liberalität der Königl. Bibliothek
auch diese Handschrift, wie schon vorher alle übrigen dort
vereinigten Grabbe-Handschriften, für unsre Ausgabe, zum
erstenmale, verwerthen.

Die Berliner Handschrift der Hermannsschlacht, in
Folio, 340*) von Grabbe selbst paginierte Seiten stark, und
von ihm betitelt:
Die Hermannsschlacht.
Drama von Grabbe.

ist diejenige Handschrift, welche der ersten gedruckten Aus-
gabe als Vorlage gedient hat.

---

*) Es sind jedoch nur 334 Seiten, da die auf S. 57 folgende Seite die
Bezifferung 64 trägt.

Das dem ersten Druck voraufgeschickte Vorwort der Herausgeberin*) folgt im Berliner Manuskript ebenfalls, wörtlich übereinstimmend, auf das Titelblatt, wodurch das Verhältnis der Handschrift zum ersten Druck, dass sie nämlich dessen unmittelbare Vorlage gewesen, schon genügend beglaubigt wird. Uebrigens bestätigt meine untenfolgende genaue Zusammenstellung der Abweichungen des ersten Drucks von der Handschrift bis ins Kleinste, dass die Berliner Handschrift die alleinige Vorlage des Druckes gewesen ist.

Es fragt sich nunmehr, ob die Berliner Handschrift auch die letzte, endgültige Fassung des Dramas ist?

Dass Grabbe ein Drama unter diesem Titel schreiben wolle, meldet er aus Düsseldorf zuerst in einem Briefe an seine Frau vom 8. Januar 1835, dann an Petri am 12. Januar (siehe diese und die folgenden zu erwähnenden Briefe in unserm IV. Bande). Am 18. Februar 1835 spricht er von dem Stücke zuerst in einem Briefe an Immermann, am 25. September 1835 schreibt er der Gräfin Ahlefeldt: „Die Hermannsschlacht ist fertig, ich feile nur noch." Als er aber von Düsseldorf nach Detmold zurückgekehrt war, heisst es in einem Briefe an seinen Verleger Schreiner, Anfang Juli 1836: „Meine Hermannsschlacht, schreiben Sie etwas bitter, wäre nach meiner Aussage seit 15 Monaten fertig und Sie glauben nicht daran. Nun ja! sie war es, ich habe sie aber seit der Zeit 5 mal umgearbeitet." Endlich, am 21. Juli 1836 kann er das fertige Concept des Stücks an seinen Freund Petri senden, indem er dazu bemerkt: „Es ist ganz seit der Zeit meines jetzigen Aufenthalts in Detmold so geschrieben wie es vorliegt." Er will dies Concept nun abschreiben lassen und in der Copie „viele unbedeutende innere und äußere Fehler corrigiren". Diese Copie ist nicht mehr zustande gekommen: nicht ganz 8 Wochen, nachdem er das Concept dem Freunde übergeben hatte, starb er. **Das Berliner Manuskript ist nun das von Grabbe am 21. Juli an Petri**

---

*) Es hat folgenden Wortlaut:

„Der Verfasser des vorliegenden Drama's, Dietrich Christian Grabbe geboren den 11. December 1801, vollendete am 12. v. M. hierselbst nach jahrelanger, stets zugenommener Kränklichkeit sein irdisches Dasein, als er mit der Wiederdurchsicht der eben entworfenen Dichtung nur einige Seiten vorgeschritten.

Indem ich nun dem deutschen Publicum das letzte Werk des Dichters darbringe, ohne daß die von ihm beabsichtigte Verbesserung vollständig erreicht werden konnte, bitte ich um eine nachsichtsvolle Beurtheilung.

Detmold, im October 1836.

Die Wittwe des Verfassers."

gesandte Concept, welches die Wittwe später aus Petri's Händen ausgefolgt erhielt und zum Druck beförderte. Dies Concept letzter Hand ist in unserm Text aufs Genaueste bis auf die kleinsten Einzelheiten der Interpunktion und Orthographie wiedergegeben: ein Zurückgreifen auf die zahlreich vorhandenen Manuskriptbogen aus früheren Bearbeitungen*) war daher nicht angezeigt, wenn auch eine vollständige Variantensammlung gewiss von hohem Interesse ist und vielleicht in einer künftigen Sonder-Ausgabe gegeben werden kann.

Im Folgenden stelle ich die Abweichungen des ersten Drucks (HE) vom Berliner Manuskript (O. M.) zusammen (nur die in HE vielfach vorgenommenen willkürlichen Aeuderungen von Interpunktion und Orthographie sind unberücksichtigt geblieben).

S. 323 Z. 2: HE S. 1 Ein Manipel.

S. 323 Z. 5 v. u.: Das O. M. hat den Schreibfehler Ariminium.

S. 326 Z. 1: HE S. 6 geleite (grober Lese- oder Druckfehler).

S. 326 Z. 5: HE S. 6 dem Manipel.

S. 329 Z. 15: HE S. 10 ⎫ Schweinjunge (im O. M. steht
S. 329 Z. 26: HE S. 11 ⎭ deutlich Schweinejunge).

---

*) Gedruckt sind davon erschienen:

1. In der Zeitschrift ‚Phoenix. Herausgegeben von Dr. Eduard Duller'. (Frankfurt a./M., Sauerländer.) Zweiter Jahrgang. 1836. No. 294, vom 12. December, Seite 1173—1175: „Bruchstücke aus ‚Die Hermannsschlacht' von Chr. D. Grabbe." Es sind (wie mir Ludwig Fränkel auf grund des Exemplars der Stadtbibliothek in Frankfurt a. M. freundlichst mitteilt) Nr. 2 des ‚Eingangs' und Scenen aus ‚Erster Tag' und ‚Zweiter Tag'. Nach einer Anmerkung Dullers hatte Dr. Ignaz Hub diese Bruchstücke eingesandt. Im ‚Phoenix' Dritter Jahrgang. 1837. No. 1, vom 1. Januar, folgte dann noch ein weiteres Bruchstück.

2. Im ‚Rheinischen Odeon' 1838. S. 442—447. „Fragment aus ‚Die Hermannsschlacht'. Auf der Höhe der Dörenschlucht" = Nr. 2 der ‚Ersten Nacht'. Ebenfalls von Ignaz Hub eingesandt, der in einer Fussnote bemerkt: Grabbe habe ihm diese Scenen im Winter 1835 dictiert.

3. C^{IV} 509 f sind aus den auf der Landesbibliothek in Detmold aufbewahrten Bruchstücken der vor der letzten liegenden Bearbeitung (86 eigenhändige Blätter und 7 Schnitzel) Fragmente von Nr. 1 der ‚Ersten Nacht' und aus dem ‚Ersten Tag' abgedruckt.

4. Im Feuilleton der Berliner ‚National-Zeitung vom 11. December 1901 hat Gotthilf Weisstein aus seinem Besitz drei grössere Fragmente aus dem ‚Ersten Tag' abdrucken lassen (sie entsprechen in unserm Texte den Seiten 355—357, 359—360 und 363—365).

Die K. Bibliothek in Berlin verwahrt 6 paginierte Blätter (45—48, 55—58, 65—68). Ein unpaginiertes Blatt (= Eingang. Nr. 3), aus meinem Besitz, ist am Ende dieses Bandes im Facsimile mitgetheilt.

S. 330 Z. 3: Das O. M. hatte ursprünglich
Die Hülsenfrüchte scheinen trefflich zu seyn.
Die letzen beiden Worte sind aber durch einen kräftigen Bleistiftstrich getilgt. Ich nehme an, dass die Streichung vom Dichter herrührt.

S. 334 Z. 6: HE S. 21 Die... geschwächte.

S. 334 Z. 5 v. u.: HE S. 22 Specifikatzt.

S. 336 Z. 2: HE S. 24 zehn Tagen (Druckfehler oder auch Lesefehler bez. superkluge Korrektur der „Wittwe des Verfassers").

S. 338 Z. 11 v. u.: HE S. 29 mich selbst (grober Lese- oder Druckfehler).

S. 338 Z. 6 v. u.: „Hermann (für sich:)"
Diese Zeile steht auf Seite 57 des O. M. unten, für die ersten Worte dieses Monologs ist leerer Raum gelassen, dann folgt aber sofort Seite 64 des Manuskripts, welche beginnt
„Wurm, je ärger..."
und zwar sind diese Worte, bis „Riesenschlange", von Grabbe's Hand durchstrichen. Die herausgebende Wittwe hat (HE S. 29) die Lücke auf S. 57 ausgefüllt (wohl aus einem jetzt nicht mehr vorhandenen Manuskriptbogen) mit:
„Schön, tretet nur den"
und hat dann unmittelbar mit S. 64 fortgefahren, ohne auf die Durchstreichung Rücksicht zu nehmen. Grabbe hatte vermutlich den Monolog Hermann's neu schreiben wollen, war aber nicht dazu gekommen. Das Verfahren der Herausgeberin ist daher zu billigen. Es ist dies übrigens die einzige Stelle, wo dem Grabbe'schen Manuskript nachzuhelfen war.

S. 339 Z. 6: HE S. 30 Der German (Lese- oder Druckfehler).

S. 341 Z. 12: HE S. 34 warst (Lese- oder Druckfehler).

S. 345 Z. 16 v. u.: HE S. 42 Halbstiefel.

S. 348 Z. 3 v. u.: HE S. 48 liesst urbi (statt urbs im O M.): die blaustrümpfige Herausgeberin wollte vermutlich zeigen, dass sie lateinisch decliniren könne.

S. 351 Z. 3: HE S. 54 marschiren.

S. 355 Z. 4 v. u.: HE S. 61 Es (Lese- oder Druckfehler).

S. 357 Z. 19: HE S. 64 „Marser". Im O. M. hat Grabbe aber „Marsen" geschrieben, ebenso in mehreren von mir eingesehenen Blättern früherer Bearbeitungen; wie er auch

Textkritischer Anhang. 423

in Heinrich VI. „Dittmarſen" schreibt (siehe Band II, 292).
Auch wo später in der Hermannsschlacht noch Marſen vorkommt, ist es im O. M. stets mit n geschrieben. Allein an
dieser ersten Stelle, wie an allen späteren findet sich das n
mit Bleistift überall in r korrigiert. Ich nehme an, dass
die Korrektur nicht vom Dichter herrührt, dessen Korrekturen überhaupt stets mit Tinte gemacht sind. Nur ein
einziges Mal, ganz am Anfang des Dramas, hat er den
Bleistift zur Ausstreichung von zwei überflüssigen Worten
verwendet (siehe oben S. 422). Ich habe daher überall die
Marſen wiederhergestellt.

S. 361 Z. 10 v. u.: HE S. 71 hat ein unnöthiges „Dich"
hinzugefügt.

S. 363 Z. 9 v. u.: HE S. 75 Thuwith!

S. 365 Z. 11: HE S. 78 vorn (statt „voran").

S. 365 Z. 13: HE S. 78 hat vor „dorthin auf die Höhe"
das „weiſ't" des O. M. ausgelassen.

S. 365 Z. 4 v. u.: HE S. 79 hat hinter „wie ſehr er ſich"
das „auch" des O. M. ausgelassen.

S. 366 Z. 14: HE S. 80 Leinweber.

S. 367 Z. 16: HE S. 82 hat hinter „Wo" ausgelassen:
„liegt", obwohl es deutlichst im O. M. steht.

S. 367 Z. 2 v. u.: HE S. 83 heisst der von Hermann Angeredete Roſenmeier: die herausgebende Wittwe hat nämlich im
O. M., in ihrer mir wohlbekannten Handschrift, den dreimal vorkommenden Namen „Grüttemeier" mit Blei gestrichen und
durch dreimaliges Roſenmeier am Rande ersetzt! Mit dem
von ihm gewählten Namen hatte Grabbe seiner Mutter, der
geborenen Grüttemeier, ein Ehrendenkmal gesetzt: die
Schwiegertochter, wie sie die alte Mutter von dem letzten
Krankenlager ihres Sohnes vertrieben hatte, wollte ihren
Namen auch aus seinem letzten Dichterwerke ausstossen, und
es ist ihr 64 Jahre lang gelungen. In unsrer Ausgabe ersteht
der unglücklichen Mutter des Dichters endlich *ex ossibus ultor!*

S. 368 Z. 5: HE S. 83 abgegeben (Lese- oder Druckfehler).

S. 369 Z. 2: HE S. 85 nicht mehr (statt des deutlichen
„nichts mehr" des O. M.).

S. 370 Z. 2 v. u.: HE S. 87 ſagt': ich habe das „e",
das Grabbe in der Feder geblieben war, ergänzt.

S. 372 Z. 4/5: HE S. 89 Wär's! desto

S. 375 Z. 2: HE 94 hat in den Meth, offenbar eine
Korrektur der Herausgeberin, denn das O. M. liest deutlich:
ins Meth.

S. 375 Z. 4: HE S. 94 hat:

        Ein Heer.

und das O. M. ebenso. Das sinnlose „Heer" ist aber ein Schreibfehler des Dichters für:

        Knecht.

Er hatte, als er „Heer" schrieb, schon das gleich darauf folgende „Herr" im Gedanken.

    S. 375 Z. 15: HE S. 95 Ach, statt des deutlichen „Ah" im O. M.

    S. 381 Z. 11 v. u.: HE S. 105 ungeachtet. Eine unberechtigte Korrektur der stets konstanten Grabbeschen Orthographie „ohngeachtet"

    S. 381 Z. 3 v. u.: HE S. 105 ist das „Zwei" des O. M. vor „Tagelang" ausgefallen.

    S. 385 Z. 6: HE hat, gegen das O. M., ein Komma hinter So

    S. 390 Z. 3: HE S. 118 Ach (vgl. S. 375 Z. 15).

    S. 393 Z. 12: Die Worte unsres Textes

        „und dem des heutigen Tages"

hat die Herausgeberin HE S. 123 absichtlich ausgelassen, u. z. aus folgendem Grunde:

Auf S. 300 des O. M. hatte Grabbe nach den letzten Worten Hermann's zuerst, am Rande, eingeschoben:

        Dritter Tag.

Dann hat er korrigiert:

        Der dritte Tag bricht an.

Darauf hat er das „bricht an" stark ausgestrichen; um es sodann durch Unterpunktierung wiederherzustellen, wobei er mit der selben Tinte das „Tag" gestrichen hat: er hatte aber offenbar streichen wollen das Wort „dritte", um die Scenenweisung herzustellen:

        Der Tag bricht an.

Diese letztere Lesart habe ich adoptiert, u. z. um so mehr als es ja nicht der dritte Tag ist, der anbricht, sondern der vierte Die Herausgeberin hat aber jede Scenenweisung (als „überflüssig" wie ihre auch sonst sehr alberne Bleistiftnotiz im O. M. sagt) im Druck weggelassen, und ebendeshalb hat sie sich herausgenommen, die obigen Worte Hermanns und [in] dem [Licht] des heutigen Tags zu streichen.

    S. 394 Z. 18: HE S. 124 hat ihn (statt Ihn).

S. 396 Z. 10: HE S. 128 ahme ihr nach. Eine grammatische „Verbesserung" der Herausgeberin!

S. 396 Z. 15: HE S. 128 Acten (statt Acte).

S. 398 Z. 13 v. u.: HE S. 132 ladet (statt lädt).

S. 398 Z. 1 v. u.: Hier hat Frau Grabbe HE S. 133 „und Gestein" gestrichen, weil es ihr nicht gefiel oder sie es nicht verstanden hat. Aber nicht nur der Herr, sondern auch das Gestein des Palatiums sollte vor der Siegesnachricht erbeben.

S. 402 Z. 4: HE S. 139 Präfectus. Im O. M. seht deutlichst „Präfecten": vielleicht wollte die Herausgeberin auch hier (wie oben S. 422 Z. 9 v. u.) zeigen, dass sie Latein verstände.

Alexander der Grosse.

Das erste Fragment ist zuerst gedruckt in Ernst Willkomm's Aufsatz ‚Grabbe' (Jahrbücher f. Drama etc). Erster Band [Leipzig 1837] S. 74. Es war eingeflochten in einen Brief Grabbe's an seinen Düsseldorfer Verleger Schreiner: siehe den undatierten, in den Sommer 1835 fallenden Brief in unserm IV. Bande, wo er zum erstenmal vollständig gedruckt ist.

Das zweite Fragment, ebenfalls in einem Brief an Schreiner enthalten, ist zuerst veröffentlicht von R. Hallgarten im ‚Litterarischen Echo'. Erstes Decemberheft. 1901: siehe den Brief in unserm IV. Bande.

Das dritte bis fünfte Fragment ist zuerst gedruckt bei Willkomm a. a. O.

Christus.

Das erste Fragment ist, aus einem Brief an Schreiner, zuerst veröffentlicht von Hallgarten a. a. O.

Das zweite Fragment steht bei Willkomm a. a. O.

S. 408 Z. 3 v. u.: Statt des schmerzenvoll des ersten Drucks liest C^{IV} 134 unrichtig: schmerzvoll, während B das Richtige hat. Dafür hat B aber den Titel des Stücks in „Jesus" abgeändert!

Nachtrag
zum
textkritischen Anhang
des I. Bandes.

Nach Vollendung des Drucks des ersten Bandes meiner Ausgabe hat mir Oscar Blumenthal, der während des Druckes von Berlin abwesend war, das eigenhändige*) Originalmanuscript der ‚Dramatischen Dichtungen von Grabbe' zur Verfügung zu stellen die Güte gehabt. Die Vergleichung dieses Manuscripts, welches die unmittelbare Druckvorlage der ‚Dramatischen Dichtungen' von 1827 gewesen ist, mit unserm Druck hat zu folgenden Ergebnissen geführt.

I. Herzog Theodor von Gothland.

S. 126 Z. 4 v. u.: das O. M. (und ebenso K) liest:
    Zur Hurerei; dann wiegle ich
Hiernach ist unsere Lesart zu korrigieren.

S. 127 Z. 1 v. u.: diese Zeile, die sich auch C^I 184 findet, ist zu tilgen. Sie beruhte auf einem Versehen in meinem Variantenheft. Grabbe hatte nämlich geschrieben
    Ihr solltet ihren weißen, blüh'nden Nacken,
    Auch ihre vollen Arme

---

*) Nur von ‚Marius und Sulla' ist Act I und Act II, Sc. 1—4 Abschrift, mit wenigen eigenhändigen Correcturen; von der Prosaskizzierung des Schlusses der Sc. 4 (in unsrem Text S. 408) an bis zum Ende ist dagegen Alles eigenhändig. Das Eigenhändige ist auf Foliobogen geschrieben, sonst ist das gesammte Manuscript in kl. 4°.

Die letzten vier Worte hatte er dann fast bis zur Unleserlichkeit ausgestrichen, und ich hatte, die Ausstreichung für eine von Kettembeil herrührende nehmend, die Zeile wiederhergestellt und sie dabei falsch gelesen.

K stimmt mit dem O. M. genau überein.

S. 128 Z. 3 u. 4: diese beiden Zeilen lauten im O. M. (und ebenso in K):

Berdoa. Hat sie 'ne tüchtige?
Iruak.   Man kann darinn
Die Stiefeln auszieh'n!

Hiernach ist unser Text zu korrigieren. Er beruhte auf einem Versehen meines Variantenhefts (ebenso die Lesart von C¹ 184): Grabbe hatte nämlich in der Antwort Irnaks ursprünglich die vorhergehende Zeile wiederholt

Iruak. Hat sie 'ne tüch Man

dann aber die ersten vier Worte, fast bis zur Unleserlichkeit, ausgestrichen, während Kettembeil das Man ausstrich. Ich hatte dann, im Variantenheft, die gesammten Ausstreichungen für Kettembeil'sche nehmend, die Stelle wiederherzustellen versucht, und so kam die nun leider unsern Text entstellende Lesart zu stande.

S. 159 Z. 3: das O. M. liest gar (statt auch), wonach unser Text zu korrigieren ist; ebenso ist, auf der selben Seite, Z. 21, dem O. M. entsprechend, hinter Athem ein Ausrufungszeichen und Gedankenstrich; und Z. 24 hinter hart ein Semicolon zu setzen und statt Wißt zu setzen wißt.

S. 162 Z. 11—14: das O. M. liest

         Liebst du?
So hüt' dich, daß du nicht venerisch wirst! —
Wie heißt denn die Erwählte?

Hiernach ist unser Text, der auf einem Versehen meines Variantenhefts, das auch C 226 kopierte, beruhte, zu korrigieren. K stimmt mit dem O. M. überein.

S. 232 Z. 4: Die Worte da irrst du sehr! sind im O. M. von Grabbe's Hand gestrichen; wonach unser Text zu korrigieren ist.

II. Nannette und Maria.

S. 243 Z. 3 v. u.: das O. M. letzter Hand hatte ursprünglich der alte Pfaffe. Grabbe hat aber das Wort alte selbst gestrichen.

S. 267 Z. 5: im O. M. letzter Hand hat Grabbe das Wort teuflich gestrichen und furchtbar darübergeschrieben.

III. Scherz, Satire, Ironie und tiefere Bedeutung.

S. 277 Z. 3 v. u.: das O. M. liest Schweineschneidern, welche Lesart also in unserm Text wiederherzustellen ist.

S. 281 Z. 3: das O. M. hat richtig zugeknöpft.

S. 288 Z. 10: vor höchst ist, dem O. M. zufolge, ein doch einzuschieben, das bei A aus Versehen weggeblieben ist. Von C[I] übersehen.

S. 290 Z. 1 v. u.: hinter nothzüchtigt sie ist, dem O. M. zufolge, einzuschieben nach Belieben; ebenso S. 291 Z. 2 hinter anpißt ein Ausrufungszeichen und ein Gedankenstrich zu setzen. Von C[I] übersehen.

S. 303 Z. 2: das O. M. hat „5 gl 2 pf": gl ist eine Abkürzung für Groschen, so dass in unserm Text zu korrigieren ist: 5 gr. Ebenso ist Z. 12 zu setzen: 4 gr. und S. 304 Z. 10: 3 gr.

S. 303 Z. 14: das O. M. liest neuen; wonach die Lesart unsres Textes zu korrigieren ist. Von C[I] übersehen.

S. 305 Z. 4 v. u.: das O. M. liest

Dort sitzt ein Junge und kackt.

Kettembeil hat die letzten beiden Worte gestrichen und darübergeschrieben

„an der Mauer und —"

C[I] hat diese Aenderung des wohlanständigen Verlegers übersehen.

S. 314 Z. 5: das O. M. liest Glittscher=Gasse, was in unserm Text zu korrigieren ist.

S. 337 Z. 13 v. u.: das O. M. liest verschwelgten; das „verschlemmten" in unserm Text beruht auf einem Lesefehler bei C[I] und ist also zu korrigieren.

S. 337 Z. 8 v. u.: das O. M. liest

Ich stimme bei, Schulmeister

Die in unsern Text eingedrungene Lesart „Ich gehe mit Ihnen" beruht auf einer Korrektur Kettembeils. C[I] 456 hat dies übersehen.

S. 344 Z. 6 v. u.: im O. M. ist der Name des Schauspielers ebenfalls durch Punkte unkenntlich gemacht. Wie Albert Leitzmann (Litteraturbl. f. germ. u. roman. Philologie. December 1900) vermutet, ist der in den zwanziger Jahren in Dresden angestellte Hofschauspieler Werdy gemeint.

Der Teufel des Lustspiels war ursprünglich General=
superintendent: daran hatte Kettembeil Anstoss genommen;
Grabbe schrieb ihm darauf (25. Juni 1827): „Der Teufel sey
meinetwegen kein Generalsuperintendent, aber was meinst Du zu
Canonicus?" Später hatte Kettembeil doch den General=
superintendenten stehen lassen wollen, nun meinte aber Grabbe
(Brief vom 12. Juli 1827), ob nicht Eremit, Canonicus, Bonze
(in China) oder Derwisch oder Druide zulässiger wäre: daraufhin
hat Kettembeil dann überall, wo im O. M. Generalsuperintendent
steht, dies gestrichen und Canonicus darübergeschrieben.

IV. Marius und Sulla.

S. 395 Z. 6 v. u.: das O. M. liest

Ha! was sitzt den Meisten in der Kehle?

Indessen ist das Wort was durchstrichen, da Grabbe wohl
eine Aenderung der Zeile vornehmen wollte, die er aber
nicht ausgeführt hat. Infolge jener Durchstreichung liest A

Ha! sitzt den Meisten in der Kehle?

Es war aber, da die beabsichtigte Aenderung nicht aus=
geführt ist, die ursprüngliche Lesart ohne Rücksicht auf die
Streichung beizubehalten. Gemeint ist nämlich: das **Schwert**
der Söldner sitzt den mehrsten der Schreier bereits in der
Kehle. (Vgl. ‚Hannibal' S. 272 unsres III. Bandes:

„Jedem das Schwert in die Kehle, der sich gegen uns sträubt!")

Hiernach ist unsere Textstelle (und die dazu gehörige Be=
merkung S. 482) zu korrigieren.

V. Ueber die Shakspearo-Manie.

S. 450 Z. 12 v. u.: der Titel des Stücks von Beaumont
und Fletcher heisst: *The Knight of the burning pestle.*
Der Druckfehler „pastle" bei A beruht auf einem Schreib=
fehler des O. M. B und C[1] wiederholen den Fehler.